労災保険・
民事損害賠償

判例ハンドブック

太田恒久
石井妙子
［編］

青林書院

はしがき

　2017年（平成29年）は私どもの法律事務所の創設25周年である。四半世紀を何とか無事に迎えることができそうだったので，所内だけで何かしら行事的なことを催そうかと漠然と考えていた時に，青林書院から本書の執筆依頼を頂いた。書籍の執筆であれば，日頃実務処理に追われている我々の勉強にもなるし，周年行事の意味合いを込めた記念にもなるしということで，物怪の幸いとばかりにお受けした次第である。

　本書は，労災保険給付に関する判例・裁判例と民事損害賠償請求訴訟に関するものとに大きく分けられるが，なるべく多岐にわたる論点に触れられるように判例・裁判例を取り上げたつもりである。そのなかで弁護士がそれぞれ執筆したい分野を取り上げ，各自の原稿を事務所内での議論を経てさらに加筆補正して書き上げたものである。しかし，基本的には各弁護士の責任のもとでまとめたものであるので，私どもの法律事務所としての統一的な見解でないことはいうまでもない。

　労災保険の章（第1章）では，労働者災害補償保険法上の「支給要件」を先ず検討し，さらに広く「業務起因性」についての判例・裁判例について解説した。民事損害賠償請求訴訟の章（第2章）では，労働契約関係における安全配慮義務を取り上げ，予見可能性（結果回避義務），相当因果関係，損害論と整理した。なお，2017年5月に可決成立した新民法による条項も必要のある範囲で引用した。

　最後で恐縮であるが，本書の上梓にあたっては，青林書院編集部の加藤朋子さんのほか，校閲にあたった多くの方に助けられたことに心から感謝申し上げる次第である。

　　2017年6月

　　　　　　　　　　　　　　　編集者　　太　田　恒　久
　　　　　　　　　　　　　　　　同　　　石　井　妙　子

編集者・執筆者

【編集者・執筆者（太田・石井法律事務所）】

太田　恒久（弁護士　1976年東京大学卒　1978年弁護士登録　経営法曹会議常任幹事）

石井　妙子（弁護士　1979年早稲田大学卒　1986年弁護士登録　経営法曹会議常任幹事）

【執筆者】

深野　和男（弁護士　1983年明治大学卒　1993年弁護士登録　経営法曹会議幹事）

川端　小織（弁護士　1994年上智大学卒　2001年弁護士登録　経営法曹会議）

伊藤　隆史（弁護士　2001年早稲田大学卒　2003年弁護士登録　経営法曹会議）

西濱　康行（弁護士　2000年神戸大学卒　2006年弁護士登録　経営法曹会議）

石井　拓士（弁護士　2008年慶應義塾大学法科大学院卒　2009年弁護士登録　経営法曹会議）

◆太田・石井法律事務所◆

1992年（平成4年）3月開設。

主に使用者側の立場から労働事件に取り組んでおり，所属弁護士は全員経営法曹会議の会員である。

〒102-0082
東京都千代田区一番町13番地ラウンドクロス一番町6階
電話：03-5276-0080

凡　例

1　関係法令

　関係法令は，原則として平成29年6月15日現在のものによった。なお，平成29年法律第44号「民法の一部を改正する法律」による改正について，必要に応じて付記した。

2　法令の摘記

　法令名は，地の文では原則として正式名称で表記し，かっこ内における法令条項の引用は，以下の要領で行った。
　① 　法令条項を列記するにあたっては，同一法令の場合は「・」，異なる法令の場合は「，」を用いた。
　② 　主な法令名は，後掲の「法令略語」を用いて表記した。
　　〔例〕　労働者災害補償保険法第13条第2項
　　　　→　労災13条2項

3　判例の摘記

　判例の引用は，次の〔例〕により，後掲の「判例・文献関係略語」を用いて行った。
　　〔例〕　最高裁判所第一小法廷平成8年11月28日判決（平成7年(行ツ)第65号），最高裁判所裁判集民事180号857頁
　　　　　↓
　　　　最一小判平8・11・28裁判集民180号857頁

4　文献の摘記

　文献は，原則として次のように表記し，一部の主要な文献については，後掲の「判例・文献関係略語」を用いた。
　　〔例〕　著者名『書名』頁数
　　　　　執筆者名「論文タイトル」編者名編『書名』頁数
　　　　　執筆者名「論文タイトル」掲載誌　頁数
　　　　　執筆者名・掲載誌　頁数

【法令略語】

会社	会社法	労災	労働者災害補償保険法
国賠	国家賠償法	労災施規	労働者災害補償保険法施行規則
自賠	自動車損害賠償保障法		
労基	労働基準法	民	民法
労基施規	労働基準法施行規則	改正民	民法（平成29年法律第44号による改正後）
労契	労働契約法		

【判例・文献関係略語】

大	大審院	労民	労働関係民事裁判例集
最大	最高裁判所大法廷	交民	交通事故民事裁判例集
最一小	最高裁判所第一小法廷	判時	判例時報
最二小	最高裁判所第二小法廷	判タ	判例タイムズ
最三小	最高裁判所第三小法廷	判自	判例地方自治
高	高等裁判所	労経速	労働経済判例速報
地	地方裁判所	労判	労働判例
支	支部	ジュリ	ジュリスト
判	判決	曹時	法曹時報
民集	最高裁判所（又は大審院）民事判例集	判評	判例評論
		ひろば	法律のひろば
裁判集民	最高裁判所裁判集民事	法教	法学教室
裁時	裁判所時報	法セ	法学セミナー

目 次

はしがき
編集者・執筆者
凡　例

第1章　労災保険

第1　支給要件

1　労働者災害補償保険法上の労働者性
　　──旭紙業・横浜南労基署長事件 ………………（石井　拓士）… 3
　　最一小判平成8年11月28日（平成7年(行ツ)第65号）最高裁判所裁判集民
　　事180号857頁

2　労働者災害補償保険法上の治癒
　　──新宿労基署長（三和銀行）事件 ………………（石井　拓士）…11
　　東京高判平成5年12月21日（平成3年(行コ)第3号，同第2号）労働関係
　　民事裁判例集44巻6号835頁

3　労災保険の特別加入制度における業務の範囲
　　──国・三好労基署長事件 …………………………（石井　拓士）…16
　　高松地判平成23年1月31日（平成18年(行ウ)第12号）労働判例1028号67頁

4　労災保険給付の消滅時効
　　──国・神戸東労基署長事件 ………………………（石井　拓士）…22
　　大阪高判平成26年9月25日（平成25年(行コ)第141号）LEX/DB25504829

第2　業務起因性

5　業務の過重性（心身的負荷の強度）の判断基準
　　──国・八王子労基署長（京王電鉄バス）事件………（太田　恒久）…27
　　東京地判平成27年2月25日（平成25年(行ウ)第62号）労働経済判例速報
　　2244号7頁

6 社員旅行中の事故
　　――多治見労基署長（日東製陶）事件 ……………（石井　拓士）…33
　　　岐阜地判平成13年11月1日（平成11年(行ウ)第12号）労働判例818号17頁

7 基礎疾患
　　――横浜南労基署長（東京海上横浜支店）事件………（石井　拓士）…38
　　　最一小判平成12年7月17日（平成7年(行ツ)第156号）最高裁判所裁判集民事198号461頁

8 出張中の犯罪被害（第三者の故意行為）
　　――鳴門労基署長事件 …………………………………（石井　拓士）…43
　　　徳島地判平成14年1月25日（平成12年(行ウ)第20号）判例タイムズ1111号146頁

9 長期間の出張
　　――中央労基署長（三井東圧化学）事件 ……………（石井　拓士）…49
　　　東京高判平成14年3月26日（平成13年(行コ)第198号）労働判例828号51頁

10 飲酒事故と業務起因性
　　――渋谷労基署長事件 …………………………………（石井　拓士）…54
　　　東京地判平成26年3月19日（平成24年(行ウ)第728号）判例時報2267号121頁

11 未経験の職務への配置転換と業務起因性
　　――国・福岡東労基署長（粕屋農協）事件 …………（川端　小織）…59
　　　福岡高判平成21年5月19日（平成20年(行コ)第21号）労働判例993号76頁

12 パワーハラスメントと業務起因性
　　――国・静岡労基署長（日研化学）事件 ……………（川端　小織）…66
　　　東京地判平成19年10月15日（平成18年(行ウ)第143号）判例タイムズ1271号136頁

13 いじめ・嫌がらせと業務起因性
　　――国・鳥取労基署長（富国生命）事件 ……………（川端　小織）…72
　　　鳥取地判平成24年7月6日（平成20年(行ウ)第4号）労働判例1058号39頁

14 作業中に受けた暴行による負傷
　　——新潟労基署長（中野建設工業）事件 ………………（伊藤　隆史）…78
　　　新潟地判平成15年7月25日（平成14年(行ウ)第8号）労働判例858号170頁

15 過重業務から発症までの間に時間が経過している場合
　　——国・足立労基署長（クオーク）事件 ………………（伊藤　隆史）…84
　　　東京地判平成23年4月18日（平成20年(行ウ)第575号）労働経済判例速報2113号3頁

16 発症後の心理的負荷と自殺
　　——国・神戸東労基署長（川崎重工業）事件…………（伊藤　隆史）…90
　　　神戸地判平成22年9月3日（平成20年(行ウ)第20号）労働判例1021号70頁

17 私的なリスクファクターの存在
　　——国・橋本労基署長（和歌山銀行）事件 …………（伊藤　隆史）…97
　　　大阪高判平成23年1月25日（平成22年(行コ)第24号）労働判例1024号17頁

18 国道で救助活動中の事故
　　——労働者災害補償保険給付不支給決定処分取消請求事件
　　　 ……………………………………………………………（伊藤　隆史）…103
　　　名古屋地判平成20年9月16日（平成19年(行ウ)第78号）労働判例972号93頁

19 長時間労働による血管疾患と業務起因性
　　——遺族補償給付等不支給処分取消請求控訴事件 …（伊藤　隆史）…109
　　　東京高判平成20年2月28日（平成19年(行コ)第42号）判例時報2076号153頁

第3　治療機会の喪失

20 公務と治療機会の喪失
　　——地公災基金東京都支部長（町田高校）事件 ……（太田　恒久）…115
　　　最三小判平成8年1月23日（平成6年(行ツ)第24号）最高裁判所裁判集民事178号83頁

x 目次

第4 労働時間該当性

21 出張における移動時間の労働時間性
　　——松本労基署長(セイコーエプソン)事件 ………（太田　恒久）…121
　　東京高判平成20年5月22日（平成19年(行コ)第149号）判例時報2021号116頁

22 学習時間等の業務性・労働時間性
　　——札幌東労基署長(北洋銀行)事件 ………………（太田　恒久）…127
　　札幌地判平成18年2月28日（平成15年(行ウ)第24号）労働判例914号11頁

23 接待・会食の業務性・労働時間性
　　——国・大阪労基署長(ノキア・ジャパン)事件 …（太田　恒久）…132
　　大阪地判平成23年10月26日（平成21年(行ウ)第59号）判例時報2142号121頁

第5 通勤災害

24 通勤災害
　　——中央労基署長事件 ……………………………………（石井　拓士）…138
　　東京高判平成20年6月25日（平成19年(行コ)第150号）判例時報2019号122頁

第2章 民事損害賠償請求訴訟

第1 安全配慮義務の内容

25 労働契約関係における安全配慮義務
　　——川義事件 ………………………………………………（石井　妙子）…147
　　最三小判昭和59年4月10日（昭和58年(オ)第152号）最高裁判所民事判例集38巻6号557頁

第2 予見可能性・安全配慮義務

26 上司の指導とパワーハラスメント
　　——前田道路事件 …………………………………………（川端　小織）…153
　　高松高判平成21年4月23日（平成20年(ネ)第258号）判例時報2067号52頁

27 過重な業務と自殺に対する予見可能性
　　──マツダ（うつ病自殺）事件……………………………（川端　小織）…158
　　　神戸地姫路支判平成23年2月28日（平成20年（ワ）第475号）労働判例1026
　　　号64頁

28 業務と自殺の相当因果関係は肯定したが，安全配慮義務違反を否定
　　──立正佼成会事件 ………………………………………（川端　小織）…164
　　　東京高判平成20年10月22日（平成19年（ネ）第2615号）労働経済判例速報
　　　2023号7頁

29 振動障害と安全配慮義務
　　──林野庁高知営林局事件 ………………………………（西濱　康行）…170
　　　最二小判平成2年4月20日（昭和60年（オ）第10号）最高裁判所裁判集民
　　　事159号485頁

30 残業管理と安全配慮義務
　　──富士通四国システムズ（FTSE）事件 ……………（西濱　康行）…175
　　　大阪地判平成20年5月26日（平成16年（ワ）第11732号）判例時報2032号90
　　　頁

31 うつ病の再発と安全配慮義務
　　──トヨタ自動車ほか事件 ………………………………（西濱　康行）…180
　　　名古屋地判平成20年10月30日（平成18年（ワ）第1736号）労働判例978号16
　　　頁

32 残留たばこ煙と安全配慮義務
　　──岩手県（職員・化学物質過敏症等）事件 …………（西濱　康行）…186
　　　盛岡地判平成24年10月5日（平成21年（ワ）第833号）労働判例1066号72頁

33 災害時の安全配慮義務
　　──七十七銀行（女川支店）事件 ………………………（西濱　康行）…191
　　　仙台高判平成27年4月22日（平成26年（ネ）第92号）判例時報2258号68頁

34 検査結果の告知義務
　　──一般財団法人友愛会事件……………………………（川端　小織）…196
　　　横浜地判平成27年2月17日（平成25年（ワ）第4506号）LEX/DB25505856

35 復職後の配慮
　　——鳥取県・米子市（中学校教諭）事件 ……………（石井　妙子）…200
　　　鳥取地判平成16年3月30日（平成15年(ワ)第23号，同(行ウ)第1号）労働判例877号74頁

第3　相当因果関係（業務起因性）

36 うつ病自殺と相当因果関係
　　——電通事件 ………………………………………（西濱　康行）…205
　　　最二小判平成12年3月24日（平成10年(オ)第217号，同第218号）最高裁判所民事判例集54巻3号1155頁

37 早出出勤と因果関係
　　——日本政策金融公庫（うつ病・自殺）事件 ………（西濱　康行）…213
　　　大阪高判平成26年7月17日（平成25年(ネ)第1133号）判例時報2235号27頁

第4　責任主体

38 元請企業の下請会社従業員に対する安全配慮義務
　　——三菱重工業神戸造船所事件 ……………………（石井　妙子）…218
　　　最一小判平成3年4月11日（平成元年(オ)第516号，同第1495号）最高裁判所裁判集民事162号295頁

39 労働者派遣と安全配慮義務
　　——ニコン・アテスト事件 …………………………（石井　妙子）…224
　　　東京高判平成21年7月28日（平成17年(ネ)第2265号）労働経済判例速報2050号3頁

40 出向先・出向元の安全配慮義務
　　——JFEスチールほか事件 …………………………（石井　妙子）…230
　　　東京地判平成20年12月8日（平成17年(ワ)第3123号）労働判例981号76頁

41 過労死と取締役の責任
　　——大庄ほか事件 ……………………………………（石井　妙子）…236
　　　大阪高判平成23年5月25日（平成22年(ネ)第1907号）労働判例1033号24頁

第5　過失相殺・素因減額等

42　労働者の健康保持義務
　　——フォーカスシステムズ（控訴審）事件 ………（深野　和男）…241
　　　東京高判平成24年3月22日（平成23年（ネ）第3957号）最高裁判所民事判例集69巻2号246頁

43　業務の遂行の不十分及び健康保持に対する配慮の不十分を理由とする過失相殺
　　——広告代理店事件 ……………………………………（深野　和男）…246
　　　大阪地判平成22年9月29日（平成19年（ワ）第16601号）判例時報2133号131頁

44　基礎疾患と素因減額
　　——NTT東日本北海道支店（差戻審）事件 …………（深野　和男）…251
　　　札幌高判平成21年1月30日（平成20年（ネ）第113号）労働経済判例速報2030号13頁

45　労働者の自殺と生前の家族の対応
　　——三洋電機サービス事件 ……………………………（深野　和男）…260
　　　東京高判平成14年7月23日（平成13年（ネ）第1345号）労働判例852号73頁

46　メンタルヘルス情報の不申告及び労働者の脆弱性
　　——東芝（うつ病・解雇）事件 ………………………（深野　和男）…268
　　　最二小判平成26年3月24日（平成23年（受）第1259号）裁判所時報1600号1頁

47　割合的因果関係
　　——横河電機（うつ病り患）事件 ……………………（深野　和男）…276
　　　東京高判平成25年11月27日（平成24年（ネ）第2621号）労働判例1091号42頁

第6　損益相殺

48　損益相殺の対象
　　——コック食品事件 ……………………………………（深野　和男）…282
　　　最二小判平成8年2月23日（平成6年（オ）第992号）最高裁判所民事判例集50巻2号249頁

49 損害項目と労災保険給付等の項目との関係(「同一の事由」の意義)
　　──青木鉛鉄事件 ………………………………………（深野　和男）…290
　　　最二小判昭和62年7月10日（昭和58年(オ)第128号）最高裁判所民事判例
　　　集41巻5号1202頁

50 遺族補償年金との損益相殺的な調整
　　──フォーカスシステムズ事件 ……………………（深野　和男）…297
　　　最大判平成27年3月4日（平成24年(受)第1478号）最高裁判所民事判例
　　　集69巻2号178頁

51 過失相殺と損益相殺の関係
　　──高田建設事件 ………………………………………（深野　和男）…305
　　　最三小判平成元年4月11日（昭和63年(オ)第462号）最高裁判所民事判例
　　　集43巻4号209頁

第7　消滅時効等

52 損害賠償請求権の消滅時効の起算点
　　──日鉄鉱業（長崎じん肺訴訟）事件 ……………（深野　和男）…312
　　　最三小判平成6年2月22日（平成元年(オ)第1667号）最高裁判所民事判
　　　例集48巻2号441頁

《判例索引》 ……………………………………………………………………325

第1章

労災保険

第1 支給要件

1 労働者災害補償保険法上の労働者性
── 旭紙業・横浜南労基署長事件

最一小判平成8年11月28日（平成7年（行ツ）第65号）
最高裁判所裁判集民事180号857頁，判例時報1589号136頁，労働判例714号14頁

概　要

自己の所有するトラックを用いて運送業務に従事していた者について，労働者災害保険法上の労働者性が認められた例

〔問題点〕

自己の所有するトラックを用いて運送業務に従事していた者に関する労働者災害補償保険法上の労働者該当性の有無

判決の内容

■ 事案の概要

訴外甲社は，段ボール及び紙器の製造販売を業としており，製品を各発注先に運送する業務を外部に委託していた。当初は，法人の運送業者に運送業務を委託していたが，独立した事業主体である法人の運送業者にだけ頼っていたのでは，その法人の都合に左右され，時宜に適した運送計画が立てられないことから，個人の車持ち込み運転手に対して，運送請負という形式で専属的に運送業務を行わせるようになった。

Xは，昭和58年2月頃に甲社との間で口頭により運送請負契約を締結し，自らの持ち込んだトラックを運転する形態の運転手として運送業務に従事し

てきたところ，昭和60年12月9日，甲社工場の倉庫内で，運送品をトラックに積み込む作業をしていた際，足を滑らせて転倒し，第五頸椎脱臼骨折，右気胸，頭部外傷等の傷害を負った。

　Xは，昭和61年5月31日，Y（国）に対して，本件事故による療養と休業につき，労働者災害補償保険法所定の療養補償給付及び休業補償給付の請求をしたところ，Yは，同年10月17日，Xに対し，Xが右各給付の対象となる労働者にはあたらないことを理由に右各給付を支給しない旨の処分を行った。

　本件は，Xが同不支給処分の取消しを求めた訴訟である。

■ 判決要旨

　Xは，業務用機材であるトラックを所有し，自己の危険と計算の下に運送業務に従事していたものである上，A社は，運送という業務の性質上当然に必要とされる運送物品，運送先及び納入時刻の指示をしていた以外には，Xの業務の遂行に関し，特段の指揮監督を行っていたとはいえず，時間的，場所的な拘束の程度も，一般の従業員と比較してはるかに緩やかであり，XがA社の指揮監督の下で労務を提供していたと評価するには足りないものといわざるを得ない。そして，報酬の支払方法，公租公課の負担等についてみても，Xが労働基準法上の労働者に該当すると解するのを相当とする事情はない。そうであれば，Xは，専属的にA社の製品の運送業務に携わっており，同社の運送係の指示を拒否する自由はなかったこと，毎日の始業時刻及び終業時刻は，右運送係の指示内容のいかんによって事実上決定されることになること，右運賃表に定められた運賃は，トラック協会が定める運賃表による運送料よりも1割5分低い額とされていたことなど原審が適法に確定したその余の事実関係を考慮しても，Xは，労働基準法上の労働者ということはできず，労働者災害補償保険法上の労働者にも該当しないものというべきである。

解　説

1　争　点

Xは，A社との間で締結した運送請負契約に基づき，運送業務を受託遂行していたところ，甲社工場の倉庫内で転倒して傷害を負ったことから，労働者災害補償保険法に基づく療養補償給付及び休業補償給付を請求したが，同法上の労働者に該当しないとして不支給処分を受けた。同処分の取消しを求めた本件訴訟では，Xが同法上の労働者に該当するかが争点となった。

2　労働者災害補償保険法上の労働者

(1)　労働基準法上の労働者と同一であること

労働者災害補償保険法は，同法の適用を受ける労働者について定義規定を置いていないが，同法は，労働基準法第8章「災害補償」の定める使用者の災害補償責任を填補する責任保険に関する法律として制定されているものであることからすると，労働者災害補償保険法上の労働者とは，労働基準法上の労働者と同一であると解されている。

したがって，Xが労災保険給付を受け得る労働者に該当するかは，労働基準法上の労働者該当性の問題となる。

(2)　条文の確認（労働基準法における労働者の定義）

労働基準法9条は，労働者の定義について，「この法律で『労働者』とは，職業の種類を問わず，事業又は事務所（以下「事業」という。）に使用される者で，賃金を支払われる者をいう。」と定義している。

ここでは，「使用され」「賃金を支払われる者」という要件を満たすかが重要となる。

(3)　「労働者性」に関する厚労省の研究会報告

上記「使用され」及び「賃金を支払われる者」という要件該当性の判断基準に関しては，厚労省の労働基準法研究会報告「労働基準法の『労働者』の判断基準について」（昭和60年12月19日）が見解を示している。

同報告書は，「『労働者性』の有無は『使用される＝指揮監督下の労働』という労務提供の形態及び『賃金支払』という報酬の労務に対する対償性，すなわち報酬が提供された労務に対するものであるかどうかということによっ

て判断されることとなる。この二つの基準を総称して、『使用従属性』と呼ぶこととする。」とし、「指揮監督下の労働」、「賃金支払（報酬の労務対償性）」という各要件の該当性を判断する際の具体的な考慮要素及びその他労働者性を補強する要素について以下のとおり示している。

　(a)　指揮監督下の労働

　労務提供の形態が「指揮監督下の労働」と評価できるかは、①仕事の依頼、業務従事の指示等に対する諾否の自由の有無、②業務遂行上の指揮監督の有無（業務の内容及び遂行方法に対する指揮命令の有無その他）、③勤務場所及び勤務時間等に対する拘束性の有無、④代替性の有無といった各事情を総合考慮すべきとしている。

　(b)　報酬の労務対償性

　「報酬の労務対償性」については、結局において「労働者が使用者の指揮監督の下で行う労働に対して支払うもの」というべきものであるから、報酬が「賃金」であるか否かによって逆に「使用従属性」を判断することはできないとしている。しかし、時間給である、欠勤控除が行われている、残業手当が支払われる等報酬の性格が使用者の指揮監督の下に一定時間労務を提供していることに対する対価と判断される場合には、「使用従属性」を補強することとなるとしている。

　(c)　その他労働者性の判断を補強する要素

　上記「指揮監督下の労働」及び「報酬の労務対償性」のほか、労働者性の判断を補強する要素として、研究会報告は以下の要素を挙げている。

　(ア)　事業者性の有無　　機械、器具の負担関係、報酬の額その他の事情（業務遂行上の損害に対する責任を負う、独自の商号使用が認められている等）から事業者性が認められる場合には、労働者性を否定する方向の一要素として考慮される。

　(イ)　専属性の程度　　他社の業務に従事することが制度上制約される、時間的余裕がないなど、専属性の程度が高く、経済的に当該企業に従属していると考えられる場合には、労働者性を補強する要素の1つとなる。

　また、報酬に固定給部分があるなど、生活保障的な要素が強いと認められる場合には、労働者性を補強する要素の1つとなる。

(ウ)　その他　　このほか，上記研究会報告は，裁判例の分析として，①採用，委託等の際の選考過程が正規従業員の採用の場合とほとんど同様であること，②報酬について給与所得としての源泉徴収を行っていること，③労働保険の適用対象としていること，④服務規律を適用していること，⑤退職金制度，福利厚生を適用していること等「使用者」がその者を自らの労働者と認識していると推認される点を，「労働者性」を肯定する判断の補強事由となり得るとしている。

3　本判決
(1)　本判決が考慮した事実関係

　本最高裁判決は，労働者性を否定する判断の前提となる事実関係として，「①甲社のXに対する業務の遂行に関する指示は，原則として，運送物品，運送先及び納入時刻に限られ，運転経路，出発時刻，運転方法等には及ばず，また，一回の運送業務を終えて次の運送業務の指示があるまでは，運送以外の別の仕事が指示されるということはなかった，②勤務時間については，同社の一般の従業員のように始業時刻及び終業時刻が定められていたわけではなく，当日の運送業務を終えた後は，翌日の最初の運送業務の指示を受け，その荷積みを終えたならば帰宅することができ，翌日は出社することなく，直接最初の運送先に対する運送業務を行うこととされていた，③報酬は，トラックの積載可能量と運送距離によって定まる運賃表により出来高が支払われていた，④Xの所有するトラックの購入代金はもとより，ガソリン代，修理費，運送の際の高速道路料金等も，すべてXが負担していた，⑤Xに対する報酬の支払に当たっては，所得税の源泉徴収並びに社会保険及び雇用保険の保険料の控除はされておらず，Xは，右報酬を事業所得として確定申告をしたというのである。」という各事実を指摘している。

(2)　各事実関係の位置付け

　上記各事実のうち，①〜③は使用従属性に関わる要素であり，④は事業者性を補強する事情，⑤は当事者間の認識に関する事情であると考えられる。

　①では，業務の遂行に関する指示が原則として，運送物品，運送先及び納入時刻に限られ，他は裁量に委ねられていたという事実が重視されている。運送物品，運送先，納入時刻といった業務内容は，運送請負契約で委ねられ

た仕事の内容そのものであるため，具体的に特定・指示されていることは当然といえる。また，②では，勤務時間・場所に関する拘束性がないことが重視されている。これら事実関係によれば，本件では，運送請負契約の目的たる仕事内容を特定するために必要となる事項以外の事項（業務遂行の時間・場所・態様等）については，広く受託者の裁量的判断に委ねられていたことが認められる。

報酬に関しては，③で言及されているとおり出来高制であり，最低保障給としての性質はなかった。このことも，上記研究会報告に照らして，労働者性（報酬の労務対償性）を否定する１つの要素となる。

これら①～③の各事実関係によれば，指揮監督下での労働や，報酬の労務対償性が否定されるため，使用従属性は認め難いと考えられる。

そして，④では事業者性を基礎付ける事実が，⑤では当事者間の認識に関する事実が補強的に考慮されたものと考えられる。⑤で言及されている税金や社会保険料の扱いに関しては，当事者，特に会社側の認識に基づくものであり，契約形式（雇用か請負か等）と同様に，それだけで決め手となるものではないと考えられるが，他の事情と相まって使用従属性を補強する一要素として考慮可能であろう。

4 他の裁判例

本判決と異なり，労働者災害補償保険法上の労働者性を肯定した裁判例としては，新宿労基署長（映画撮影技師）事件（東京高判平14・7・11労判832号13頁）がある。同事件では，映画撮影技師の労働者該当性が問題となった。

同判決は，「労働者」にあたるか否かは，雇用，請負等の法形式にかかわらず，その実態が使用従属関係の下における労務の提供と評価するにふさわしいものであるかどうかによって判断すべきものであるとした上で，具体的な仕事の依頼，業務指示等に対する諾否の自由の有無，時間的及び場所的拘束性の有無・程度，労務提供の代替性の有無，業務用機材等機械・器具の負担関係，専属性の程度，使用者の服務規律の適用の有無，公租などの公的負担関係，その他諸般の事情を総合的に考慮した結果，映画撮影技師の労働者性を肯定した。

具体的には，①助監督が作成した予定表に従って行動する必要があり，か

つ監督のイメージを把握してこれを具像化する立場にあったことから，仕事の諾否に対する自由は制約されていたこと，②同予定表に従って業務遂行する必要があり，業務遂行の場所もロケ・ロケハンの現場と指定されていたこと，③業務遂行にあたっては映画製作の最終決定を監督が行い，撮影技師は監督の意図に沿うよう撮影すべきものであること，④代替性は認められていたとは言い難いこと，⑤撮影機器等は基本的に会社が負担していたことといった事実関係が，労働者性を肯定する要素として考慮されている。

一方で，⑥専属性の程度は低かったこと，⑦就業規則等といった服務規律は適用されていなかったこと，⑧報酬に関しては事業所得として取り扱われていたことといった事実関係も認められていたが，これら事実関係によっても労働者性を否定することはできないとされている。

5 まとめ

労働基準法の定義規定では，「使用され」ということが要件となっているため，使用従属性が重要なメルクマールになるものと考えられる。

したがって，①仕事の依頼，業務従事の指示等に対する諾否の自由の有無，②業務遂行上の指揮監督の有無（業務の内容及び遂行方法に対する指揮命令の有無その他），③勤務場所及び勤務時間等に対する拘束性の有無，④代替性の有無といった事実関係が特に重視されるものと考えられる。

一方，税務処理や社会保険料の扱い，服務規律の適用の有無等といった事情は，当事者，特に会社側の認識による部分が大きく，これのみでは，ただちに労働者性を判断することはできないとされる傾向にあるのではないかと考えられる（形式ではなく，「使用従属性」の実態が重視される）。

機械，器具の負担関係，報酬の額等といった事業者性に関する事情や，専属性といった事情は，どちらかといえば経済的な従属性を表す要素となると考えられるが，「使用され」という文言からすれば，人的な使用従属関係の有無がより重要なファクターとして考慮されるものと考えられる。

【石井　拓士】

〔参考文献〕
・　厚生労働省労働基準法研究会報告「労働基準法の『労働者』の判断基準について」

（昭和60年12月19日）

〔参考判例〕
・　新宿労基署長（映画撮影技師）事件（東京高判平14・7・11労判832号13頁）
・　藤沢労働基準監督署長（大工負傷）事件（最一小判平19・6・28裁判集民224号701頁）

2 労働者災害補償保険法上の治癒
—— 新宿労基署長（三和銀行）事件

東京高判平成5年12月21日（平成3年(行コ)第3号，同第2号）
労働関係民事裁判例集44巻6号835頁，労働判例646号14頁

概　要

療養補償ないし休業補償給付を受給しようとする被災労働者は，同給付について自己に受給資格のあることを証明する責任があるとされた例

〔問題点〕
労働者災害補償保険法上の治癒該当性の有無

判決の内容

■　事案の概要

訴外甲社に勤務するＸは，領収スタンプの押印，加算機の操作，複写伝票の作成などの作業を反復継続するようになってから，肩，腕，肘の痛みを覚えるようになり，頸肩腕障害と診断され，療養を続ける中，昭和54年5月12日から休業するにいたった。中野労働基準監督署長が，昭和55年9月12日付けでＸの傷病を業務上の疾病と認め，昭和54年5月16日以降について休業補償給付及び療養補償給付を支給したが，昭和58年3月31日をもって治癒したことを理由に，昭和58年4月1日以降の補償給付について不支給処分を行った。

本件は，ＸがＹ（国）に対して同不支給処分の取消しを求めた訴訟である。

■　判決要旨

1　労働者災害補償保険法上の治癒とは，症状が安定し，疾病が固定した

状態にあるもので，治療の必要がなくなったものをいい，疾病にあっては急性症状が消退し，慢性症状が持続していても医療効果を期待し得ない状態となった場合をいうと解するのが相当である。したがって，発症前と同じ健康状態に戻ったことを意味する「完治」を指すものではない。

2 療養補償ないし休業補償給付を受給しようとする被災労働者は，右請求にかかる給付について自己に受給資格のあることを証明する責任があると解するのが相当である。したがって，右被災労働者が療養給付又は療養補償給付請求をするには，「業務上負傷し，又は疾病にかかったこと」，「療養が必要であること」（労基75条），すなわち，当該治療等が医学的見地からみて当該疾病の療養として必要なものであること（労災13条2項参照）を，休業補償給付請求をするには，「必要な療養のため，労働することができないこと」（労基76条）を証明しなければならない。また右被災労働者は，療養補償ないし休業補償給付決定を受けた場合でも，その後の請求に際しても右受給要件を証明しなければならないから，労基署長が当該請求に対して「治癒」を理由として不支給決定をする場合，処分権者の側で「請求者の傷病が治癒したこと」を証明しなければならないと解すべきではない。

3 第1回ないし第4回不支給処分当時は，第1審原告の傷病につき療養の必要性があったものと認められるから，中野労基署長がした昭和58年3月31日治癒を理由とする第1回ないし第4回不支給処分は違法であるが，第1審原告の傷病は，昭和61年8月末には症状が固定したものと認められるから，中野労基署長及びYがした第5回ないし第9回不支給処分は結論において正当である。

解　説

1 争　点

業務上災害の被災労働者に対して支給される療養補償給付及び休業補償給付は，当該業務上の疾病が治癒した場合には不支給となる。本件では，治癒を理由に不支給処分が行われたことから，治癒したか否かという事実認定が争点となった。また，治癒の有無という事実について，被災労働者と処分行

政庁とのいずれが立証責任を負担するかということも争点になっている。

2　治癒の意味

労働者災害補償保険法上の療養補償給付は、当該疾病が治癒した場合には、それ以上の療養の必要性がなくなるため不支給となる。また、休業補償給付は、「療養のため労働することができない」（労災14条1項）場合に支給されるものであるため、やはり、当該疾病が治癒した場合には、「療養のため」という要件に欠けることとなり、不支給となる。

いずれも、ここで問題としている治癒とは、療養の必要性の有無にかかわる要件であるため、疾病前の健康状態に復したことを意味するものではなく、療養の必要性がなくなった状態、すなわち、症状が固定して治療の必要性がなくなった状態を意味することになる。

なお、症状が固定した後に障害が残った場合には、障害補償給付が支給される（労基77条）。

3　治癒の認定

本件では、はり・きゅう治療について、治療の必要性が問題となった。

当時、各地のはり・きゅう施術に対する保険給付の実際にはかなりの不均衡があり、かつ、長期間に及んでいる事例もあったことから、旧労働省は、はり・きゅう及びマッサージの施術に係る保険給付について適正、公平な給付の実現を図るために、労働省労働基準局長名で、昭和57年5月31日、「労災保険における『はり・きゅう及びマッサージ』の施術に係る保険給付の取扱いについて」と題する通達を発した。

同通達によれば、はり・きゅう治療の施術期間は原則として9か月とされ、例外的に、はり・きゅう師の提出する意見書等に基づき、施術効果がなお期待し得ると認めたときは、さらに3か月を限度に延長することができるとされている。

本件では、第1回不支給処分（昭和58年4月1日～同年4月31日分）後も、はり・きゅう治療が続けられ、その後、Xは、通勤訓練や職場復帰訓練を経て徐々に勤務時間及び出勤回数を増やし、昭和61年7月23日にフルタイムで復帰した。このような事実関係を前提に、判決は、少なくとも同月8月末には症状は固定したものと認定し、第1回不支給処分から第4回不支給処分（昭

和61年1月1日〜同年8月31日分）を違法とし，その後の不支給処分を適法とした。

このように，本件では，はり・きゅう治療について治療の必要性が争点となったが，この他にも，むち打ち症や精神障害など，客観的に症状固定の有無が判断し難い傷病において，治癒認定が争点になり得るものと考えられる。

4　立証責任について

業務災害に関する療養，休業補償給付の請求は，被災労働者が，請求を裏付けるに足りる所定の事項を記載した請求書に，これを証明することができる書面を添付してしなければならないとされている（労災施規12条1項・2項・12条の2第1ないし3項・13条1項・2項）。そのため，本判決は，被災労働者自身に，受給資格のあることを証明する責任があると解するのが相当である旨判示している。

治療・投薬・通院状況や具体的な症状の変遷は，医療に関わるセンシティブな情報であり，被災労働者側でなければ詳細な資料の収集が困難と考えられる。したがって，被災労働者に，受給資格の立証責任があるとしたことは妥当であろう。

5　解雇事案の場合

本件では，行政処分の適法性が争われたが，これ以外にも治癒が争点となり得るケースとして，業務上災害の被災労働者に対して解雇を行った場合が考えられる。症状が固定していれば，労働基準法19条1項が定める解雇制限の規制は及ばなくなるため，治癒の有無が争点になり得るのである。

この場合に，治癒（療養の必要性）の有無に関する立証責任がいずれにあるのかは，本件のような労災案件とは別個に問題となり得るが，解雇自由の原則に対する例外として，解雇制限が定められていること，医療に関わるセンシティブな情報は労働者側でなければ収集が困難であるという証拠の偏在の問題を考慮すれば，やはり，治癒していないこと（療養の必要性があること）に関する立証責任は被災労働者側が負担すると解するべきであろう。

【石井　拓士】

〔2〕東京高判平成5年12月21日（平成3年(行コ)第3号，同第2号）

〔参考文献〕
- 労務行政研究所編『労災保険　業務災害及び通勤災害認定の理論と実際(上)〔第4版〕』155頁以下

〔参考判例〕
- 渋谷労基署長（グリーンキャブ）事件（東京地判平5・12・17労判649号47頁）
- 三田労働基準監督署長（エッソ石油）事件（東京地判平8・3・27労判693号62頁）

3 労災保険の特別加入制度における業務の範囲
──国・三好労基署長事件

高松地判平成23年1月31日（平成18年(行ウ)第12号）
労働判例1028号67頁

概要

労災保険に特別加入している者につき，業務上外の判断の基礎となる業務の範囲と，全部労働不能要件を検討する際の業務の範囲は，同一であると解するのが相当とされた例

〔問題点〕
労災保険に特別加入している者が被災した場合の全部労働不能要件該当性の有無

判決の内容

■ 事案の概要

　林業に従事し，中小事業主として労災保険に特別加入していたXが，振動障害と診断されたことから，療養のために事業に従事することができなかったと主張して，休業補償給付を請求したところ，業務遂行性の対象となる業務又は作業について全部労働不能とは認められないとして不支給処分を受けた。
　本件は，XがY（国）に対して同不支給処分の取消しを求めた訴訟である。

■ 判決要旨

　1　昭40・11・1付け労働省労働基準局長通達・基発1454号（以下「基発1454号」という）は，特別加入者についての業務上外の認定（特別加入者の被っ

た災害が当該業務に起因するものといえるか）につき，加入申請書記載の業務又は作業の内容を基礎とし，労働省労働基準局長作成の基準に従って行うものとしている（基発1454号第2・9）。

また，同通達は，特別加入者に対する休業補償給付の支給要件（保護の要件）につき，所得喪失の有無にかかわらず，療養のため「業務遂行性が認められる範囲の業務又は作業について」全部労働不能であることを要求している。この全部労働不能とは，入院中又は自宅就床加療中若しくは通院加療中であって，上記業務遂行性が認められる範囲の業務又は作業ができない状態をいう（第2・10）。また，昭44・3・31付け基収5514号は，請求人が通院加療している場合，通院治療した日も労働不能に含まれるが，業務を行える状態であれば全部労働不能とは認められないとしている。

2　中小事業主については，当該中小事業主自身が，労働者が従事する作業と同様の作業に従事する場合が多く，労働者に準じて保護するのがふさわしいことから，特別加入が認められている。そうすると，法は，当該業務の内容，就労形態に注目して特別加入制度を設けたものであるから，休業補償給付の支給要件の解釈についても，特別加入申請にあたり申請した事業の内容を基準として，当該業務内容，就労形態を踏まえながら行うのが相当であり，特別加入にあたり申請した業務は，業務上外の判断の基礎となるだけでなく，従事不能要件の判断対象たる業務遂行性の認められる業務の判断の基礎ともなるというべきであって，業務上外の判断の基礎となる業務の範囲と，業務遂行性の認められる業務の範囲は，同一であると解するのが相当である。

3　以上述べた特別加入制度の趣旨，目的，Xの営む甲林業の主たる業務内容，Xの本件特別加入の目的等に鑑みると，本件特別加入における業務遂行性の認められる業務の範囲は，Xの営む甲林業の事業主本人として行っていた，伐採（皆伐及び一部の間伐），伐採した木材の造材，集材，搬出作業及びこれに直接附帯する作業に限定されているものと認めるのが相当である。

4　Xの振動障害の程度は中等度であり，チェーンソー等の振動工具を使用する作業に従事することは到底不可能であったことからすると，Xの営む甲林業においては，Xがチェーンソーの振動工具を使用するなどして行って

いた伐採，造材，集材及び搬出作業をX自身が行うことが不可能であれば，その事業を継続することは不可能であったというべきである。

5 以上によれば，Xについて全部労働不能とは認められないとして休業補償給付を支給しないとした本件処分は違法であり，取り消されるべきであるから，Xの本件請求は理由がある。

解　説

1　争　点

労災保険に特別加入している者が休業補償給付を受給する場合の要件について，行政通達では全部労働不能を要するとされているが，ここでいう労働不能の判定対象となる業務は，どの範囲かということ，及びXについて全部労働不能要件を満たしていたかということが争点となった。

2　特別加入者の受給要件

労働者災害補償保険法上の各種補償給付は，労働基準法上の労働者に該当する者を保護の対象としているが，労働者以外の者（中小事業主や自営業者等）であっても，労災保険制度への特別加入が認められており，業務の実態や災害の発生状況等に照らして労働者に準じて保護することが相当であると認められる場合，当該特別加入者は各種補償給付の対象となる。

特別加入している中小事業主の被災した災害が業務災害と認められるためには，就業中の災害であることに加え，特別加入申請書別紙の業務の内容欄に記載された所定労働時間（休憩時間を含む）内において，特別加入の申請に係る事業のためにする行為を行っていた場合であること（当該行為が事業主の立場において行う事業主本来の業務を除く）又はこれに直接附帯する行為（生理的行為，反射的行為，準備・後始末行為，必要行為，合理的行為及び緊急業務行為）を行っていた場合であること等といった要件を満たしている必要がある。

井口重機・姫路労働基準監督署長事件（最一小判平9・1・23裁判集民181号25頁）においても，特別加入制度で保険関係が成立する範囲につき，「その請負に係る土木工事が関係する建設事業につき保険関係が成立したにとどまり，労働者を使用することなく行っていた重機の賃貸業務については，労働

者に関し保険関係が成立していないものといわざるを得ない」とし，特別加入申請書の業務の内容欄に記載されたところに限り保険関係が成立するとされている。

また，基発1454号では，特別加入者に対する休業補償給付の支給要件として，所得喪失の有無にかかわらず，療養のため「業務遂行性が認められる範囲の業務又は作業について」全部労働不能であることを要するとしている。

本件では，業務起因性があること，すなわち業務災害であることについては争いがなかったが，この全部労働不能要件を満たしているかが争いとなった。

3　全部労働不能
(1)　業務の範囲

本件では，「全部労働不能」かどうかを判断するにあたって，ここでいう「労働」が具体的にどの範囲かということが争われた。すなわち，ここでいう「労働」の範囲が，業務起因性の判断対象となる「業務」と同一か否かという問題である。

本判決は判決要旨で引用したとおり，労働者災害補償保険法は当該業務の内容，就労形態に注目して特別加入制度を設けたものであるから，休業補償給付の支給要件の解釈についても，特別加入申請にあたり申請した事業の内容を基準とするべきとした。すなわち，特別加入にあたり申請した業務は，業務上外の判断の基礎となるだけでなく，従事不能要件の判断対象たる業務遂行性の認められる業務の判断の基礎にもなるとしている。

そして，本件では，業務起因性の対象となる「業務」の範囲が，Yの主張よりも狭く解釈され，全部労働不能の要件該当性は認められる結論となっている。

(2)　本件のあてはめ

Yは，振動障害を発症したとしても，林業の一般的作業のうち，地ごしらえ，植付け，下刈り，枝打ち，はい積み，トラック積込みなど多くの作業に従事可能であること，また，従業員に対する指図や山林の下見等が可能であることから，全部労働不能とはいえないなどと主張していた。

しかし，Xは林業の事業主本人として本件特別加入の申請を行うにあたっ

て，業務の具体的内容について林業の作業全般ではなく，「伐採及び搬出の作業」と限定して記載していたこと，実際に稼働していたのもこれら伐採及び搬出の作業が中心であったこと，そして，特別加入予定者のうち身体に振動を与える業務に従事していた者等は，加入時健診の受診が義務づけられ，Xもこれを受診した上で加入が承認されたものであり，Xとしては，振動障害によって振動工具の使用ができなくなる場合に備えて本件特別加入をしたものであることが明らかであることなどから，業務起因性の認められる業務の範囲は，振動工具の使用に関わる伐採，造材，集材，搬出及びこれに直接附帯する作業に限られると認定された。

したがって，Yの主張する上記地ごしらえ，植付け，下刈り，枝打ち，はい積み，トラック積込み等の作業は，たとえ従事することができたとしても，全部労働不能要件とは関係がないとされた。

また，従業員に対する指図や山林の下見等が可能であるとのYの主張に関しても，Xが振動工具を使用して伐採等の作業を行うことが事業の前提となっており，これができない以上，従業員に対する指図や山林の下見等が可能であったとしても，業務起因性の認められる業務（振動工具の使用に関わる伐採，造材，集材，搬出及びこれに直接附帯する作業）全部を継続することが不可能であったとして，全部労働不能要件に該当するものと認められた。

4 まとめ

業務起因性や全部労働不能要件との関係で問題となる業務の範囲に関して，本判決は，特別加入申請書に記載された業務内容や実際の業務実態，さらには特別加入申請者の加入意図等を基準に判断している。

申請書に記載された業務に関わる作業を行っている際の災害について，広く業務起因性が認められると解すれば，業務災害は広く認められることになるため，療養補償給付との関係では特別加入者側に有利となる。一方で，全部労働不能要件との関係では，不能の対象となる業務の範囲が広くなるため，全部不能とは認められ難くなる可能性が高まり，休業補償給付との関係では特別加入者側に不利となるだろう。

どの範囲の業務について，業務起因性や全部労働不能といった要件の該当性を判断すべきであるかは，法の趣旨・目的に則って解釈することになるも

のと思われる。本件は、法の趣旨・目的に照らして1つの判断を示した事例として参考になるだろう。

5　特別加入制度のその他の問題

ちなみに、特別加入制度に関しては、業務起因性や全部労働不能要件のほかに、制度適用対象者の問題として、海外出張者をどのように扱うかということも問題になることがある。この点、労働者災害補償保険法は、海外派遣者を特別加入制度の対象にしている（同法33条6号・7号）が、近時、同法の定める海外派遣者の解釈につき、「単に労働の提供の場が海外にあるだけで、国内の事業場に所属して当該事業場の使用者の指揮に従って勤務しているのか、それとも、海外の事業場に所属して当該事業場の使用者の指揮に従って勤務しているのかという観点から、当該労働者の従事する労働の内容やこれについての指揮命令関係等の当該労働者の国外での勤務実態を踏まえ、どのような労働関係にあるかによって、総合的に判断されるべきものである。」として、特別加入していなかった海外出張中の者について、労働者災害補償保険法の適用対象者となり得ることを認める判断（東京高判平28・4・27労経速2284号3頁）が示されており、実務上は留意を要する。

【石井　拓士】

〔参考判例〕
・　横浜地判平11・4・20判タ1046号148頁

4 労災保険給付の消滅時効
——国・神戸東労基署長事件

大阪高判平成26年9月25日(平成25年(行コ)第141号)
LEX/DB25504829

概要

障害補償給付請求権の消滅時効については，期間計算について民法の規定を準用する労働者災害補償保険法43条に基づき，消滅時効の一般原則である民法166条1項（改正民166条1項2号）が準用され，「権利を行使することができる時」から消滅時効が進行すると解するのが相当であるとされた例

〔問題点〕
労働者災害補償保険法に基づく補償給付の消滅時効の起算点

判決の内容

■ 事案の概要

訴外甲社に勤務するXは，港湾作業者として通算約22年間，石綿荷役作業に従事していたが，平成9年8月29日に肺がんにり患していることが判明し，その後手術を受けた。Xは，平成22年6月24日，上記肺がんには業務起因性があり，同年4月9日に後遺障害を残して治癒した旨主張して，神戸東労働基準監督署長に対し，障害補償給付を請求したが，同署長は，手術から5年を経過した時点で肺がんは治癒しており，本件請求は消滅時効の完成後になされたものであるとして，同年8月6日付けで不支給処分を行った。

本件は，XがY（国）に対して同不支給処分の取消しを求めた訴訟である。

■ 判決要旨

1 障害補償給付請求権の消滅時効については，期間計算について民法の規定を準用する労働者災害補償保険法43条に基づき，消滅時効の一般原則である民法166条1項（改正民166条1項2号）が準用され，「権利を行使することができる時」から消滅時効が進行すると解するのが相当である。

2 障害補償給付請求権の権利行使が現実に期待できるのは，業務起因性について認識可能性が発生した時点であり，その時から消滅時効は進行するというべきである。

3 この場合，労働者災害補償保険法上の障害補償給付請求権については，同法42条で短期消滅時効が定められ，法律関係の早期確定が図られていること，給付の平等性・画一性が要請されていることに鑑み，労働者個々人の認識の有無を基準にすることは相当でなく，当時の客観的状況に照らし通常一般人の立場で認識可能であれば足りるというべきである。

4 石綿の健康被害については，昭和45年頃から既に新聞やテレビで報道され始めていたほか，特に，昭和56年3月頃には，Xが当時働いていた神戸港で港湾労働者の石綿による健康被害が生じていることが判明したことから，……Xが購読していた神戸新聞では，「石綿」「神戸港」「がん」といった見出しで，朝刊の1面で大きく取り上げていたこと，……昭和62年頃になると，建物の建材や公立学校での壁面に石綿が使用されていることが判明し，労働者のみでなく一般市民の間でも大きな社会問題となったこと，平成7年の震災直後には阪神淡路大震災後の粉じんに石綿が含まれていることが問題となり，現場である神戸では特に連日このことが大きく報道されたことが認められ，……以上によれば，Xの立場にある通常一般人を基準にすると，遅くとも肺がんが治癒した平成14年9月22日までに，石綿の健康被害について認識することは十分可能であったと認められる。よって，その翌日である同月23日から権利行使が可能であり，同日から5年を経過した平成19年9月22日の経過により，障害補償給付請求権は時効により消滅しているものといわざるを得ない。

解　説
1　争　点
　①労働者災害補償保険法上の障害補償給付請求権について，消滅時効の起算点をどのような判断基準で定めるか，②Ｘが行使し得る障害補償給付請求権について，具体的にいつの時点が消滅時効の起算点となるかが争点となった。

2　消滅時効の起算点
　労働者災害補償保険法43条は，「この法律又はこの法律に基づく政令及び厚生労働省令に規定する期間の計算については，民法の期間の計算に関する規定を準用する。」と定めており，消滅時効の起算点については民法の規定が準用されることになる。民法166条１項（改正民166条１項２号）は，「消滅時効は，権利を行使することができる時から進行する。」と定めているため，労働者災害補償保険法上の補償給付請求権については，権利を行使することができる時から消滅時効期間が進行することになる。

3　権利を行使することができる時
(1)　判決の内容
　上記のとおり，労働者災害補償保険法上の補償給付請求権は，権利を行使することができる時から消滅時効期間が進行することになるが，ここでいう「権利を行使することができる時」とは，具体的にいつの時点かが問題となる。

　この点について判決は，「障害補償給付請求権は，権利が発生した時から被災労働者においてその請求を行うことができ，その手続も，損害の発生や業務起因性については自ら証拠の収集などをすることを要せず，所定の請求書を提出することで足りることからすれば……，一般には，その権利が発生した時から権利行使が可能な権利であると認められる」との一般論を述べつつ，本件の石綿被害という特殊性に鑑みて，潜伏期間が長期間に及ぶ疾患の場合は，業務起因性のある疾患にかかったとしても，その段階で当該疾患の業務起因性を把握することが困難あるいはおよそ不可能な場合も考えられるため，そのような場合には，業務起因性について認識可能性が発生した時点

が権利行使可能な時であり，その時から消滅時効は進行するというべきである旨判示している。

そして，石綿による健康被害が広く知られるようになっていたという当時の情勢を踏まえ，遅くとも肺がんが治癒した平成14年9月22日までに，石綿の健康被害について認識することは十分可能であったとして，翌23日から時効を起算し，消滅時効の成立を認めた。

この点，改正民法では，166条1項において，1号では，「権利を行使することができることを知った時から5年」，2号では，「権利を行使することができる時から10年」として，権利者の主観に応じた時効期間を定めている。

(2) 治癒について

本判決は，遅くとも治癒した時点，すなわち症状固定時までに石綿被害について認識可能であったとして，その翌日から時効を起算しているが，労働者災害補償保険法上の補償給付について，必ずしも症状固定時以降に時効が起算されるわけではない。例えば，療養補償給付や休業補償給付であれば，業務上の死亡，負傷，疾病，障害に該当すると認識し得る時点から時効が起算されることになり，通常は権利発生時にこれらは認識可能であることから，同時点から時効が起算される。

本件でXは，治癒を覚知した時点から時効を起算すべきと主張していたが，判決は，「治癒の覚知の要否については，障害補償給付請求権を行使するに当たり，治癒の覚知ないし認識可能性がなくとも，被災労働者につき業務起因性の認識が可能であれば，権利行使が現実に期待できると解されること，これを要求すると，業務起因性の覚知を必要とした場合と同様の問題が生じることに照らし，時効期間の起算に当たっては，治癒の覚知ないし認識可能性は必要ではないと解するのが相当である。」との原判決を引用し，Xの当該主張を排斥している。

本件で争いとなった障害補償給付は，業務上の傷病が治癒した後に後遺症が残った場合に請求できる給付である。したがって，権利行使が可能となるためには，治癒の事実についても認識ないし認識可能性が存在する必要があるのではないかということも問題になり得るが，本判決は，症状固定時以降に時効の起算点を認定しているため，結論には影響していない。

4 石綿健康被害救済法

　石綿健康被害救済法は，周辺住民等といった労働者以外の者が石綿健康被害を被った場合に関する救済給付を定めているほか，石綿を原因とする中皮腫や肺がん等にかかり，同法施行日（平成18年3月27日）の前日までに死亡した労働者の遺族に対して，労災保険の遺族補償給付を受ける権利が時効によって消滅している場合に特別遺族給付金を支給する旨を定めている。

　もっとも，同法によって時効期間経過後に特別遺族給付金が支給されるのは，被災労働者が死亡し，遺族補償給付が時効消滅した場合であるため，本件のような障害補償給付に関しては，同法上の救済給付が受けられるわけではない。

【石井　拓士】

〔参考判例〕
・　東京高判平13・11・29判時1778号154頁

第2　業務起因性

5　業務の過重性（心身的負荷の強度）の判断基準
―― 国・八王子労基署長（京王電鉄バス）事件

東京地判平成27年2月25日（平成25年（行ウ）第62号）
労働経済判例速報2244号7頁，労働判例1117号23頁

概　要

　業務の危険性の判断は，当該労働者と同種の平均的労働者，すなわち，何らかの個体側の脆弱性を有しながらも，当該労働者と職種，職場における立場，経験等の社会通念上合理的な属性と認められる諸要素の点で同種の者であって，特段の勤務軽減まで必要とせずに通常業務を遂行することができる者を基準とする

〔問題点〕
　業務の危険性（心身的負荷の強度）を判断する際の基準となるのは平均的労働者か被災者本人か

判決の内容

■　事案の概要

　1　Kは路線バスの乗務員の業務に従事していたが，平成16年2月には出勤時にアルコールが検知され停職2日の懲戒処分を受けたことがあった。
　Kは平成20年6月28日未明に飲酒してから就寝し，午後2時頃起床し会社貸与のアルコール検知器で検知されないことを確認してから家族で外出し，帰宅後ご飯と味噌汁を食べて会社に出社したが，途中アルコール検知器で検知されなかったことを確認したものの，会社においてはアルコール検知器に

より検知されたことから自認書の作成と事情聴取を受けた。

　2　Kは翌29日以降7月4日に出勤するまでの間，食事をとることはなかった。30日は出勤日であったがKは出社せず，会社からの出勤するようにとの電話を受け，刃渡り約5センチメートルのナイフをもって家を出たことから，Kの配偶者は警察と会社に連絡し，結局会社の関係者にKは保護された。

　当日，会社の上司らはKの自宅で事情聴取を行い，帰社したが，Kは椅子に座って考え事をしている様子であった。

　7月1日と2日は休日であったが，Kは外出することなく，2日には1日中布団で横になっていた。

　7月3日は午前と午後2時間ずつ事情聴取が行われ，またその余の時間でKによる顛末書の作成が行われた。

　3　7月4日，Kは出勤したところアルコール検知器で検知され，その後の事情聴取では飲酒していないことや6月29日以降食事をとっていないことなどを説明し，また昼食をとるよう勧められたものの食事はとらなかった。

　Kは5日と6日は休日であったが，7日未明から早朝にかけて自宅を抜け出しいわゆる飛び降り自殺をした。なお，Kは，配偶者，会社上司2名，組合関係者らに遺書を残していた。

　4　配偶者は，平成21年6月19日，八王子労基署長に対し，遺族補償年金及び葬祭料の請求をしたところ，同署長は，同22年1月7日付けで支給しない旨の処分を行った。

　本件は，配偶者がY（国）に対し，各不支給処分の取消しを請求した事案である。

■ 判決要旨

　1　労働者災害補償制度が，労働基準法上の災害補償責任を担保する制度であり，災害補償責任が使用者の過失の有無を問わずに被災者の損失を補填する制度であって，いわゆる危険責任の法理に由来するものであることに鑑みれば，業務上の傷病とは当該傷病が被災労働者の従事していた業務に内在する危険性が発現したものと認められる必要がある。

2 今日の精神医学的・心理学的知見としては，環境由来のストレス（心理的負荷）と個体側の反応性・脆弱性との関係で精神的破綻が生じるか否かが決まり，ストレスが非常に強ければ，個体側の脆弱性が小さくても精神障害が起こるし，逆に，個体側の脆弱性が大きければ，ストレスが小さくても破綻が生じるという「ストレス―脆弱性」理論が一般的である。

3 何らかの脆弱性を有しつつも，直ちに破綻することなく就労している者が一定程度存在する社会的実態があり，そのような脆弱性を有する者の社会的活動が十分に確保される必要がある。

4 「ストレス―脆弱性」理論の趣旨及び社会的実態・要請等に照らすと，業務の危険性の判断は，当該労働者と同種の平均的労働者，すなわち，何らかの個体側の脆弱性を有しながらも，当該労働者と職種，職場における立場，経験等の社会通念上合理的な属性と認められる諸要素の点で同種の者であって，特段の勤務軽減まで必要とせずに通常業務を遂行することができる者を基準として行われるものとするのが相当である。

5 このような意味の平均的労働者にとって，当該労働者の置かれた具体的状況における心理的負荷が一般に精神障害を発病させる危険性を有し，当該業務による負荷が他の業務以外の要因に比して相対的に有力な要因となって当該精神障害を発病させたと認められれば，業務と精神障害発病との間に相当因果関係が認められると解するのが相当である。

6 本件精神障害の発症前概ね6か月の間に，業務による強い心理的負荷が存在したと認められ，さらに業務以外の心理的負荷及び個体側要因により本件精神障害を発病したとは認められず，Kの自殺は，本件精神障害によって正常の認識，行為選択能力が著しく阻害されている状態に陥った上で実行されたものであり，業務に起因するものであるから，各不支給処分は違法であり取消しを免れない。

解　説

1　業務起因性に関する行政通達等

精神障害の業務起因性に関する行政通達等は平11・9・14付け労働基準局

長通達，その後平21・4・6付け通達による一部見直し改正を経て，平23・12・26付けで基発1226第1号労働基準局長通達「心理的負荷による精神障害の認定基準」が出されている（なお，公務上災害については人事院事務総局職員福祉局長発平24・3・26職補95号によるが，基本的に変わらない）。

裁判所は，業務起因性の有無を判断するにあたってこの認定基準に従いつつ，必要に応じて修正するという手法をとるものが多いが，本判決もこの考えによっている。

2　業務の過重性の判断基準

労働者がストレスや疲労により脳・心臓疾患や精神障害を発症した際に業務起因性の有無が争われることがあるが，その場合に業務の過重性の判断について誰を基準とするのかという問題がある。裁判例も学説上も平均的労働者を基準とする考えと本人を基準とする考えに立つものの両方の立場がある。

しかし，労災保険給付は使用者が負担する保険料を原資としていること，無過失の補償責任を認めていることからすれば，平均的な労働者を基準とするべきであろう。厚生労働省の上記平成23年認定基準では，「精神障害を発病した労働者がその出来事及び出来事後の状況が持続する程度を主観的にどう受け止めたかではなく，同種の労働者が一般的にどう受け止めるかという観点から評価されるものであり，『同種の労働者』とは職種，職場における立場や職責，年齢，経験等が類似する者をいう。」としているが，過去の通達でも平均的労働者を基準としており，本人を基準とする立場には立っていない。また，裁判例の多くは平均的労働者を基準とする考えに立っている。

3　平均的労働者を判断基準とする裁判例

平均的労働者といってもその意味するところは様々であるが，最近の裁判例は労働者の多様性を踏まえて，本判決や(2)岐阜労基署長事件判決のように「何らかの個体側の脆弱性を有しながらも……特段の勤務軽減まで必要とせずに通常業務を遂行できる者」を含めた平均的労働者を基準としていることが多いように思われるが，(1)豊田労基署長事件判決のように「その性格傾向が最も脆弱である者」とするものもある。

(1)　**豊田労基署長（トヨタ自動車）事件**（名古屋地判平13・6・18判時1769号117

頁）

「心身的負荷の大きさを被災者本人を基準として判断すると，精神障害を発症した被災者本人にとっては常にその心身的負荷は大きいものと評価されることになり，心身的負荷の大きさの問題と被災者本人の個体側の反応性，脆弱性の問題が混同され」るとして本人基準説には立ち得ないことを述べ，さらに平均的労働者の意味について，「業務上の心身的負荷の強度は，同種の労働者を基準にして客観的に判断する必要があるが，企業に雇用される労働者の性格傾向が多様なものであることはいうまでもないところ……『被災労働者の損害を補填するとともに，被災労働者及びその遺族の生活を保障する』との労災補償制度の趣旨に鑑みれば，同種労働者（職種，職場における地位や年齢，経験等が類似するもので，業務の軽減措置を受けることなく日常業務を遂行できる健康状態にある者）の中でその性格傾向が最も脆弱である者（ただし，同種労働者の性格傾向の多様さとして通常想定される範囲内の者）を基準とする」と判示している。

(2) **岐阜労基署長（アピコ関連会社）事件**（名古屋地判平27・11・18労判1133号16頁）

労災保険制度における危険責任の法理及び「ストレス—脆弱性」理論の趣旨に照らせば業務の危険性の判断は，当該労働者と同種の平均的労働者，すなわち何らかの個体側の脆弱性を有しながらも，当該労働者と職種，職場における立場，経験等の点で同種の者であって，特段の勤務軽減まで必要とせずに通常業務を遂行することができる者を基準とすべきであると判示した。

4　本人を判断基準とする裁判例

(1) **国・旭川労基署長（NTT東日本北海道支店）事件**（札幌地判平21・11・12労判994号5頁）

本人を判断基準とするとまでは明確には判示していないが，経皮的経管的冠状動脈血管形成術を受けた労働者が過去3か月で5時間しか残業しておらず休日も休んでいたものの，雇用形態選択に端を発するストレスが続く中で宿泊を伴う長期の研修と頻繁な移動は当該労働者には負担が大きかったと判示して業務起因性を認めた。

(2) **国・豊橋労基署長（マツヤデンキ）事件**（名古屋高判平22・4・16労判1006

号5頁）

　身体障害者枠で採用された心臓機能障害（身体障害者等級3級）を有する労働者について，使用者に保険費用を負担させた上，無過失の補償責任を認めていることからすると，業務上災害といえるためには業務起因性は平均的な労働者を基準として判断するのは自然であるものの，労働に従事する労働者の中には身体に障害を抱えている者もいるのであり，身体障害者雇用促進法等により身体障害者の就労を積極的に援助し，企業もその協力を求められている時代にあっては，少なくとも身体障害者であることを前提として業務に従事させた場合に，その障害とされている基礎疾患が悪化して災害が発生した場合には，業務起因性の判断基準は当該労働者が基準となると判示した。

　確かに身体障害者の雇用促進を積極的に進めている中にあって，身体障害者についても同様に「平均的労働者」を基準とすることになると，身体障害者については初めから労災保険の給付対象外といっているに等しくなってしまうことになり，妥当とは思えない。ただ，障害をもっていても認定を受けていない人達についてはどういう基準によるのかという問題がある。なお，判決は，従業員区分が身体障害者枠であることを本人基準によることの1つの根拠としているが，その妥当性については議論の余地がある。

【太田　恒久】

〔参考文献〕
　・　高橋総子「豊橋労基署長（マツヤデンキ）事件」季刊労働法234号154頁

〔参考判例〕
　・　新宿労基署長（佼成病院）事件（東京地判平19・3・14労判941号57頁）
　・　国・静岡労基署長（日研化学）事件（東京地判平19・10・15労判950号5頁【本書判例12】）

6 社員旅行中の事故
——多治見労基署長（日東製陶）事件

岐阜地判平成13年11月1日（平成11年（行ウ）第12号）
労働判例818号17頁

概　要

研修旅行について業務起因性の前提となる業務遂行性が認められず，帰路の航空機事故は業務災害とは認められないとされた例

〔問題点〕
　研修旅行について業務遂行性の有無

判決の内容

■　事案の概要

平成6年4月26日，名古屋空港で発生したいわゆる中華航空機事故により死亡したKらの遺族であるXらが，Kらは，勤務先会社の業務としての研修旅行に参加中，業務災害により死亡したものであるとして，Yに対し，労働者災害補償保険法に基づく遺族補償給付及び葬祭料の支給を申請したところ，Yがこれらを支給しない旨の処分をした。

本件は，XらがYに対して同不支給処分の取消しを求めた訴訟である。

■　判決要旨

1　旅行の主たる目的

Xらは，見学先や日程の変更等は，本件旅行が観光や慰安を主たる目的とするものではなく，研修を目的とすることを示すものである旨主張するので検討してみると，本件旅行の主たる目的は観光及び慰安にあると解され，研修を中心とした旅行であると認めるのは困難である。

2　旅行の費用負担

　本件旅行においては，会社が参加者から3万円を「自己負担金」として徴収していたこと……が認められる。

3　旅行日の出勤・欠勤及び賃金の取扱い

　日給社員に対しては，有給休暇取得者を除いて，旅行参加者に対して旅行日の賃金は支払われていないこと，月給社員については，旅行参加者は出勤扱いされる一方，不参加者は有給休暇を取得しない限り欠勤扱いとされたものと認められる。

4　旅行への参加・不参加の自由

　不参加者の占める割合は……高率であること，本件旅行に参加しなかった者の不参加理由は，必ずしもやむを得ない理由によるものではないこと，そして，不参加者に対する参加の働きかけが，研修旅行であることを理由として，可能な限り参加を促すような態様によって行われた形跡は見当たらず，従業員らも本件旅行への参加が強制的なものとは捉えていなかったと窺われること，以上の諸点が認められ，これらによれば，従業員らに対して，本件旅行が業務の一環としての研修旅行であって，参加を義務づけられるものであるとの周知，伝達はなされてはおらず，その参加，不参加は，従業員らの自由意思に任され，参加が強制されていたものとは認められない。

5　結　　論

　以上に認定したように，①本件旅行の主たる目的は観光及び慰安にあること，②本件旅行においては1人あたり3万円の高額な自己負担金があること，③前年度までの社員旅行では，日給社員については旅行の参加，不参加にかかわらず無給の扱いをするものとされており，本件旅行についても旅行の時点では，その取扱いは変更されていなかったこと，④従業員中，不参加者の占める割合が相当高く，その中には不参加のやむを得ない理由が認められない者も少なくないこと，⑤本件旅行への参加，不参加は従業員に任されて，参加について特段の強制もなされていなかったこと，これらの諸事情を総合して勘案してみると，本件旅行は会社の業務として行われたものとは解し難く，したがって，被災者らの本件旅行への参加については業務遂行性が認められず，同人らの本件事故による死亡を，労働者災害補償保険法所定の

業務上の事故による死亡と認めることはできない。

解　説

1　争　点

本件では，会社の台湾研修旅行の帰途，航空機事故により死亡したという事故につき，業務災害に該当するかが争われ，主として同研修旅行に業務遂行性が認められるかが問題となった。

2　業務遂行性

労働者災害補償保険法上の保険給付を受けるためには，業務災害（労災7条1項1号）に該当する必要がある。業務災害とは，業務上の負傷，疾病，障害，死亡であり，業務上とは，業務と事故との間に相当因果関係が認められることである。これを業務起因性という。そして，業務起因性の有無を判断するにあたっては，まず当該事故につき，業務遂行性が認められる必要がある。本件では，研修旅行について，そもそもの前提である「業務遂行性」が認められるかということが争いになった。

業務遂行性とは，必ずしも具体的な業務の遂行中のみを意味するものではない。より広く，使用者の支配・管理下にあるなど業務性が認められる状況であれば，業務遂行性が肯定される。

具体的には，事業場内で労働している場合，事業場内で休憩している場合や，事業場内で始業前・終業後に行動している場合，事業場外で労働している場合などに業務遂行性が認められる。そのため，業務遂行性が認められない例としては，通勤途上や，事業場外で任意の活動を行っている場合などに限られることになる。

特に問題となるのは事業場外での行動であり，懇親会の参加，旅行の参加，出張先での飲酒後の行動などについて，業務遂行性が問題となる。

本件旅行も，事業場外の活動であり，そもそも業務性があるのかという観点から業務遂行性が争いとなった。

なお，業務遂行中に生じた事故は，反証がない限り業務起因性が認められると解されており，反証事由としては，①業務逸脱行為，業務離脱行為，恣

意的行為，②私的事由（私用等の私的行為，自己又は他人の故意行為），③天災地変等の自然現象，④局外的な事象（例えば，流れ弾，工場における火薬爆発，貨物自動車が飛び込んできたこと等）が挙げられている（以上につき，越山安久・最高裁判所判例解説民事篇〔昭和49年度〕428頁）。この他の反証事由としては，本人の基礎疾患が生活習慣等の影響もあって自然的経過により増悪した場合等も考え得る。

3 本件旅行について

本件では，業務遂行性を検討するにあたって，台湾研修旅行に業務性が認められるかを問題にしている。業務性が認められるとしても，旅行中の行動すべてにつき業務遂行性が認められるわけではないが，少なくとも，業務性が認められなければ，旅行中の出来事について業務遂行性は否定されることになり，その余を検討するまでもなく業務災害であることが否定されることになるため，本件旅行につき業務性が検討されたものである。

そして，業務性の有無を判断するにあたっては，旅行の目的，費用負担，旅行期間中の勤怠・賃金の扱い，参加の任意性の有無を考慮要素としてそれぞれ検討している。

業務性は，主として業務との関連性の有無・程度と，義務付けの有無・程度によって判断されるものと考えられる。本判決においても，旅行の目的を判断するにあたって，旅行中の具体的な訪問先等と業務との関連性が検討されている。業務・研修との関連性が認められる施設の訪問もスケジュールの中には組み込まれていたが，全日程の中で少なく，主として観光・慰安を目的とする旅行であったと認定されている。

その上で，不参加率も高く，義務付けられていたと推認させるような事情も見当たらなかったことからすると，本件旅行については，業務性を肯定するような要素が希薄だったといえよう。

仮に参加が義務付けられていたとすれば業務性は高まるものと考えられ，また，義務付けはなくとも，旅行内容について業務との関連性が高く，かつ，費用も会社が負担しているというような場合には，業務性の有無が問題となることも考えられる。

✣実務上の留意点✣

　企業としては，海外研修等について業務性が不明瞭になることがないように，海外研修の目的・訪問内容，費用負担，賃金支払の有無，参加の任意性等に十分留意して海外渡航を企画する必要があるだろう。また，海外に赴く場合は任意保険を利用しているという企業も多く見られる。任意保険の方が労災保険よりも保険範囲が広いため，仮に海外研修等に業務性が認められるとしても，選択肢の１つとして検討される。

【石井　拓士】

7 基礎疾患
——横浜南労基署長（東京海上横浜支店）事件

最一小判平成12年7月17日（平成7年（行ツ）第156号）
最高裁判所裁判集民事198号461頁，判例時報1723号132頁，労働判例785号6頁

概　要

基礎疾患である脳動脈りゅうが自然増悪し破裂したものであるとして業務起因性を否定した原判決を破棄し，業務の過重な負荷と疾患発症との間の相当因果関係を肯定した例

〔問題点〕
基礎疾患の悪化と業務起因性の有無

判決の内容

■ 事案の概要

支店長付きの運転手として自動車運転の業務に従事していたX（当時54歳）が，昭和59年5月11日早朝，支店長を迎えに行くため自動車を運転して走行中くも膜下出血を発症し休業したことにつき，Y（国）に対し，労働者災害補償保険法に基づき休業補償給付の請求をしたところ，Yが，右発症は業務上の疾病にあたらないとして不支給決定をした。

本件は，XがYに対して同不支給処分の取消しを求めた訴訟である。

■ 判決要旨

1　業務の過重性

Xの業務は，支店長の乗車する自動車の運転という業務の性質からして精神的緊張を伴うものであった上，支店長の業務の都合に合わせて行われる不

規則なものであり，その時間は早朝から深夜に及ぶ場合があって拘束時間が極めて長く，また，Xの業務の性質及び勤務態様に照らすと，待機時間の存在を考慮しても，その労働密度は決して低くはないというべきである。

……とりわけ，右発症の約半年前の同年12月以降は，1日平均の時間外労働時間が7時間を上回る非常に長いもので，1日平均の走行距離も長く，所定の休日が全部確保されていたとはいえ，右のような勤務の継続がXにとって精神的，身体的にかなりの負荷となり慢性的な疲労をもたらしたことは否定し難い。しかも，右発症の前月である同59年4月は，1日平均の時間外労働時間が7時間を上回っていたことに加えて，1日平均の走行距離が同58年12月以降の各月の1日平均の走行距離の中で最高であり，Xは，同59年4月13日から同月14日にかけての宿泊を伴う長距離，長時間の運転により体調を崩したというのである。……特に右発症の前日から当日にかけてのXの勤務は，……わずか3時間30分程度の睡眠の後，午前4時30分ころ起床し，午前5時の少し前に当日の業務を開始したというものである。右前日から当日にかけての業務は，……それまでの長期間にわたる右のような過重な業務の継続と相まって，Xにかなりの精神的，身体的負荷を与えたものとみるべきである。

2 基礎疾患

他方で，Xは，くも膜下出血の発症の基礎となり得る疾患（脳動脈りゅう）を有していた蓋然性が高い上，くも膜下出血の危険因子として挙げられている高血圧症が進行していたが，同56年10月及び同57年10月当時はなお血圧が正常と高血圧の境界領域にあり，治療の必要のない程度のものであったというのであり，また，Xには，健康に悪影響を及ぼすと認められるし好はなかったというのである。

3 業務起因性の有無

以上説示したXの基礎疾患の内容，程度，Xが本件くも膜下出血発症前に従事していた業務の内容，態様，遂行状況等に加えて，脳動脈りゅうの血管病変は慢性の高血圧症，動脈硬化により増悪するものと考えられており，慢性の疲労や過度のストレスの持続が慢性の高血圧症，動脈硬化の原因の1つとなり得るものであることを併せ考えれば，Xの右基礎疾患が右発症当時そ

の自然の経過によって一過性の血圧上昇があれば直ちに破裂を来す程度にまで増悪していたとみることは困難というべきであり、他に確たる増悪要因を見いだせない本件においては、Xが右発症前に従事した業務による過重な精神的、身体的負荷がXの右基礎疾患をその自然の経過を超えて増悪させ、右発症にいたったものとみるのが相当であって、その間に相当因果関係の存在を肯定することができる。したがって、Xの発症した本件くも膜下出血は労働基準法施行規則35条、別表第1の2第11号にいう「その他業務に起因することの明らかな疾病」に該当するというべきである。

解　説

1　争　点

本件では、基礎疾患として脳動脈りゅう及び高血圧症を有していた者が、業務中にくも膜下出血を発症したことにつき、業務との間で相当因果関係が認められるかが争いとなった。

2　基礎疾患と過重業務

業務災害として労働者災害補償保険法上の保険給付の支給対象となるためには、業務と負傷又は疾病との間に相当因果関係があることが必要となる（最二小判昭51・11・12裁判集民119号189頁等）。これを業務起因性という。

Xが発症したくも膜下出血は、非外傷性の脳血管疾患であり、基礎疾患である脳動脈りゅうの悪化により発症にいたった。そして、基礎疾患である脳動脈りゅうの血管病変は、高血圧症や動脈硬化により増悪するものであるが、そこには、加齢、ストレスや生活習慣等、様々な要因が影響し合って増悪にいたるものと考えられている。

本件のXのように、基礎疾患（脳動脈りゅう及び高血圧症）が悪化したことにより負傷又は疾病等が生じた場合、どのような基準により、業務上外の判断をすべきか、すなわち、どのような業務上の負荷が認められる場合に、基礎疾患が自然的増悪を超えて悪化し、疾病と業務との間に相当因果関係があると評価できるかが問題となる。

平成7年2月に改正した「脳血管疾患及び虚血性心疾患等（負傷に起因する

ものを除く。）の認定基準」（平7・2・1基発38号労働省労働基準局長通達）では，医学経験則に照らして，基礎疾患を自然経過を超えて急激に著しく増悪させる程度の負荷を過重負荷とし，そのような過重負荷から発症までの時間的経過が医学上妥当なもの（おおむね1か月）であることを業務起因性の要件としていた。そして，当該過重負荷の類型を，①発生状態を時間的及び場所的に明確にし得る異常な出来事に遭遇したこと，②日常業務に比較して特に過重な業務に就労したことの2つに限定していた。

しかし，本判決は，同通達の示す業務上の負荷以外にも，慢性の疲労や就労実態等も業務の過重性を基礎付けるものであるとし，当該慢性の疲労・ストレスが慢性の高血圧症，動脈硬化の原因の1つとなり得るものであることを併せ考えれば，他に確たる要因がない限り，当該業務の過重性によって，基礎疾患が自然的経過を超えて増悪したもの，すなわち，業務と疾病との間に相当因果関係が認められるものとした。

本判決を受け，厚労省は上記認定基準の見直しを行い，平13・12・12付け基発1063号厚生労働省労働基準局長通達により新たな認定基準が示された。

主な改正点は，次の点である。

① 脳・心臓疾患の発症に影響を及ぼす業務による明らかな過重負荷として，長期間にわたる疲労の蓄積を考慮することとしたこと（長期間の過重業務）。

② ①の評価期間を発症前おおむね6か月間としたこと。

③ 長期間にわたる業務の過重性を評価するにあたって，労働時間の評価の目安を示したこと。

④ 業務の過重性を評価するための具体的負荷要因（労働時間，不規則な勤務，交替制勤務・深夜勤務，作業環境，精神的緊張を伴う業務等）やその負荷の程度を評価する視点を示したこと。

⑤ 過重性を判断する基準が，以前は「同僚労働者又は同種労働者」であったところを，「当該労働者と同程度の年齢，経験等を有する健康な状態にある者のほか，基礎疾病を有していたとしても日常業務を支障なく遂行できる者」とあらためたこと。

本判決，そしてこれを受けた改正通達により，慢性的な疲労・ストレスが

脳・心臓疾患に及ぼす影響というものが，業務起因性の判断において十分に考慮されるべきことが明らかとなったものと解されている。

3 相対的有力原因か，共働原因か

脳動脈りゅう等といった基礎疾患が自然的経過を超えて増悪し，くも膜下出血等といった疾患の発症にいたったことについて，業務の負荷が要因となっているほかに，高血圧症や動脈硬化といったその他の基礎疾患や，健康に悪影響を及ぼす生活習慣等も発症の1つの要因になっていると考えられる場合，業務と疾病発症との間の相当因果関係をどのように考えるべきかということについては，相対的有力原因説と，共働原因説という2つの考え方がある。

相対的有力原因説は，業務の負荷がその他の要因と比べて，発症に寄与する相対的に有力な原因となっている場合に業務と疾病発症との間の相当因果関係を肯定する考え方である。一方，共働原因説は，業務の負荷が基礎疾患と共働原因となって発症を招いたのであれば係る相当因果関係を肯定できるとする考え方である。

行政は相対的有力原因説を採用している。相対的有力原因という考え方を前提にした場合，喫煙や過度の飲酒等の生活習慣や，高血圧症・動脈硬化の相当程度の進行が認められるようなケースでは，それら要因と比較して相対的に有力な原因になっていると評価し得るほどの業務の過重性がなければ，業務起因性は認め難いことになるだろう。もっとも，上記通達の認定基準では，業務の負荷を，生活習慣等他の要因と相対評価して細かく場合分けして評価しているわけではなく，一律の基準を示しており，実際の裁判実務においても，相対的に有力な原因となっているかは問題とされず，業務上の負荷により基礎疾患が自然的経過を超えて増悪したか否かのみが判断される例も多数ある。また，裁判所は行政の認定基準に拘束されるものではないため，認定基準に沿わない場合でも業務起因性を肯定することは可能であり，実際そのような例もある（島田労基署長（生科検）事件・東京高判平26・8・29労判1111号31頁）。

【石井　拓士】

8 出張中の犯罪被害（第三者の故意行為）
——鳴門労基署長事件

徳島地判平成14年1月25日（平成12年（行ウ）第20号）
判例タイムズ1111号146頁

概 要

中国出張中に強盗殺人の被害にあったことについて業務起因性が肯定された例

〔問題点〕
出張中の犯罪被害について業務起因性の有無

判決の内容

■ 事案の概要

平成9年4月18日午後，Kは宿泊先である大連市内のフラマホテルの自室において，何者かに所持していた財布（約8万円在中）を窃取された上，左頸動脈を切り付けられ，同動脈損傷による出血多量により死亡した。亡Kの妻であるXは，業務上の事由により死亡したものであるとして，労働者災害補償保険法（以下「労災保険法」という）に基づき，Yに対して遺族補償給付及び葬祭料の支給請求をしたところ，Kの死亡は業務上の事由によるものではないとして不支給処分を受けた。

本件は，XがYに対して同不支給処分の取消しを求めた訴訟である。

■ 判決要旨

1 出張の目的

Kは，平成7年11月20日，会社に入社し，業務部長として国産及び外国産のワカメの買付を担当し，毎年2月から5月にかけて，中国に複数回出張し

ており，平成9年1月も，乾燥ワカメの買付のために中国へ出張していた。

Kは，会社から，平成9年4月14日から同月19日までの間，中国の大連市へ出張するよう命じられた。その目的は，旅松水産においてワカメ加工の技術指導等をすること，大連理研工場を訪問すること，中国産ワカメに関する情報を収集することであった。

2　宿泊先での犯罪被害の発生

Kは，平成9年4月18日午後2時45分（日本時間同日午後3時45分）ころ，フラマホテルの1612号室の自室付近の廊下において，意識不明で倒れているところを発見された。Kは，直ちに病院に搬送されて救急措置がとられたが，左頸動脈を鋭利な刃物で切り付けられており，出血多量により死亡した。

3　宿泊先の施設・セキュリティ状況

フラマホテルは25階建てであり，大連市内では最高級ホテルとされ，比較的裕福な階層の者が宿泊するものとされていた。

しかし，フラマホテルの1612号室付近には非常階段が設置されており，非常階段を利用して外部から客室へ容易に出入りできる状態であった。しかも，16階のフロアーや非常階段の出入り口付近の照明は暗い状態であった。そして，玄関ホールやロビーは，宿泊客以外の者が自由に利用しており，フロントを通過することなく客室へ出入りできる状態であった。

また，Kの遺族が遺体引取りのためにフラマホテルに宿泊した際には，用意された部屋の玄関の鍵が壊れていたが，ホテル側に修復を依頼しても当日中に修復されなかった。

4　治安状況

外務省作成の「国別安全情報」には，大連市について，傷害，強盗，けん銃を使用した殺人，恐喝事件が頻発しており，日本人をねらったスリ，置き引き，ひったくり，集団暴行等の傷害事件も増加していること，平成9年4月に本件事件が発生したほかにも，平成10年6月には窃盗犯が住居に侵入する事件が発生し，平成11年3月には，夜間帰宅途中の女性が暴行を受ける事件が発生していることなどが記載されている。また，北京市について，平成8年9月に，日本人旅行者が滞在中のホテルの客室内で2人組の男に殺害され金品を奪われる事件が発生したほか，高級ホテルでも外国人を被害者とし

た強盗殺人事件が発生したことなどが記載されている。

5 業務起因性の有無

ところで，労災保険法7条1項1号にいう「業務上」の事由による災害と認められるためには，労働者が労働契約に基づく使用者の従属関係にある場合において（業務遂行性），業務を原因として生じた災害であり，しかも業務に内在する危険性が現実化したものと経験則上認められる場合（業務起因性）であることが必要であるところ，業務遂行中に生じた災害は，特段の事情がない限り，業務に起因するものと事実上推定される。

本件事件は，出張中の宿泊先で発生したものであるが，Kは所定の宿泊施設内で行動していたのであり，積極的な私的行為や恣意的行為に及んだとは認められないから，業務遂行性が認められることは明らかである。

ところで，Yは，Kは第三者の故意による加害行為により死亡したものであるから業務起因性はない旨を主張するので，本件におけるKの死亡について業務起因性があるといえるかどうかを検討する。

……認定した各事実によれば，Kは，本件事件の際，約8万円入りの財布を強取されたこと，本件の約半年前に，北京市内のホテルにおいて，日本人旅行者が殺害された上に金品を強奪されるという，本件とほぼ同様の事件が発生していたほか，外国人が宿泊先のホテル内で強盗殺人の被害に遭う事件も発生していたこと，本件後，大連市内では，日本人が被害者となる事件が複数発生していること，本件当時，フラマホテルにおいて，宿泊者に対する安全対策が十分であったとはいい難く，現に本件事件が発生していることが認められる。これらの諸事情を前提とすると，本件当時，フラマホテル等において，日本人が強盗殺人等の被害に遭う危険性はあったというべきであり，本件事件は，業務に内在する危険性が現実化したものと解される。したがって，Kの死亡には業務起因性を否定すべき特段の事情はなく，労災保険法7条の「業務上死亡した場合」にあたる。よって，これと結論を異にする本件処分は労災保険法7条の解釈適用を誤ったものとして違法であるといわざるを得ない。

解　説

1　争　点

本件では、出張中に宿泊先で強盗に殺害されたという事件について、第三者の故意による犯罪行為が原因となっている場合にも業務起因性が認められるか、すなわち業務に内在する危険が現実化したといえるかが問題になった。

2　業務遂行性と業務起因性

労災保険法7条1項1号の「業務災害」に該当するためには、当該事故について、業務遂行性と業務起因性が認められる必要がある。

業務遂行性とは、必ずしも具体的な業務の遂行中のみを意味するものではない。より広く、使用者の支配・管理下にあるなど業務性が認められる状況であれば、業務遂行性が肯定される。

具体的には、事業場内で労働している場合、事業場内で休憩している場合や、事業場内で始業前・終業後に行動している場合、事業場外で労働している場合などについて業務遂行性が認められる。そのため、業務遂行性が認められない例としては、通勤途上や、事業場外で任意の活動を行っている場合などに限られることになる。

したがって、本件のように業務上の出張中の事故については、業務遂行性が認められることになる。

そして、本判決は、業務遂行性と業務起因性の関係につき、業務遂行中に生じた事故は、特段の事情がない限り業務に起因するものと事実上推定されるとしている。

一般に、業務遂行中に生じた事故は、反証がない限り業務起因性が認められると解されており、反証事由としては、①業務逸脱行為、業務離脱行為、恣意的行為、②私的事由（私用等の私的行為、自己又は他人の故意行為）、③天災地変等の自然現象、④局外的な事象（例えば、流れ弾、工場における火薬爆発、貨物自動車が飛び込んできたこと等）が挙げられている（以上につき、越山安久・最高裁判所判例解説民事篇〔昭和49年度〕428頁）。なお、この他の反証事由としては、本人の基礎疾患が生活習慣等の影響もあって自然的経過により増悪した場合

等も考え得る。

　そこで，本件出張については業務遂行性が認められることを前提にした上で，業務起因性を否定するような反証事由が存在するかが問題となった。特に，本件では強盗殺人という第三者の犯罪行為が介在して事故が生じているため，このような場合にも業務起因性が認められるかが問題となった。

3　治安悪化状況下での事故について

　業務遂行性が認められる場合であっても，上記のとおり，他人の故意行為が介在していることは，業務起因性の推定を覆す反証事由の1つとなり得る。しかし，本判決は第三者の犯罪行為が介在していた事案について，業務起因性を肯定している。

　その理由については，現地の治安状況及び宿泊先の施設・セキュリティの状況を重視している。たしかに，治安状況の悪い国・地域へ出張を命じた場合，現地で犯罪に巻き込まれれば，想定し得る危険が現実化したものと評価されることもあり得るだろう。

　この点，治安状況の悪い国・地域へ出張・赴任を命じた結果，犯罪行為に巻き込まれた場合，常に業務起因性が認められるのか，それとも，宿泊先のセキュリティを万全に整えていれば，少なくとも宿泊先内での事件については業務起因性が否定されることもあり得るのか，という点は問題になり得るが，基本的にはケースバイケースでもあるため一概にはいえないだろう。

　治安の悪化している国・地域への出張を命じないことが一番安全な対応ではあるものの，企業としては，治安状況の悪い国・地域への出張や赴任等を命じざるを得ないようなケースもあり得る。その際は，たとえ第三者の犯罪行為が介在する場合であっても業務起因性が認められることがあり得ること，そして，場合によっては安全配慮義務違反を問われることもあり得ることに十分留意しておく必要がある。

　例えば2016年のリオオリンピックで現地の治安・環境等が問題視されていたが，出張等を命じざるを得なかったというケースもあったと考えられる。危険であるとわかって出張させる場合であっても，少なくとも宿泊先等のセキュリティ状況には細心の注意を払う等，少しでも事件に巻き込まれるリスクを減らすことで，企業としての安全配慮を尽くすことが重要であると考え

られる。

【石井　拓士】

〔参考文献〕
・　越山安久・最高裁判所判例解説民事篇〔昭和49年度〕428頁

9 長期間の出張
——中央労基署長（三井東圧化学）事件

東京高判平成14年3月26日（平成13年(行コ)第198号）
労働判例828号51頁

概　要

9日間の国内外出張を含む13日間連続勤務に従事した後に急性心筋梗塞を発症し死亡したことにつき業務起因性が肯定された例

〔問題点〕
基礎疾患の増悪と長期間の出張による業務負荷との間の相当因果関係の有無

判決の内容

■ 事案の概要

急性心筋梗塞を含む虚血性心疾患の3大危険因子である高血圧及び高脂血症の各症状と喫煙習慣を有するKが、9日間に及ぶ国内外の出張や3日間の休日出勤等の業務に休みなく従事した後、急性心筋梗塞で死亡した。

Xは、Kの死亡が業務上の事由によるものであるとして、Yに対し、遺族補償給付（遺族補償年金、遺族特別支給金、遺族特別年金）の支給を請求したが、Yは、平成7年11月30日付でXに対し、亡Kの死亡は業務上の事由によるものであるとは認められないとして、Xの同請求に係る遺族補償給付を不支給とする旨の処分をした。

本件は、XがYに対して同不支給処分の取消しを求めた訴訟である。

■ 判決要旨

1　死亡直前の業務実態

KがA社において高品質の特殊樹脂を用いた新製品の開発及び企画の業務

に従事してきたこと，Kの出張が国内外に及んだこと，出張が休日にかかることもあったこと，Kが出張時に大きな鞄を携行していたこと，……Kが手がけていた製品の商品化の期限が平成2年7月までとされていたこと……Kが平成2年5月12日（土曜日），同月13日（日曜日）及び同月19日（土曜日）に業務に従事したこと，……Kが死亡直前の9日間，鹿児島，宇都宮，福山，大分，台湾と国内外への出張業務に従事したこと，出張先での宿泊も同月8日，同月12日ないし同月16日の合計6日に及んだこと，同月12日以降の出張が5泊6日であったこと，同出張がサウスウォール社の米国人担当者の随行を兼ねたものであったこと，……は，当事者間に争いがない。

2 Kの基礎疾患

Kは，昭和56年2月の会社の定期健康診断時において，血圧値が156／114と高血圧の傾向があることを指摘されていたが，労作時に息切れを感じたため，昭和61年1月14日，自宅近くの病院で診察を受けたところ，左心室肥大が認められ，血圧値が216／140であったことから，同病院の医師は，Kが高血圧症であると診断し，Kは，投薬による治療を受けるようになった。

……また，Kは，同病院において，昭和61年3月に高尿酸血症，昭和63年3月に高脂血症，平成元年4月に低HDL血症とも診断されている。

3 Kの生活習慣

Kには昭和51年ころから喫煙の習慣があり，1日50本から70本の煙草を吸っていた。

4 業務起因性について

Kには，急性心筋梗塞を含む虚血性心疾患の3大危険因子である高血圧及び高脂血症の各症状と喫煙習慣があり，昭和61年1月14日以降，高血圧症の投薬治療を受けていたものであるから，Kの死亡の原因となった急性心筋梗塞の基礎疾患というべき冠状動脈硬化症による血管病変等が自然経過において進行していたものと推認されるが，一方で，労働による過重な負荷や睡眠不足に由来する疲労の蓄積が血圧の上昇等を生じさせ，その結果，血管病変等が自然経過を超えて著しく増悪し，虚血性心疾患が発症することがあるとされているところ，Kは，平成2年5月の連休中に38度5分の発熱があり，連休明けの同月7日（月曜日）になっても発熱は十分に下がらなかったが，

休暇をとることもなく出勤し，予定されていた鹿児島出張や宇都宮出張をこなしたもので，その直後の同月12日（土曜日）にトイレの中で胸が苦しくなる一過性の症状が発現したが，それにもかかわらず，同日から重要な取引先である米国会社の担当者の巡視に通訳を兼ねて随行するため，広島県福山市，大分県佐伯市，台湾を順次巡る5泊6日の出張に出かけ，帰国後も，休暇をとることなく死亡した同月19日（土曜日）まで勤務を続け，連休明けに発熱を押して勤務を始めた同月7日から13日間，1日も休暇をとらなかったのものである。そもそも，出張業務は，列車，航空機等による長時間の移動や待ち時間を余儀なくされ，それ自体苦痛を伴うものである上に，日常生活を不規則なものにし，疲労を蓄積させるものというべきであるから，移動中等の労働密度が高くないことを理由に業務の過重性を否定することは相当ではなく，このような13日間連続の国内外の出張を含んだ一連の業務が極めて過重な精神的，身体的負荷をKに及ぼし，その疲労を蓄積させたことは容易に推認されるところであり，このことは，Kが死亡した前日に翌週から予定されていた出張の交替を同僚に申し出ていたことからも窺われるところであって，このような一連の業務内容の過重性と，同業務とKの急性心筋梗塞発症との時間的近接性に鑑みると，同人の上記基礎疾患の自然の経過による進行のみによってたまたま同急性心筋梗塞が発症したにすぎないということは困難であり，むしろ，Kが急性心筋梗塞発症前に従事した上記業務がKの上記基礎疾患をその自然の経過を著しく超えて増悪させた結果，上記発症にいたったものとみるのが相当であって，その間に相当因果関係を認めることができるというべきであり，発症時がたまたま業務終了後の私的用務中であったことは，その時間的な近接性からして上記判断を左右するものではない。

　以上の次第で，Kの死亡が業務上の事由によるものであるとは認められないとしてXに対する遺族補償給付を不支給とした本件処分は，取り消されるべきである。

解　説

1　争　点

本件では、急性心筋梗塞を含む虚血性心疾患の3大危険因子である高血圧及び高脂血症の各症状と喫煙習慣を有する者が、9日間の国内外の出張を含め、13日間にわたり休暇をとらずに業務に従事した後に急性心筋梗塞で死亡したという事案につき、業務と死亡結果との間に業務起因性が認められるかが争点となった。

2 基礎疾患の増悪と業務起因性

脳・心臓疾患は、その発症の基礎となる動脈硬化、動脈瘤などの血管病変等が、主に加齢、食生活・生活環境等の日常生活による諸要因や、ストレス、過労、遺伝等による要因により形成され、それが徐々に進行・増悪し、発症にいたるものと考えられている。

もともと基礎疾患や健康に悪影響を与える生活習慣を有している者が過労も相まって脳・心臓疾患の発症にいたった場合、発症の原因について、業務の負荷と、基礎疾患や生活習慣等が競合していることになる。そのような場合に、どのようにして業務起因性を判断すべきかが問題になる。

行政の認定基準（平13・12・12基発1063号（改正平22・5・7基発0507第3号））によれば、「業務による明らかな過重負荷が加わることによって、血管病変等がその自然経過を超えて著しく増悪し、脳・心臓疾患が発症する場合があり、そのような経過をたどり発症した脳・心臓疾患は、その発症に当たって、業務が相対的に有力な原因であると判断し、業務に起因することの明らかな疾病として取り扱うものである。」とされている。

したがって、行政の労災認定実務においては、業務による明らかな過重負荷が認められる場合には、業務が相対的に有力な原因となって発症にいたったものとして取り扱われることになる。

そこで、どのような場合に業務による明らかな過重負荷が認められるかが問題になるが、上記認定基準は、「このような脳・心臓疾患の発症に影響を及ぼす業務による明らかな過重負荷として、発症に近接した時期における負荷のほか、長期間にわたる疲労の蓄積も考慮することとした。また、業務の過重性の評価に当たっては、労働時間、勤務形態、作業環境、精神的緊張の状態等を具体的かつ客観的に把握、検討し、総合的に判断する必要がある。」としている。

このように，認定基準において，長期間にわたる疲労の蓄積が考慮され，さらには，業務の過重性を評価するための具体的負荷要因（労働時間，不規則な勤務，交替制勤務・深夜勤務，作業環境，精神的緊張を伴う業務等）やその負荷の程度を評価する視点が示されるようになったのは，横浜南労働基準監督署長（東京海上横浜支店）事件（最一小判平12・7・17裁判集民198号461頁【本書判例7】）の影響を受けて基準の改定がなされたことによる。

本件で問題となったのは，短期間の過重業務である。

短期間における業務負荷の程度を判断する要素に関しては，上記認定基準において，①労働時間，②不規則な勤務，③拘束時間の長い勤務，④出張の多い業務，⑤交替制勤務・深夜勤務，⑥作業環境等が挙げられている。そして，負荷の程度を評価する視点としては，出張中の業務内容，出張（特に時差のある海外出張）の頻度，交通手段，移動時間及び移動時間中の状況，宿泊の有無，宿泊施設の状況，出張中における睡眠を含む休憩・休息の状況，出張による疲労の回復状況等といった具体的要素が示されている。

本件では，発熱等の体調不良を押して，休暇もとらずに9日間の国内外出張を含む13日間連続勤務を行っていたことが業務の過重性を基礎付ける事実関係として重視されている。発熱等の体調不良を押して無理をしていたとの点は，会社が認識していたか否かは不明であるが，安全配慮義務違反が問題となっているわけではないため，事情としては重視されていないものと考えられる。

✥実務上の留意点✥

会社としては，本人の体調不良の有無にかかわらず，そもそも国内外の出張9日間を含む13日連続勤務自体につき，業務による過重負荷と評価されるおそれがあることを念頭に置き，労働者が十分な休息を確保できるよう，インターバルに配慮しつつスケジュールを組むことが重要である。

【石井　拓士】

〔参考判例〕
・　国・福岡東労基署長（蔣田運送）事件（福岡地判平26・10・1労判1107号5頁）

10 飲酒事故と業務起因性
——渋谷労基署長事件

東京地判平成26年3月19日（平成24年（行ウ）第728号）
判例時報2267号121頁，労働判例1107号86頁

概　要

海外出張中の会合において，過度の飲酒を行った結果，死亡にいたったという事故につき業務起因性が認められた例

〔問題点〕
出張中の過度の飲酒による死亡事故と業務との間の相当因果関係の有無

判決の内容

■ 事案の概要

Xらの子であるKが雇用主であるA社の業務として行った出張中にアルコールを大量摂取し，その後に嘔吐し，吐しゃ物を気管に詰まらせて窒息死したことについて，業務上の死亡にあたると主張し，平成22年5月25日付けで，Yに対し，遺族補償一時金，葬祭料をそれぞれ請求したのに対し，Yが平成22年12月16日付けでいずれも不支給の処分をした。

本件は，XらがYに対して同不支給処分の取消しを求めた訴訟である。

■ 判決要旨

1 業務起因性の判断基準

労働者の傷病と業務との間の相当因果関係は，労働者が使用者の支配下で業務を遂行していたことを前提として，当該傷病が労働者の従事していた業務に内在する危険性が発現したものと認められる場合に，これを肯定することができるものと解される（最三小判平8・1・23（平6（行ツ）第24号）裁判集民

178号83頁【本書判例20】，最三小判平8・3・5（平4（行ツ）第70号）裁判集民178号621頁参照）。

2 会合の趣旨

本件第1会合において，Kは，ビール大瓶1本程度を飲んだが，これは取り立てて過剰な量とはいえず，また，Kが特段酔うこともなかったのであるから，同会合での飲酒は，本件中国ロケの中締めという同会合の趣旨を逸脱するものとはいえない。

Kを含む本件日本人スタッフは，いずれも本件第2会合において，中国側の作法に従い「乾杯」を繰り返し，相当量のアルコールを摂取した。本件第2会合で飲まれた白酒が，アルコール度数が約56度と非常に高く，その味や臭いは日本人にとっては馴染みがなく，飲みにくい酒であったこと，Kは北京語又は広東語いずれにもほとんど通じていないにもかかわらず，片言の北京語や英語のほか，肩を抱く，握手をする等の簡単な動作で中国人参加者とやりとりをしていたことを踏まえると，Kを含む本件日本人スタッフは，本件第2会合を，本件中国ロケの重要な目的である本件飛行場の撮影許可を得る窓口であるBほか委員会の要人との親睦を深めることのできるいわば絶好の機会であると認識し，中国人参加者の気分を害さず，また好印象をもってもらうため，勧められるまま，「乾杯」に応じざるを得なかったものということができる。

これらの事情からすると，Kにおいて，本件第2会合において，積極的に私的な遊興行為として飲酒をしていたと評価すべき事実を見いだすことはできず，むしろ，本件第2会合における「乾杯」に伴う飲酒は，本件中国ロケにおける業務の遂行に必要不可欠なものであり，Kも，本件日本人スタッフの一員として，身体機能に支障が生じるおそれがあったにもかかわらず，本件中国ロケにおける業務の遂行のために，やむを得ず自らの限界を超える量のアルコールを摂取したと認めるのが相当である。

3 飲酒を断りづらい状況にあったこと

本件第2会合において，Kが「乾杯」を実力により強制されたとまでは認められないものの，Kを含む本件日本人スタッフは，いずれも「乾杯」を断ることは，本件第2会合を主催したBや，Bがそこで本件日本人スタッフに

引き合わせようとしていた委員会の関係者を含む中国人参加者らの気分を害し，ひいては同会合の目的を達成することができないと認識していた。実際にも，本件日本人スタッフは，複数の中国人参加者から順次「乾杯」を勧められており，事実上「乾杯」を避けることはできない状況にあった。

　また，Kは，酒を捨てるなどして過度の飲酒を防ぐ方法があることを認識していたが，本件日本人スタッフがそれぞれ複数の中国人参加者に囲まれ，「乾杯」を勧められていたという本件第2会合の状況に鑑みれば，本件日本人スタッフは，いずれにせよ相当程度の飲酒を余儀なくされることになるものといわざるを得ず，過度の飲酒にわたらないように途中で酒を捨てるといった対策を実効的な程度にいたるまでとるということは，事実上，相当に困難であったといわざるを得ない。

4　結　　論

　以上の検討によれば，本件第2会合における飲酒行為により，Kが咽頭反射の反応がない状態で嘔吐したことは，同人の従事していた業務である本件中国ロケに内在する危険性が発現したものとして，業務との間の相当因果関係が認められ，これによって本件事故が発生したものであるから，本件事故は，労働者災害補償保険法12条の8第2項，労働基準法79条，80条にいう「労働者が業務上死亡した場合」に該当するものというべきである。

解　　説

1　争　点

　本件では，海外出張中の会合において，過度の飲酒を行った結果，死亡にいたったという事故につき，業務との間で相当因果関係（業務起因性）が認められるかが問題となった。

2　業務災害の要件

　労働者災害補償保険法上の保険給付を受けるためには，業務災害（労災7条1項1号）に該当する必要がある。業務災害とは，業務上の負傷，疾病，障害，死亡であり，業務上とは，業務と事故との間に相当因果関係が認められることである。これを業務起因性という。そして，業務起因性の有無を判

断するにあたっては、まず当該事故につき、業務遂行性が認められる必要がある。

業務遂行性とは、必ずしも具体的な業務の遂行中のみを意味するものではない。より広く、使用者の支配・管理下にあるなど業務性が認められる状況であれば、業務遂行性が肯定される。

特に出張中は、移動中や宿泊先に滞在している時間帯も含めて、広く業務遂行性や業務起因性が肯定される傾向にある。しかし、出張中の行動であっても、業務性がない私的逸脱行為等の場合には、業務遂行性や業務起因性が否定されることがある。

3 本件会合について

(1) 業務遂行性

本件会合における過度の飲酒による事故について、判決は、業務遂行性と業務起因性を分けて判断しているものではない。しかし、本件会合の目的について、中国ロケの重要な目的である飛行場の撮影許可を得る窓口である要人らとの親睦を深めることのできる絶好の機会であったこと、中国人参加者の気分を害さず、また好印象をもってもらうため、勧められるまま、乾杯に応じざるを得なかったこと等といった事実関係を指摘し「業務の遂行のために……アルコールを摂取したと認めるのが相当である」と判断しているため、これはいわば本件会合について業務（遂行）性を認定したものと考えられる。

(2) 業務起因性

もっとも、本件会合について業務遂行性が認められるとしても、あらゆる態様の飲酒行為及びその結果としての事故について無制限に業務起因性が認められるものではない。およそ業務との関連性を逸脱した過度な飲酒に基づく事故であれば、業務に内在する危険が現実化したとはいえないため、業務起因性が否定されることになるだろう。

この点、判決は、中国人参加者らの気分を害することのないよう、乾杯を断りづらい状況にあったこと、中国人参加者らに囲まれており、酒を捨てるなどして過度の飲酒を回避することも困難な状況にあったことといった事実関係を指摘した上で、「本件第2会合における飲酒行為により、Kが咽頭反

射の反応がない状態で嘔吐したことは，同人の従事していた業務である本件中国ロケに内在する危険性が発現したものとして，業務との間の相当因果関係が認められ」ると結論付けている。

これは，生命の危機を招きかねないほどの過度の飲酒であっても，業務遂行性が認められることになるという特殊事情を指摘したものと考えられる。

4 小　括

海外ロケのために中国人の要人と会合を行うという特殊な案件に関する事例判断ではあるが，諸外国の文化等によっては，過度の飲酒に関しても業務起因性が認められることがあるだろう。また，国内における同種事案であっても，例えば，飲み会自体が客先の接待であり事実上参加が義務付けられるなどしており，かつ，上司が強引に飲酒を勧めるなど，飲酒を断りづらい状況にあるような場合には，当該飲酒に伴う事故について業務起因性が認められる可能性もあると考えられる。一方で，参加が任意である場合や，客先を含まず社内の飲み会にとどまるような場合は業務遂行性が否定される可能性があり，また，仮に参加が事実上義務付けられた客先の接待であったとしても，上司から勧められてもいない中，勝手に飲み過ぎて倒れた等の場合には，業務に内在する危険が現実化したとはいい難いとして業務起因性が否定される可能性がある。

【石井　拓士】

11 未経験の職務への配置転換と業務起因性
——国・福岡東労基署長（粕屋農協）事件

福岡高判平成21年5月19日（平成20年(行コ)第21号）
労働判例993号76頁

概要

性格，性向が対人業務に向かない労働者を未経験の営業職に配置転換し，経験者と同額の推進目標額を設定した中で労働者が精神障害を発症し自殺した場合，業務起因性が認められる

〔問題点〕

1 業務起因性の判断において，どのような労働者の受け止め方を基準とするか

2 未経験の業務への配置転換や経験者と同様の目標額設定といった業務上の心理的負荷により精神障害を発症したといえるか否か

判決の内容

■ 事案の概要

1 Kは，甲農協の主に給油所係として10余年勤務した後，Kの父親の働きかけにより，金融共済課貯金専任渉外係に配置転換となり，未経験の共済等の推進業務等に従事した。Kの対人業務への適応性に疑問を有していた甲の人事教育課長は，配置転換に先立ちKと面会し本人の意思を確認した。

2 甲では，全職員に共済等の推進目標額を設定し，目標未達の場合は翌年に未達成者の未達額を支所の全職員に振り分けて上乗せしていた。本所や支所での会議では，各職員の各月の実績や目標未達成者の載った書面が配られた。

Kの共済等の年間目標額は，Kに営業職の経験がないものの45歳と配属支

所で2番目であることなどから，他の経験者と同額が設定された。Kは，異動後4月から7月まで1度も各月の目標額を達成できず最下位だった。Kは，異動から1か月半後に精神障害を発症し，約4か月後に自殺した。

本件は，X（Kの遺族（配偶者））がY（国）に対し遺族補償年金等の不支給処分の取消しを求めた訴訟である。

■ **判決要旨**

1　労働者の精神障害による自殺で当該精神障害の業務起因性が認められるためには，当該精神障害が，当該業務に内在する危険が現実化したものと評価し得ることが必要であり，その評価は，平均的な労働者の受け止め方を基準として，①業務による心理的負荷，②業務以外の要因による心理的負荷，③個体側の反応性，脆弱性を総合考慮して行うのが相当である。

ただし，「平均的な労働者」の受け止め方を基準とするといっても，当該労働者の年齢，経験などの客観的な要素は当然考慮すべきで，それ以外の資質，性格，健康状態など多分に主観的・個別的要素についても，それが当該職場における通常の労働者の範疇から逸脱した全く特殊な事情ということではなく，かつ，使用者側においても当該事情を認識し，把握していたという場合には，十分に配慮しなければならない。

2　①が，社会通念上，客観的に見て，それのみで精神障害を発症させる程度に過重といえる場合には，業務起因性を肯定できる。

①のみでは精神障害を発症させるまでに過重と認められない場合で，②又は③のいずれかと相まって，又はその両者と合わさることにより精神障害が発症した場合の業務起因性の有無はより慎重な検討が求められる。

①及び②が単独では精神的な変調を来すことなく適応できる程度のもので，①②両者が合わさっても同様のことがいえるにもかかわらず精神障害が発症した場合は，その要因は③によるとみるほかなく業務起因性は否定される。

3　Kの精神障害の発症は，甲での配置転換後の業務と関連性があるが，甲の営業職の職員に精神障害を発症した者はほかにおらず，Kはまじめでおとなしく口数が少ないなどと評され，甲の人事教育課長からも対人業務への

適応性に疑問がもたれるなど，生来的にうつ病に親和性のある性格傾向が窺われ，Kの精神障害の発症については，Kの個体側の反応性ないし脆弱性の要素を否定できない。

Kの精神障害は配置転換後の業務による心理的負荷（①）と個体側の反応性ないし脆弱性（③）が関係している。

4 甲は，Kは積極的に人との関わり合いをもつ必要のある部門には向かないとして長く給油所に配置し，甲もKの性格を十分把握していた。自身の性格，性向に見合った職務に従事してきた45歳のKを全くの畑違いの金融業務に従事させる本件配置転換は，Kの父親の働きかけでKの意向も確認の上で行われた経緯を考慮に入れても，平均的な労働者の観点から過度に大きな心理的負荷を与えるものである。

また，甲は，全職員に推進の目標額を定め，目標額が達成できなかった場合には，ボーナスの評価等に影響するほか，未達成額が翌年の支所全体の目標額に加算され，支所の各職員に割り振っていた。Kは，金融業務の経験がなく，既に45歳に達し変化に順応しづらくなっている中で，長期共済につき経験者と変わらぬ目標額を設定されるなど，平均的な労働者の観点からその心理的負荷は相当に大きかった。そして，Kは，自分１人で獲得できた共済の実績は皆無との状況で，会議で自分が最下位にいることを目の当たりにし，他の職員は自分とかけ離れた成績をあげていることを知らされる中で，その心理的負荷がさらに助長された。

さらに，甲は，Kの精神障害発症前から，Kの執務状況等を正確に把握し援助することが可能であったが，援助体制は十分機能しなかった。

上記３点の心理的負荷が複合的に加わってKは本件精神障害を発症したため業務起因性が認められ，不支給処分の取消しを示した原判決を正当とし，控訴を棄却した。

解説

1 精神障害による自殺と労災認定

自殺は，故意による死亡にあたり，業務との因果関係を欠くため，原則と

して労災の対象とならない。しかし，精神障害によって正常な認識や行動選択能力が著しく阻害され，又は自殺を思いとどまる精神的な抑制力が著しく阻害されている状態で自殺が行われたと認められる場合は，自殺にいたった場合でも業務起因性が認められる（平11・9・14基発545号）（ただし，現在は「心理的負荷による精神障害の認定基準」（平23・12・26基発1226第1号，以下「認定基準」という）），とするのが行政の立場である。

本判決も同様の考え方に立った上で，Kが精神障害により自殺したことは疑問の余地がないとした。

2 業務起因性の判断基準
(1) 「ストレス―脆弱性」理論

精神障害の業務上認定について，行政は，「ストレス―脆弱性」理論の考え方に基づく「心理的負荷による精神障害等に係る業務上外の判断指針」（平11・9・14基発544号）（ただし，現在は「認定基準」）を用いる。「ストレス―脆弱性」理論は，精神障害が生じるかどうかは環境由来の心理的負荷（ストレス）と個体側の反応性・脆弱性との関係で決まり，ストレスが非常に強ければ個体側の脆弱性が小さくても精神障害が起き，脆弱性が大きければストレスが小さくても精神障害が起きるとの理論である。

本判決は，Kの精神障害の業務起因性について，同理論に基づくことを明らかにしている。

(2) 平均的労働者

業務起因性の判断要素①の心理的負荷の程度を，どのような労働者を基準として評価するべきかについては，客観的に判断すべきとする説と，当該労働者本人が原因となった出来事をどのように受け止めたかを基準に評価すべきとする本人基準説に大きく分かれるが，前者の中でもいくつかの考え方がある。

本判決は，「平均的な労働者の受け止め方を基準として，①業務による心理的負荷，②業務以外の要因による心理的負荷，③個体側の反応性，脆弱性を総合考慮して行うのが相当である」とし，当該労働者本人を基準として評価とすべきとのXの主張は退けた。

そして，平均的な労働者を基準とするといっても，年齢，経験，資質，性

格，健康状態など労働者の個別事情をすべて取捨するのは適当でない，労働者の年齢や経験など客観的な要素は当然に考慮すべきであるし，資質，性格，健康状態など主観的・個別的要素の強い事情も，当該職場における通常の労働者の範疇から逸脱した特殊な事情でなく，かつ使用者側でも認識・把握していた事情であれば，十分に配慮すべき，と述べる点に本判決の特色がある。すなわち，平均的な労働者を基準としつつも，個別事情を広く取り入れるべきとした。

しかしながら，多くの判例は，当該労働者と同種の平均的な労働者を基準とすべきとしている（国・三田労基署長（日本電気）事件・東京地判平22・3・11労判1007号83頁）。本判決のように主観的・個別的要素の強い事情まで含めると，当該労働者の受け止め方を基準とするのと同じことになり，客観性を欠くおそれがある。

(3) 具体的検討方法

本判決は，Kは，まじめでおとなしく口数が少ない，喜怒哀楽をあまり出さず，慎重かつ几帳面，対人業務への適応性に疑問がもたれるような生来的にうつ病に対する親和性のある性格の持ち主であったと窺われKの性格の影響を否定できず，Kの精神障害は配置転換後の業務（①）とKの性格（③）が相まって発症したもの，と位置付けている。その上で，業務による心理的負荷（①）が単独で精神障害を発症するのも無理はないというほどの強度であったかを判断した。

なお，本判決は，業務起因性の有無の判断の中では個体側の反応性，脆弱性（③）が精神障害発症の原因となったかとの観点からの検討はしていないが，Yの主張を否定する形で，精神障害の発症を専らKの性格等によるものと断ずるのは正しくないとの判断を示している。

3　業務起因性の有無

(1) 未経験部門への配置転換の心理的負荷

本判決は，甲が，積極的に人との関わり合いをもたなければならないような部門には向かないKの性格，性向を把握しながら，既に45歳のKを未経験の営業職に配置転換したことを重視しており，本件の特徴を踏まえた判断がなされている。

また，本判決は，配置転換が使用者側の都合で行われた訳ではないことや，本人の意向を確認した上で行われたことを考慮しても，業務起因性は認められるとされており，配置転換にいかなる経緯があっても，使用者は本人の職務への適合性を見極めて配置転換を行う必要があることに変わりない。

(2) 業務内容及び推進目標額の設定の心理的負荷

本判決は，Kの経歴や性格，性向から，推進業務がかなり困難な業務であったとしている。また，目標額の設定についてはただちに不当・不合理なものとはいえないが，金融業務の経験の有無や年齢を考慮せずに経験者と同額の目標設定を行ったこと，会議で自分が最下位であることや他の職員のかけ離れた実績を目の当たりにしたことが，大きな心理的負荷となったと認定している。

(3) 職場の支援体制

未経験の業務に配置転換した場合には，一般的に研修や現場での支援などを行う必要があるのは当然であるが，本判決が述べるように，若くない年齢での配置転換や性格などから業務への順応性に疑問がある場合には，特に状況把握や支援を怠らない必要がある。

> ❖実務上の留意点❖
>
> 本判決を踏まえて，平成23年の「認定基準」は，過去の経験と質の異なる業務への配置転換や相当な努力があっても達成困難なノルマを課すことについて，業務上の心理的負荷を「強」に区分したと考えられる。
>
> 従業員を未経験の職種へ配置転換することは珍しくなく，入社数年の若者を未経験の職種に配置転換するような事案であったとすれば，類似の事例でも業務起因性の判断は異なる可能性も高い。しかし，本人の性格や能力から適合性に疑問があるような配置転換や前例のないイレギュラーな配置転換については，配置転換自体を慎重に検討する必要があるし，配置転換を行う場合には手厚い支援体制を組むことが期待される。
>
> また，目標額やノルマを設定する場合は，目標やノルマの設定内容が本人に見合ったものか，過度に達成に向けたプレッシャーを掛けていないか，などに留意すべきである。

【川端　小織】

〔参考文献〕
- 菅野和夫『労働法〔第11版補正版〕』618頁以下

〔参考判例〕
- 国・三田労基署長（日本電気）事件（東京地判平22・3・11労判1007号83頁）

〔掲載誌，評釈等〕
- 水町勇一郎・ジュリ1413号123〜126頁
- 阿部未央・法政論叢（山形大学）50号22〜28頁

12 パワーハラスメントと業務起因性
──国・静岡労基署長（日研化学）事件

東京地判平成19年10月15日（平成18年（行ウ）第143号）
判例タイムズ1271号136頁，労働判例950号5頁

概　要

上司のパワーハラスメントにより精神疾患にり患し自殺したものとして業務起因性が認められた事例

〔問題点〕
　Kの自殺が，Kの会社における業務に起因するものであるか

判決の内容

■ 事案の概要

　1　Kは，平成2年に製薬会社甲社に入社し，平成9年4月から静岡営業所静岡二係に所属して医療情報担当者（以下「MR」という）として勤務していた。MRは，製薬会社の営業担当者として医療機関を訪問し自社医薬品に関する各種情報を伝える等の業務を行う。
　平成14年4月に静岡営業所静岡二係にAが係長として赴任した。静岡二係はKとAを含む計3人で構成され，毎週月曜の午前中に打ち合わせを行い，月1回程度営業会議に出席するほかは，必要に応じて顔を合わせる程度であった。
　2　A係長は，単純で一途な性格であり，相手の言うことを最後まで聞かず，大きな声で一方的に傍若無人にしゃべることから，癖が強いとの印象をもたれていた。また，前後を考えないで決めつけたようなものの言い方をし，個人攻撃にわたることや，建設的な方向性ではなく直截なものの言い方で単に状況だけ捉えて否定的な発言をすると受け取られるような面があっ

た。

　A係長は，平成14年12月3日，Kに対して，医師と情報交換ができないとして「お前，対人恐怖症やろ」と述べ，また同年同月9日の忘年会の席では，Kが病院を訪問していないとして「病院の訪問をせずに給料を取るのは給料泥棒だ」，「病院の回り方がわからないのか，……そんなことまで言わなければならないのか，勘弁してよ」などと述べて叱責した。その他にも，A係長は，Kに対して「存在が目障りだ，居るだけでみんなが迷惑している。お前のカミさんも気がしれん，お願いだから消えてくれ」，「何処へ飛ばされようと俺はKは仕事しない奴だと言いふらしたる」，「肩にフケがベターと付いていて，お前病気と違うか」などと発言した。

　3　平成15年1月，Kは，医師からの患者紹介に対し会議を理由に断って商機を失いA係長から所長も呆れていたと告げられた。同年2月には，Kが医師から患者への新規製品の説明依頼に対しすぐに行かれないと答えたため，所長からA係長とともにすぐに出向くよう指示され，Kは医師に土下座して謝罪した。この医師はKの精神的な異変を感じ，同じ職場の人なら気付かないはずはないと感じた。同年3月，Kは記録集の配布が漏れていたと憤慨する医師のもとに所長に伴われて謝罪に出向いたが，Kは立っているだけであった。この頃，Kは，同業他社のMRに「いい事ないわ，なんか魂死んでるわ」とのメールを送った。

　4　平成15年3月7日，Kは遺書8通を残して自殺した。

　本件は，Kの遺族（配偶者）がY（国）に対し遺族補償年金等の不支給処分の取消しを求めた訴訟である。

■　判決要旨

　1　業務起因性の判断基準，すなわち業務と精神障害の発症との間の相当因果関係が認められるためには，ストレス（業務による心理的負荷と業務以外の心理的負荷）と個体側の反応性，脆弱性を総合考慮し，業務による心理的負荷が，社会通念上，客観的にみて，精神障害を発症させる程度に過重であるといえる場合に，業務に内在又は随伴する危険が現実化したものとして，当該精神障害の業務起因性を肯定するのが相当である。

2 Kは，平成14年12月末から1月に精神障害を発症し，遅くとも平成15年1月中には軽度うつ病エピソードと診断し得る状態にいたった。

平成14年12月末から平成15年1月までにKに加わった業務上の心理的負荷の原因となる出来事としては，A係長のKに対する発言がある。

「心理的負荷による精神障害等に係る業務上外の判断指針」（平11・9・14基発544号）別表1「職場における心理的負荷評価表」にあげられる「上司とのトラブル」に伴う心理的負荷は，企業等において一般的に生じ得るものである限り，社会通念上客観的にみて精神障害を発症させる程度に過重であるとは認められない。しかし，トラブル内容が通常予定されるような範疇を超える場合は，従業員に精神障害を発症させる程度に過重であると評価される。

A係長がKに発した言葉自体の内容が過度に厳しく，Kの10年以上のMRとしてのキャリアを否定し，Kの人格，存在自体を否定するものもある。また，A係長のKに対する態度にはKに対する嫌悪の感情の側面があり，A係長はKに極めて直截なものの言い方をしていた。さらに，静岡二係の勤務形態が上司とのトラブルを解決することが困難な環境にあった。

A係長のKに対する態度によるKの心理的負荷は，人生においてまれに経験することもある程度に強度のものということができ，一般人を基準として，社会通念上，客観的にみて，精神障害を発症させる程度に過重なものと評価するのが相当である。

Kは，A係長の言動により心理的負荷を受けて，業務に内在ないし随伴する危険が現実化したものとして，精神障害を発症したと認められる。

3 業務に起因してICD-10のF0〜F4に分類される精神障害を発症し，それにり患していると認められる者が自殺を図った場合には，自殺時点において正常な認識，行為選択能力及び抑制力が著しく阻害されていなかったと認められるとか，業務以外のストレス要因の内容等から自殺が業務に起因する精神障害の症状の蓋然的な結果とは認め難いなどといった特段の事情が認められない限りは，原則として，当該自殺による死亡は故意のものではないとして，業務起因性を認めるのが相当である。

Kは，業務に起因してうつ病発症後，自殺直前にいたるまで抑うつ気分等の症状が続き，顧客医師とのトラブルに表れているとおり思考力，判断力が

低下していて、自殺までに治癒、寛解したとは認められない。また、Kの遺書の中には、うつ病エピソード診断ガイドラインに該当する症状が表れており、Kの自殺が精神障害によって正常な認識、行為選択能力及び抑制力を阻害された状態で行われたと認定できる。

よって、Kの自殺につき業務起因性を認めるのが相当である。

4 Kの自殺による死亡が業務に起因するものではないことを前提に行われた本件処分は違法であり、その取消しを求めるKの遺族の請求は理由がある。

解　説

1　業務起因性の判断

(1)　「ストレス―脆弱性」理論

精神障害の業務上認定について、行政は、「ストレス―脆弱性」理論の考え方に基づく「心理的負荷による精神障害等に係る業務上外の判断指針」（平11・9・14基発544号）（ただし、現在は「心理的負荷による精神障害の認定基準」（平23・12・26基発1226第1号、以下「認定基準」という））を用いる。同理論は、精神障害が生じるかどうかは環境由来の心理的負荷（ストレス）と個体側の反応性・脆弱性との関係で決まり、ストレスが非常に強ければ個体側の脆弱性が小さくても精神障害が起き、脆弱性が大きければストレスが小さくても精神障害が起きるとの理論である。

本判決は、Kの精神障害の業務起因性について、「ストレス―脆弱性」理論に基づくことを明らかにしている。

(2)　**精神障害の発症時期**

発症前概ね6か月の出来事が心理的負荷の評価の対象となるから、精神障害の発症時期の特定は、評価の対象となる出来事の特定につながる。精神疾患についてどの時点で発症したか特定するのは特に労働者が医師の診察を受けていない場合には容易ではないが、判決は、Kの職場や家庭での言動の変化などから発症時期を平成14年12月末から平成15年1月と特定した。それに伴い、平成14年12月末から平成15年1月のA係長のKに対する言動を中心に

心理的負荷を評価することになった。

(3) **評価表へのあてはめ**

前記指針の別表1「職場における心理的負荷評価表」によれば、「上司とのトラブル」は原則としてⅡ（中程度）と位置付けられているところ、トラブル内容が通常予定されるような範疇を超える場合は、評価を修正し過重とされるとし、前記指針と評価表に沿った評価方法を採用した。そして、本件における上司の発言内容や態度、言い方、逃げ場の乏しい勤務形態などをあげて、通常予定される範疇を超えるとして過度に過重と認定した。

2 精神障害による自殺と労災認定

自殺は、故意による死亡にあたり、業務との因果関係を欠くため、原則として労災の対象とならない。しかし、精神障害によって正常な認識や行動選択能力が著しく阻害され、又は自殺を思いとどまる精神的な抑制力が著しく阻害されている状態で自殺が行われたと認められる場合は、自殺にいたった場合でも業務起因性が認められる（平11・9・14基発545号）とするのが行政の立場である。

本判決も同様の考え方に立った上で、医師とのトラブルや遺書の内容から、Kの自殺は正常な認識等が阻害された状態で行われたとした。

❖実務上の留意点❖

上司によるパワーハラスメントの事案を労災と認めた先駆的事案たる本判決を踏まえて、平成23年の認定基準は作成された。認定基準によると、「部下に対する上司の言動が、業務指導の範囲を逸脱しており、その中に人格や人間性を否定するような言動が含まれ、かつ、これが執拗に行われた」場合には心理的負荷は「強」となり、労災が認定される。

近時パワーハラスメントが労災認定される事案は増加しており、注意が必要である。

【川端　小織】

〔参考文献〕
・ 菅野和夫『労働法〔第11版補正版〕』621頁

〔参考判例〕
- 国・堺労基署長（モンタボー）事件（大阪地判平21・1・14労判990号214頁）
- 地公災基金愛知県支部長（A市役所職員・うつ病自殺）事件（名古屋高判平22・5・21労判1013号102頁）
- 亀戸労基署長事件（東京高判平20・11・12労経速2022号13頁）

〔掲載誌，評釈等〕
- 吉田肇・民商法雑誌142巻1号104～114頁
- 石井保雄・季刊労働法225号158～170頁

13 いじめ・嫌がらせと業務起因性
── 国・鳥取労基署長（富国生命）事件

鳥取地判平成24年7月6日（平成20年(行ウ)第4号）
労働判例1058号39頁

概要

保険会社の営業職の女性職員が、営業所長の手続ミスによる保険金トラブルの逆恨み等による営業所長及び支社長からのいじめ、嫌がらせにより、うつ病を発症したとして業務起因性が認められた例

〔問題点〕
1　原告の疾病はうつ病か適応障害か
2　原告の精神障害と業務の間の相当因果関係の有無

判決の内容

■ 事案の概要

1　Kは、昭和60年に生命保険会社である甲社に入社し、鳥取支社米子営業所にて営業職として勤務していた。

Kは、平成9年にうつ病の疑い、平成12年にうつ病の受診歴があり、几帳面、融通がききにくい、神経質などうつ病の発症と親和性のある性格である。

2　平成14年5月、米子営業所長である丁原所長の期限を失念するミスにより、顧客Aのグループ保険からコンバージョンによる個人保険への移行が出来なくなる出来事があった。Kは、Aの妻の保険を担当していたため、Aと交渉して7月に新規の医療保険と生命保険契約を締結することとした。ところが、Aは同年10月29日に肝臓癌で死亡した。Aの妻からの保険金請求に対し、甲社では重大案件として扱い、丁原所長やKにヒアリングするなどし

た。その結果，Kに被保険者に対する不告知の教唆はなかったとの調査結果が出た。鳥取支社長である丙川支社長は，1月24日にKの調査結果を認識し，翌15年1月末頃には甲社はAの保険金を支払う方針と聞いていた。

平成15年2月初め，Kが丙川支社長にAの保険金がいつ支払われるのか尋ねたところ，丙川支社長は感情的になり，Kの対して非常に強い口調で「告反（告知義務違反）があれば保険金の支払は絶対にない。」，「おまえは不告知教唆したのかしてないのかどっちだ。」などと言い，以後Kと丙川支社長の間に軋轢，感情的対立が生じた。

3 2月7日，丙川支社長は，マネージャー会議の席と，同日夕方の個別面談で，Kに対して，普段成績の振るわないマネージャーに対して行っている以上に厳しく叱責した。

Kは，Aの妻からの問い合わせに対し，保険金支払は調査の上で本社が決定するのでしばらく時間がかかる，丙川支社長が保険金の支払は絶対ないと言っているので難しいかもしれない，と答えた。Aの妻は，甲社代表取締役宛に，支社長が会社の責任はないと無責任なことを言っているなどと記した抗議の手紙を2月15日に送り，本社からKに指導教育するよう指示された丙川支社長は，激怒してKに鳥取支社まで謝りに来させるよう部下に指示した。以降，Kは寝付くのに時間がかかるようになった。

3月初旬，丙川支社長は，Kを呼びつけて他の職員の前で「そんなことでマネージャーが務まると思っているのか。」などと20分程に亘って叱責し，その後もKを2～3回会議室に呼び出して各20分程叱責した。

4 平成14年7月にKの班の中にEを長とする4名のEグループが結成されていたところ，平成15年2月末，丁原所長はKにEのグループの分離を伝え，同年4月1日に実施した。当時，米子営業所の多くのマネージャーは，班の分離にはマネージャーの承諾が必要との認識をもっていたところ，Kは当初異議を唱えたものの最終的には了承した。同年3～4月以降，丙川支社長はKを目のかたきのように扱った。

Kは，4月頃から睡眠障害が悪化し仕事の遅刻や欠勤が増え，6～7月頃から食欲もなくなって飲酒量も増加した。7月31日，Kは動悸が激しくなり医師からストレス性うつ病と診断され，8月から9月にかけて入院した。そ

の後自宅で療養したが，10月16日にD内務次長と面談して休職届の提出を勧められた後，同月24日に症状が悪化して入院し12月25日に退院し，その後も治療を継続した。

5 K個人及びKの班の営業成績は，米子営業所の他のマネージャー及び他の班と比較して，良くなかった。

Kはその後休職期間満了で自動退職となったところ，本件は，KがY（国）に対し休業補償給付の不支給処分の取消しを求めた訴訟である。

■ **判決要旨**

1 Kの症状はうつ病によるものか適応障害によるものかが問題となるも，Kの症状はICD-10の中等症うつ病エピソード，DSM-Ⅳの大うつ病エピソードの各基準に合致し，Kの発症はストレス性うつ病によるものと認めるのが相当である。

2 労働者が業務上疾病にかかった場合とは，業務と疾病との間に相当因果関係があることが必要である（最二小判昭51・11・12裁判集民119号189頁）。労災補償制度は危険責任の法理に基づくものであるから，業務と疾病との間の相当因果関係の有無は，その疾病が当該業務に内在する危険が現実化したものと評価し得るか否かによって決せられる（最三小判平8・1・23裁判集民178号83頁【本書判例20】，最三小判平8・3・5裁判集民178号621頁）。

当該業務と精神疾患の発症や憎悪との間に相当因果関係が肯定されるためには，単に業務が他の原因と共働して精神疾患を発症又は憎悪させたと認められるだけでは足りず，当該業務自体が，社会通念上，当該精神疾患を発症又は憎悪させる一定程度以上の危険性を内在又は随伴していることが必要である。

うつ病発症のメカニズムについては，「ストレス―脆弱性」理論が合理的である。よって，業務とうつ病の発症，憎悪との間の相当因果関係の存否を判断するにあたっては，発症前の業務内容及び生活状況並びにこれらが労働者に与える心理的負荷の有無や程度，当該労働者の基礎疾患等の身体的要因や，うつ病に親和的な性格等の個体側の要因等を具体的かつ総合的に検討し，社会通念に照らして判断するのが相当である。

業務自体が一定以上の危険性を有しているか否かについては，職場における地位や年齢，経験等が類似する者で，通常の勤務に就くことが期待されている平均的労働者を基準とするのが相当で，ここには完全な健常者のみならず，一定の素因や脆弱性を抱えながらも勤務の軽減を要せず通常の勤務に就き得る者を含む。平均的労働者を基準としつつ，判断にあたっては，当該労働者の置かれた立場や状況，性格，能力等を十分に考慮する必要がある。

判断指針及び認定基準は，一定の合理性があることは認められるものの，当該労働者が置かれた具体的な立場や状況等を十分斟酌して適正に心理的負荷の強度を評価するに足りるだけの明確な基準となっているとするにはいまだ十分とはいえず，精神障害の業務起因性を判断するための１つの参考資料にとどまる。

3 Kは，丙川支社長から，職業倫理に反し不名誉である不告知教唆について，他の職員がいる所で，あたかもKが行ったかのように激しい叱責を受けたが，この叱責は理由のない理不尽なもので，Kの精神的負荷は非常に強いものであった。この件で上司，特に丙川支社長と軋轢，感情的対立が生じて影響が尾を引いていたところに，Kは，丙川支社長から営業成績に関する繰り返しの激しい叱責やAの妻からの手紙について激しい叱責を受け，精神的負荷を益々感じ，ストレスを増大させていった。さらに，Kが非常に親密だった中央所長の退職も，Kの精神的負荷の蓄積につながった。

さらに，マネージャー間では分離はマネージャーの同意の下で行われると認識されていたところ，丁原所長は，Kの同意を得ることなくKの班の分離を行い，Kは４名の部下を失い将来的にはKの給料は大幅に減少する可能性が高い状況に置かれてより一層精神的負荷を蓄積させ，うつ病発症にいたった。

Kの精神的負荷は，客観的にみてストレス性うつ病を発症させる程度に過重であったと認めるのが相当であり，社会通念上，Kの業務に内在ないし随伴する危険の現実化として，本件発症にいたったといえるから，本件発症との間には相当因果関係が存在する。

なお，Kの２度の受診歴やKのうつ病と親和性のある性格はKの個体側の脆弱性を示すものとはいえないし，飲酒量の増加はうつ病の症状の１つと捉

えるのが適切である。

4　Kのうつ病による障害は業務に起因するものであるから，それを認めず休業補償給付不支給とした処分は違法であり取消しを免れないとして，Kの請求を認めた。

解　説

1　「ストレス―脆弱性」理論

行政は，精神障害の業務上認定につき「ストレス―脆弱性」理論の考え方に基づく「心理的負荷による精神障害の認定基準」（平23・12・26基発1226第1号，以下「認定基準」という）を用いる。

「ストレス―脆弱性」理論は，精神障害が生じるかどうかは環境由来の心理的負荷（ストレス）と個体側の反応性・脆弱性との関係で決まり，ストレスが非常に強ければ個体側の脆弱性が小さくても精神障害が起き，脆弱性が大きければストレスが小さくても精神障害が起きるとの理論である。

2　判断指針及び認定基準の位置づけ

本件については，行政の再審査は認定指針の改正前で，行政は「心理的負荷による精神障害等に係る業務上外の判断指針」（平11・9・14基発544号，以下「判断指針」という）を用いて判断し，その後本判決までに改正判断指針（平21・4・6基発0406001号）及び認定基準が出された。Y（国）は，精神障害の業務起因性判断は判断指針及び認定基準に基づいて行われるべきと主張した。

これに対して，本判決は，本件について行政判断がなされた当時に用いられた判断指針及び認定基準について，いまだ十分とはいえず1つの参考資料にとどまると述べた。その後の裁判例は，新たに出された認定基準等に積極的な評価を与えている。

3　平均的労働者

業務起因性の判断要素たる業務等の心理的負荷（【本書判例11】参照）の程度を，どのような労働者を基準として評価するべきかについては，客観的に判断すべきとする説と，当該労働者本人が原因となった出来事をどのように受

け止めたかを基準に評価すべきとする本人基準説に大きく分かれる。

　本判決は，平均的労働者を基準とするのが相当としつつ，完全な健常者だけでなく，一定の素因や脆弱性を抱えながらも勤務の軽減を要せず通常の勤務に就き得る者を含むとの判断を示した。Kの2度の受診歴を意識しての判断であった可能性もある。

　また，当該労働者の置かれた立場や状況，性格，能力等を十分に考慮する必要があるとも述べた。

　多くの判例が，当該労働者と同種の平均的な労働者を基準とすべきとしている（国・三田労基署長（日本電気）事件・東京地判平22・3・11労判1007号83頁）。

> ❖実務上の留意点❖
> 　本判決は，上司のミスの逆恨みをきっかけに労働者と上司らとの間に軋轢が生じ，いわれのない叱責が続いた事案であったため，"いじめ・嫌がらせ"の事案と分類されている。もっとも，本件の民事訴訟ではコンバージョンミスに関連する上司らの私的な怒りや恨みの感情を否定し，一部のみについて上司としての配慮に欠け違法だとしており，事実認定にかなりの違いがみられる。労災と民事訴訟という違いはあるとしても，事実認定は微妙であることを踏まえておく必要がある。
> 　なお，いじめが問題となり得るのは対上司だけではなく，職場の同僚からのいじめの事案につき労災と認めた裁判例もある（国・京都下労基署長（富士通）事件・大阪地判平22・6・23労判1019号75頁参照）。

【川端　小織】

〔参考文献〕
・　菅野和夫『労働法〔第11版補正版〕』618頁

〔参考判例〕
・　富国生命保険ほか事件（鳥取地米子支判平21・10・21労判996号28頁）
・　国・京都下労基署長（富士通）事件（大阪地判平22・6・23労判1019号75頁）

14 作業中に受けた暴行による負傷
―― 新潟労基署長（中野建設工業）事件

新潟地判平成15年7月25日（平成14年(行ウ)第8号）
労働判例858号170頁

概　要

　建築会社の工事課長が，現場監督として駐車場の舗装工事現場において作業中に，同じ会社の従業員から安全靴を履いた足で背中を蹴られたことによる負傷は業務上の災害と認められる

〔問題点〕
　業務遂行中に暴行を受けたことによる負傷に業務起因性は認められるか

判決の内容

■　事案の概要

　1　建築会社の出張所において作業現場での総指揮をとっていたEに代わって作業現場で作業員に対する指揮監督を行っていた工事課長のXは，Bの勤務態度がよくないと感じて度々注意していたが，Bはそれについて不満を感じていた。
　そのような中，本件事故当日に，Bら3名がEから指示を受けた作業をしていたところ，XはBらの仕事ぶりについて仕事を怠けているように感じ，また，Bらの仕事がEから出された指示に基づいていたことを知らなかったため，Bらに対して当該作業を中止して別の作業を手伝うように指示したが，Bが反抗的な態度をとったため，XはBに対し，「親のしつけがなっていない。私生活がいい加減だ。親がバカならお前もバカだ。」と強い口調で言いながら別の作業の現場に戻ろうとした。
　このXの言葉に憤慨したBが，近くにあった板きれをブロック塀に向か

て投げつけたことから，これを見咎めたXがきつい口調で注意し，別の作業に戻ったところ，BがXの背後に駆け寄り，Xの背中を安全靴を履いた足で蹴ったため，Xは腰を負傷した。

2　Xは，本件事故による負傷について，労働者災害補償保険法による休業補償給付を請求したが，不支給処分を受け，審査請求と再審査請求も棄却された。

本件は，XがY（国）に対し，休業補償給付の不支給決定の取消しを請求した訴訟である。

■　判決要旨

1　労働者災害補償保険法に基づく休業補償給付の対象となる労働者の負傷は，労働者が業務の遂行中に業務に起因して発生したものであることを要し，業務と災害との間に相当因果関係が存在することが必要である。そして，業務と災害との間に相当因果関係が認められる場合とは，当該災害が，当該業務に内在又は随伴する危険が現実化したものと評価できる場合をいうものと解するのが相当である。

2　労働者（被災者）が業務遂行中に同僚あるいは部下からの暴行という災害により負傷した場合には，当該暴行が職場での業務遂行中に生じたものである限り，当該暴行は労働者（被災者）の業務に内在又は随伴する危険が現実化したものと評価できるのが通常であるから，当該暴行が，労働者（被災者）の業務とは関連しない事由によって発生したものであると認められる場合を除いては，当該暴行は業務に内在又は随伴する危険が現実化したものであるとして，業務起因性を認めるのが相当である。

そして，その判断にあたっては，暴行が発生した経緯，労働者（被災者）と加害者との間の私的怨恨の有無，労働者（被災者）の職務の内容や性質（他人の反発や恨みを買い易いものであるか否か），暴行の原因となった業務上の事実と暴行との時間的，場所的関係などが考慮されるべきである。

3　本件暴行は，X及び加害者Bが本件作業現場で作業に従事している最中に発生したものであるから，職場での業務遂行中に生じたものであると認められる。

4 本件暴行は，XのBら3名に対する業務上の指示，注意に端を発しているが，XがBら3名に対して指示を出し，監督をすることはXの職務であり，しかも本件事故当日にXがBら3名に対して指示した作業はEの指示と異なっていたとしても，作業の都合上からみて業務と関係がないとはいえないこと，XがBに仕事の指示や注意をする際に，Bを誹謗するかのような侮辱的意味合いを含んだ発言をしたとしても，それは，仕事上の指示や注意をする際に，それと関連して不用意に出た言葉であって，ことさらにBを挑発したり侮辱したりする意図で発せられたものではなく，むしろ，BがXの指示に反抗的な態度をとったことに対する戒めの意味も込められた発言であると認められること，しかも，上記発言の後，Xが別作業に戻った直後に本件暴行が行われており，本件一連の行動は時間的，場所的に極めて近接したところで行われていることなどの状況からすると，本件暴行は，Xの業務とは関係がないXとBとの私的怨恨又はXの職務上の限度を超えた挑発的行為若しくは侮辱的行為，あるいはXとBの喧嘩闘争によって生じたものと認めることはできず，むしろ，Xの仕事上の指示，注意という業務に関連して，その業務に内在又は随伴する危険が現実化して発生したものと認めるのが相当である。

5 したがって，Xの業務と本件暴行との間の相当因果関係を認めるのが相当であるので，本件暴行によるXの負傷については業務起因性が認められる。

よって，本件暴行によるXの負傷について，業務起因性が認められないとして，Xに対する労災保険法に基づく休業補償給付を支給しないこととした本件処分は違法である。

解　説

労働者の負傷・死亡が何らかの事故によって生じた場合の「業務上」判断については，まずは「業務遂行性」の有無を判断し，その上で「業務起因性」を判定すべきものとされてきたところ（労務行政研究所編『労災保険　業務災害及び通勤災害認定の理論と実際(上)〔改訂4版〕』84頁以下），本判決も，負傷したX

からYに対する休業補償給付の不支給決定の取消請求について，業務遂行性と業務起因性の2段階で判断しており，判断枠組みは従前の枠組みに沿うものである。

1 業務遂行性

「業務遂行性」とは労働者が「労働契約に基づき事業主の支配下にあること」であるとされているところ（労務行政研究所編・前掲87頁），本件暴行は，加害者・被害者がともに作業に従事している最中に発生したものであることから，あっさりと業務遂行性を認めている。

2 業務起因性

「業務起因性」について，本判決は，業務と災害との間に相当因果関係が存在すること，すなわち，当該災害が，当該業務に内在又は随伴する危険が現実化したものと評価できる場合をいうものと解するのが相当であるとしているが，これは従来からの判断基準と異なるものではない。

その上で，本判決は，労働者が業務遂行中に同僚あるいは部下からの暴行により負傷した場合について，「当該暴行が職場での業務遂行中に生じたものである限り，当該暴行は労働者（被災者）の業務に内在または随伴する危険が現実化したものと評価できるのが通常であるから，当該暴行が，……労働者（被災者）の業務とは関連しない事由によって発生したものであると認められる場合を除いては，当該暴行は業務に内在または随伴する危険が現実化したものであるとして，業務起因性を認めるのが相当」であり，その判断にあたっては，「暴行が発生した経緯，労働者（被災者）と加害者との間の私的怨恨の有無，労働者（被災者）の職務の内容や性質（他人の反発や恨みを買い易いものであるか否か。），暴行の原因となった業務上の事実と暴行との時間的，場所的関係などが考慮されるべきである。」との判断基準を示している。

暴行による負傷については，従来から裁判例は，暴行等が職場での人間関係や職務上の関係から生じた場合は業務との相当因果関係が認められるが，ただし，被災者の積極的な私的行為や恣意的行為によって暴行を招いたといえる場合には相当因果関係が否定されるとしており，本判決もその延長線上にあるものといえる。

他の裁判例については，例えば，仕事中の大工が就職を依頼に来た元同

僚とけんかになり殴打されて死亡した事案である倉敷労基署長事件（最一小判昭49・9・2判時756号109頁）では，両名の紛争は加害者が被害者に対して仮枠の梁の間隔が広すぎると指摘したことに端を発しているが，本件災害自体は，被害者が加害者の感情を刺激するような言辞を述べ，さらに加害者の呼びかけに応じて県道上まで降りてきて嘲笑的態度をとり，加害者の暴力を挑発したことによるものであるとして，被害者の一連の行為は業務に含まれないことはもちろん，業務に通常随伴又は関連する行為ということもできないとして業務起因性が否定されている。

また，守衛が同僚と口論になって「馬鹿野郎」と発言し，これに不満を抱いた当該同僚から20分後に守衛所の外に呼び出され，もみあいとなって転倒し死亡した事案である島田労基署長事件（静岡地判昭51・12・7訟務月報22巻13号2934頁），出漁中の漁船内において，ベテラン乗組員であった被害者が不慣れな船長をないがしろにする行為を繰り返したことにより，これに不満を抱いた船長と口論となり，船長の頭や胸を平手で小突き，船長が吸っていた煙草を平手で払い落とすなどしたところ，これに憤った船長にマキリ包丁で刺されて負傷した事案である北海道知事（第88宝来丸）事件（札幌地判平2・1・29労判560号54頁）でも業務起因性が否定されている。

一方，工事現場でクレーン車を運転して鉄骨の積み下ろし作業をしていた被害者が，その操作に不満を抱いた加害者からスパナで殴打された事案である浜松労基署長（雪島鉄工所）事件（東京高判昭60・3・25労判451号23頁）では，上記暴行は作業に内在する危険から生じたものと認められ，さらに事件は数分程度以内のものと推認され，被害者の私的挑発行為により生じたものとは認められないとして業務起因性が認められている。

また，労災認定について争われた事案ではないものの，青木鉛鉄事件（最二小判昭62・7・10労判507号6頁【本書判例49】）では，ボイラー用煙突の製作現場において部品の選択をめぐってけんかになり，押し倒されて負傷した労働者について労災認定されていることが判決中で触れられている。

※実務上の留意点※

　暴行による負傷に業務起因性が認められるかについて，仕事上の問題に端を発してトラブルとなり，暴行が発生した場合については，被災者側に多少乱暴な表現があったとしてもそれだけでは業務起因性は否定されないものの，それを超えて積極的に加害者を挑発するような行動があったり，仕事上のトラブルが一旦収まった後，時間的・場所的に離れたところで暴行が行われたような場合には，業務起因性が否定される可能性が高いものと思われる。

【伊藤　隆史】

〔参考文献〕
- 労務行政研究所編『労災保険　業務災害及び通勤災害認定の理論と実際(上)〔改訂4版〕』

15 過重業務から発症までの間に時間が経過している場合
—— 国・足立労基署長（クオーク）事件

東京地判平成23年4月18日（平成20年(行ウ)第575号）
労働経済判例速報2113号3頁，労働判例1031号16頁

概　要

前職における過重業務により脳動脈瘤がその自然経過を超えて著しく増悪した場合には，その後に疲労回復期間があったとしても脳動脈瘤自体が改善するとはいえず，脳動脈瘤の破裂による死亡には前職における業務との関係で業務起因性が認められる

〔問題点〕
1　疾病発症から6か月以上前の過重業務は当該疾病の業務起因性判断において考慮されるか
2　過重業務により脳動脈瘤がその自然経過を超えて著しく増悪した場合，その後に疲労回復期間があることで業務起因性が否定されるか

判決の内容

■ 事案の概要

1　平成10年8月1日にZ社に入社したKは，Z社が経営するビデオレンタル店においてビデオレンタル等の業務に従事し，平成12年3月15日に同社を退社した。その後，Kは，同年4月からは自宅で休養する傍ら求職活動を行い，同年6月27日に商業印刷業を営むA社に就職したが，同社で営業業務や研修に従事していた同年9月8日，くも膜下出血（以下「本件疾病」という）を発症し，死亡した。

2　Kの母であるXは，本件疾病はZ社における長時間の過密労働が原因

で発症したものであるとして，労働者災害補償保険法に基づく遺族補償給付及び葬祭料の支給請求をしたが，不支給とされ，審査請求と再審査請求も棄却された。

本件は，XがY（国）に対し，上記不支給決定の取消しを請求した訴訟である。

■ 判決要旨

1 労働者の疾病等を業務上のものと認めるには，当該疾病等が業務に内在又は随伴する危険が原因となって発生したという相当因果関係があることが必要であると解するのが相当である。

2 本件疾病発症は，脳動脈瘤の破裂を原因とするものと判断するのが相当であり，本件疾病のような脳血管疾患（負傷に起因する場合を除く）における業務起因性の有無については，労働者が従事した業務が，客観的にみて，社会通念上，血管病変等をその自然経過を超えて著しく増悪させ，当該脳血管疾患の発症にいたらせるほどの過重負荷を与えたものと評価できるか否かという観点より，これを判断するのが相当である。

3 Kは，Z社を退職した後A社に就職するまでの約3か月間は全く仕事に就いていないから，この間にKの脳動脈瘤に影響を及ぼし得る労働実態はないといえる。また，KがA社に就職してから死亡するまでの間のA社における就労状況についても，Kの脳動脈瘤に明らかに影響を及ぼす程度の過重なものであったとは認められない。

他方，Kは，Z社で就労していた間，1か月当たり概ね45時間を超える時間外労働を行っており，特にJ店に異動してから以降は，業務と発症との関連性が強いと判断される1か月当たり概ね80時間を優に超える時間外労働を行っていたこと，KのZ社における勤務形態は，規則性に欠ける交代制勤務であるということができ，Kの睡眠時間は絶対的かつ慢性的に不足していたということができる。さらに，J店におけるKの業務内容は，店長代理として，通常業務以外にも管理業務を行っていたほか，平成11年8月から同年9月にかけてM店とJ店の統合，M店のリニューアルオープンという特別の業務が重なっていたことからすると，この期間におけるKの業務は，その余の

期間における精神的負荷を大きく超える精神的負荷があったということができる。以上によれば，Ｚ社におけるＫの業務，とりわけＪ店で勤務した以降の業務は，量的にも質的にも著しく過重なものであったというべきであり，Ｚ社におけるＫの業務は，Ｋに生じていた脳動脈瘤をその自然経過を超えて著しく増悪させ得る程度の負荷のある過重なものであったと認めるのが相当である。

４　Ｚ社におけるＫの業務は本件疾病発症の６か月以上前のものであるが，具体的に把握することができることからＫのＺ社における就労実態を業務の過重性を評価する対象業務に含めることに問題はないというべきである。また，確かに，蓄積した疲労も十分な期間の休養をとれば回復すること，及び，ＫがＺ社を退職してから約６か月経って発症した本件疾病がＺ社におけるＫの業務を直接の引き金としたものでないことは，社会通念上，首肯できるものであるが，Ｚ社退職後の非就労期間における疲労の回復の点は，Ｚ社における過重業務により増悪したＫの脳動脈瘤自体を改善するものとはいえない。

５　ＫがＺ社で従事した業務は，量的にも質的にも著しく過重なものということができるのに対し，Ｚ社以外の就労先における業務は過重なものではなく，Ｋには，本件疾病の発症について，業務以外の確たる危険因子は認められない。そうすると，Ｋの脳動脈瘤は，Ｚ社退職時点において既にいつ破裂してもおかしくない状態にまで増悪していたと推認されるのであり，その増悪は，Ｚ社における過重な業務により，その自然経過を超えて生じたものと認めるのが相当である。

６　以上によれば，Ｚ社におけるＫの業務と本件疾病の発症及びこれによるＫの死亡との間には相当因果関係を肯定することができるから，本件疾病の業務起因性を否定して行った本件不支給決定は違法であり，取消しを免れない。

解　説

判決要旨１及び２の判断については，従来の多くの裁判例の判断に沿うも

のであり，判決要旨3以降が本件の事案に即した判断となっている。

1 本件の特徴

「脳血管疾患及び虚血性心疾患等（負傷に起因するものを除く。）の認定基準」（平13・12・12基発1063号。以下「認定基準」という）では，発症した疾病の業務起因性を判断するに際して発症前概ね6か月以内の過重な負荷の有無を問題としていることから，疾病の業務起因性の有無が争われる事案においては，通常，発症前6か月以内の過重な負荷の有無が争われることとなる。

しかし，判決の認定によれば，本件で死亡した労働者Kは，Z社において時間外労働時間が1か月当たり概ね80時間を超える等の過重な負荷を受けた一方で，Z社を退職してから約3か月後にA社に就職するまでは仕事に就かず，A社での約2か月半の就労期間における時間外労働時間数も1か月当たり概ね45時間程度であり，特に過重とはいえない業務に従事した後でくも膜下出血を発症して死亡している。

このように，過重な負荷を受けた時期と疾病を発症した時期とに相当程度の時間的間隔があるのが本件の特徴であり，この点を捉えてY側も，①Z社におけるKの業務は本件疾病発症の6か月より前のものであり，かつ，②KはZ社退職後十分な期間の休養をとって蓄積していた疲労が回復したと考えられるとして，Z社におけるKの業務は本件疾病の発症と関連性がない旨を主張している。

2 認定基準との関係

認定基準が，長期間にわたる業務の過重性の判断に際して発症前概ね6か月以内の過重な負荷の有無を問題としていることを受けて，Y側が上記①のとおり主張したのに対し，判決は，認定基準の基礎となった脳・心臓疾患の認定基準に関する専門検討会報告書において，「1～6か月の就労状況を調査すれば発症と関連する疲労の蓄積が判断され得るとして，疲労の蓄積に係る業務の過重性を評価する期間を発症前6か月間とすることは，現在の医学的知見に照らし，無理なく，妥当である」とされていることに触れた上で，「発症前6か月より前の就労実態を示す明確で評価できる資料がある場合には，付加的な評価の対象となり得ると考えられる」ともされていることを挙げて，本件疾病発症6か月以上前のZ社におけるKの業務についても「具体

的に把握することができる」ことから，業務の過重性を評価する対象業務に含めることに問題はないとしている。

　もっとも，この判断については，専門検討会報告書は，仮に発症前6か月より前の就労実態を示す明確で評価できる資料がある場合でも，「付加的な評価の対象となり得る」としているのみであり，発症前6か月以内の期間で見て過重な負荷があったか否か微妙な事案であればともかく，同期間においては過重な負荷があったとはいい難い事案においてまで，発症前6か月以上前の業務負荷を理由として，過重な負荷があったという結論を導くことができるのかは疑問の余地がある。

3　疲労の回復について

　続いて，Z社退職後の休養により疲労が回復したと考えられるとのYの主張について，判決は，休養により疲労の回復があったとしても，Z社での過重負荷により既に自然経過を超えて生じていた脳動脈瘤が改善されることはないとしている。この点は医学的な判断にかかるものであるが，判決のように考えると，一度「過重な業務負荷により自然的経過を超えて脳動脈瘤が生じた」という評価を受ければ，その後どれだけの休養期間を経ても，当該脳動脈瘤に起因する疾病が発症すれば業務起因性が認められることになりかねないという問題がある。本件ではKがZ社退職後に就職したA社における業務が過重なものでなかったことから顕在化しなかったが，仮にKがZ社退職後に就職した他社でも過重な業務に従事し，その後に当該脳動脈瘤に起因する疾病を発症した場合は，どの事業主の下で従事した業務に起因する災害となるのであろうか（実際には脳動脈瘤の存在は疾病の発症後に判明することが多いと思われ，また，その形成時期が明確でないケースも多いと思われることからすると，疾病発症前直近の業務との関係で業務起因性が認められる可能性が高いように思われる）。

　なお，損害賠償請求の事案であるが，DNPメディアテクノ関西事件（大阪高判平24・6・8労判1061号71頁）では，正月休みに自宅で休養中，ビールを飲んだ後に自宅内で2度転倒して四肢麻痺の後遺障害を負った労働者から会社に対する損害賠償請求について，そもそも過重な業務への従事を否定した上ではあるが，同人の「労働時間，労働密度に照らしてみれば」，労働によりある程度の疲労が蓄積されていたとしても，正月休みの5日間の休養により

「労働負荷から解放され，当該疲労が回復する程度に休養ができている」と判断されている。

　また，東加古川幼児園事件（大阪高判平10・8・27労判744号17頁，神戸地判平9・5・26労判744号22頁）では，幼児園に保母として勤務開始から3か月後に心身症で入院して翌日退院するとともに幼児園を退職したが，その1か月後に自殺した労働者の両親から園らに対する損害賠償が請求された事案について，1審では同労働者が退職後に精神的肉体的疲労からかなり回復しており，自殺は退職後約1か月してからのことであることを理由のひとつとして業務と死亡との因果関係を否定したのに対し，控訴審では，1審と同様に当該労働者が回復してきていたことは認めつつ，回復期に自殺が多いことを指摘した上で，退職後1か月してからの自殺である点は相当因果関係を否定するものではないとして業務と死亡との因果関係を肯定している。

　以上の裁判例からすると，裁判例の傾向としては，休養期間を経て疲労が回復することが業務起因性を否定する要素となること自体は認めた上で，業務の過重性及び疲労の程度，発症した疾病の特質を踏まえつつ，当該休養によって過重な業務と疾病の発症との因果関係が遮断されるかを判断しているものといえよう。

【伊藤　隆史】

〔参考判例〕
- DNPメディアテクノ関西事件（大阪高判平24・6・8労判1061号71頁）
- 東加古川幼児園事件（大阪高判平10・8・27労判744号17頁，神戸地判平9・5・26労判744号22頁）

16 発症後の心理的負荷と自殺
―― 国・神戸東労基署長（川崎重工業）事件

神戸地判平成22年9月3日（平成20年(行ウ)第20号）
労働判例1021号70頁，判例タイムズ1338号85頁

概　要

業務に起因する精神障害の発症後にも業務上の負荷を受けて自殺した場合には，発症後における出来事の心理的負荷も考慮した上で業務起因性が判断される

〔問題点〕
業務起因性の判断に発症後の心理的負担を考慮することはできるか

判決の内容

■ 事案の概要

1　Kは，昭和46年4月1日にZ社に入社後，昭和63年5月に同社を退職したが，在籍時の業績を評価した同社の幹部に請われて平成9年11月1日に同社に再入社し，平成10年1月1日には産機プラント事業部輸送システム部のシステム技術グループ（以下「輸送システムグループ」という）のグループ長に就任した。同グループ長への就任は，入社同期の中でもかなり上のランクの部長への就任であった。

2　輸送システムグループでは，平成10年1月1日の発足以来受注にいたった案件がなかったため，受注の可能性がある限りは案件を絞り込むことができず，同グループが抱える案件の数は多かった。

同グループでは，平成12年から，400億円を超える規模の韓国の仁川国際空港とソウル市内を結ぶ鉄道システム建設プロジェクト（以下「韓国案件」という）の受注に向けた取組みをしていたが，平成14年3月下旬ころまでに，

主として納期についての条件が合意にいたらなかったため，Z社は韓国案件の受注を断念することになった。

3　Kは，平成12年12月13日にうつ病の診断を受け，平成14年5月9日，自殺した。

4　Kのうつ病発症前6か月及び死亡前6か月における時間外労働時間（出張の際の移動時間を含む）は，前者が月平均約76時間，後者が月平均約64時間であった。

5　Kの妻であるXは神戸東労働基準監督署長に対し，労災保険法に基づく遺族補償給付及び葬祭料の給付を請求したが，不支給とされ，審査請求と再審査請求も棄却された。

本件は，XがY（国）に対し，遺族補償給付及び葬祭料の不支給決定の取消しを請求した訴訟である。

■　判決要旨

1　業務上死亡した場合とは，労働者が業務に起因して死亡した場合をいい，業務と死亡との間に相当因果関係があることが必要であり，上記相当因果関係があるというためには，当該災害の発生が業務に内在する危険が現実化したことによるものとみることができることを要すると解すべきである。そして，上記相当因果関係があるというためには，業務による心理的負荷が，社会通念上，精神障害を発症させる程度に過重であるといえる場合に，当該災害の発生が業務に内在ないし随伴する危険が現実化したことによるものとして，これを肯定できると解すべきである。

2　業務に内在する危険性の判断については，当該労働者と同種の平均的な労働者，すなわち，何らかの個体側の脆弱性を有しながらも，当該労働者と職種，職場における立場，経験等の点で同種の者であって，特段の勤務軽減まで必要とせずに通常業務を遂行することができる者を基準とすべきである。

3　例えば，業務上の負荷によりうつ病等の精神障害を発症した者が，まだ完全に行為選択能力や自殺を思いとどまる抑制力を失っていない状態において，改めて，社会通念上，平均的労働者がうつ病を発症する程度の心理的

負荷を受けた結果,希死念慮を生じ,自殺を行う場合があり,そのような場合には相当因果関係を認めるのが合理的であることからすると,精神障害の発症後においては,業務上の負荷を,その程度にかかわらず業務起因性の判断の際の考慮要素としてはならないとはいえないのであって,本件においては,Kがうつ病を発症した後における出来事の心理的負荷も考慮した上で,業務による心理的負荷が,社会通念上,精神障害を発症させる程度に過重であるといえるかについて判断することが相当である。

4 平成12年7月に韓国案件を担当するようになった後のKの心理的負荷は非常に大きなものであったと認められ,平11・9・14基発544号「心理的負荷による精神障害等に係る業務上外の判断指針」(以下「判断指針」という。なお,平21・4・6付基労補発0406001号により改正されている)を踏まえて判断しても,Kの業務による心理的負荷は「強」であったというべきである。加えて,Kのうつ病発症後の事実関係も,Kが既に罹患していたうつ病を悪化させる可能性があったとはいえ,逆に軽減させるものではなかったということができる。

5 Kには業務以外にうつ病等の精神障害が発症する原因となるべき心理的負荷要因や精神障害の既往症も認められず,うつ病の発症につながる個体的要因は存在しない。

6 Kのうつ病発症・自殺ともに同人の業務に起因するものというべきであるから,本件不支給決定は違法であって,取り消されるべきである。

解　説

本判決においては,業務に内在する危険性の判断については誰を基準として判断すべきかといった点についての判断もなされているが,本件の特徴は,Kがうつ病を発症した後,それでも勤務を継続し,1年5か月後に自殺していることから,業務起因性の判断にあたって,精神疾患発症後の心理的負担を考慮することができるかどうかが問題となった点である。

1　本判決の判断手法

本判決は,請われてZ社に再入社し,平成10年1月に発足したばかりの輸

送システムグループのグループ長という同期入社の社員に比してランクの高いポストに就いたことで業績を挙げることを期待されていたにもかかわらず，発足以来3年となる平成12年にいたっても1件も受注がない状態で複数の受注交渉活動を並行して行う必要があった中で韓国案件を担当することになったKの心理的負担は非常に大きなものであったと述べた上で，判断指針を踏まえてKの心理的負荷の強度についての検討を行っている。

　この点，本判決は判断指針の位置づけを明確に述べていないが，多くの裁判例では，専門検討会における検討を経て定められた判断指針や労災認定基準について，裁判所を拘束するものではないが，内容には合理性が認められるものとしてそれらを参照しながら判断するという手法が用いられており，本判決も同様の判断手法を用いるものといえよう。

　なお，平23・12・26基発1226第1号「心理的負荷による精神障害の認定基準」（以下「認定基準」という）が定められたことにより，判断指針は廃止されている。これにより，業務起因性が認められるためには，業務による強い心理的負荷により対象となる精神障害を発病しており，業務以外の心理的負荷や個体側要因により発病したとは認められないことが必要とされる点については変更はないものの，心理的負荷の評価について判断指針では出来事の評価と出来事後の状況が持続した程度の2段階で評価されていたものが両者を統合した1段階により評価されることになり，また，心理的負荷の具体例が記載されるなどの変更があったほか，判断指針の時代には既に発病していた者の症状が悪化しても労災の対象とはしないとされていたのが，認定基準では，発病後であっても特に強い心理的負荷で悪化した場合は労災の対象とされることとなった。

　本件は判断指針の時代の事案であることから，本件でY（国）側からなされている，業務起因性の判断にあたって発症後の心理的負担を考慮すべきではないとの主張は，現在は廃止されている判断指針に基づくものであるという点には留意が必要である。

2　うつ病発症についての心理的負荷

　Kのうつ病の発症について，本判決は，韓国案件の担当になったことは，判断指針の定める出来事の類型「仕事の失敗，過重な責任の発生等」のうち

の「新規事業の担当になった，会社の建て直しの担当になった」に該当し，その平均的心理的負荷の強度は「Ⅱ」（負荷の強度が強い順に「Ⅲ」,「Ⅱ」,「Ⅰ」とされている）と評価されるが，失敗が許されないというだけでなく，失敗すれば会社におけるKの存在価値も問われかねないことが予想されたこと等から心理的負荷の強度を「Ⅲ」と修正している。

また，出来事後の状況が持続した程度について，輸送システムグループに受注実績がない状況が継続していることは，判断指針にいう「自分の関係する仕事で多額の損害を出した」場合には該当しないものの経費の持出しなどを消極的損害と評価すれば同等の出来事に該当するといえること，判断指針における「ノルマが達成できなかった」出来事に類似するものであること等から，発症前6か月間の労働時間は恒常的な長時間労働には該当しないとしても，業務による心理的負荷は「強」であったものというべきであるとしている。

なお，本判決が挙げる出来事の類型については，現在の認定基準でも挙げられており，いずれも平均的心理的負荷の強度は「Ⅱ」とされている。

3　発症後の心理的負荷

本判決は，判決要旨のとおり述べて発症後の心理的負荷も考慮するとして，韓国案件について問題が生じて破談となった上，それに関連して新たに入札保証金の没収問題が生じたり，経営会議において輸送システムグループが「金食い虫」であるといった厳しい指摘がなされたりしたことを挙げて，これらのうつ病発症後の事実関係は，Kのうつ病を悪化させる可能性があったとはいえ，逆に軽減させるものでなかったということはできるとしている。

この点，本判決は，発症後の心理的負荷が既に発症していたうつ病を「悪化させる可能性があったとはいえ，逆に軽減させるものではなかった」とするにとどまり，「悪化させた」とまでは認定していない。この点については，本来自殺は故意の死亡であるとして労災認定されないものの，業務による心理的負荷によって精神障害を発病した人が自殺を図った場合には，精神障害によって，正常な認識や行為選択能力，自殺行為を思いとどまる精神的な抑制力が著しく阻害されている状態に陥ったもの（故意の欠如）と推定さ

れ，原則としてその死亡は労災認定されるとされていることを前提に，本判決としては，うつ病に業務起因性を認めた以上，その影響下でKが自殺するにいたったことが認定できれば死亡の結果についてまで業務起因性を肯定でき，発症後の心理的負荷がうつ病を「悪化させた」ことまでの認定は不要である（「軽減させるものではなかった」ことについて認定すれば十分）と考えたのかもしれない。

　もっとも，本判決では，「例えば，業務上の負荷によりうつ病等の精神障害を発症した者が，まだ完全に行為選択能力や自殺を思いとどまる抑制力を失っていない状態において，改めて，社会通念上，……平均的の労働者がうつ病を発症する程度の心理的負荷を受けた結果，希死念慮を生じ，自殺を行う場合があり，そのような場合には，相当因果関係を認めるのがむしろ合理的」とも述べられていることからすると，当初のうつ病発症時点ではKは「まだ完全に行為選択能力や自殺を思いとどまる抑制力を失っていない状態」だったのであれば，その後にうつ病が悪化し，行為選択能力や自殺を思いとどまる抑制力を失ったことまで認定する必要があったようにも思われる。

　本判決は，もともと発症したうつ病自体に業務起因性を認めたことから，死亡の結果についても業務起因性を認めることにそれほど大きな問題は生じなかったが，そもそも業務外の心理的負荷により精神障害を発症した者に業務による心理的負荷がかかり，病状が悪化した場合には，労災認定の有無及び範囲がより問題になるものと思われる。

　この点，認定基準では，発病後の悪化の取扱いについて，「特別な出来事」に該当する出来事があり，その後おおむね6か月以内に精神障害が自然経過を超えて著しく悪化したと医学的に認められる場合に限り，その「特別な出来事」による心理的負荷が悪化の原因と推認し，原則として，悪化した部分については労災補償の対象となるとされているが，ここでいう「特別な出来事」とは，生死にかかわる業務上の病気やケガ等，心理的負荷が強度のものや，1か月160時間超の時間外労働等の極度の長時間労働に限られており，労災認定のハードルは高い。これは，精神障害を発病した者は些細なストレスであっても過大に反応するという医学的知見に基づくものであるが，

本判決が考慮した発症後の心理的負荷はそのような「特別な出来事」には該当しないものである。

　本判決は精神障害の認定基準の考え方とは異なる考え方をとっているものであり，本判決の考え方を一般化することはできないが，精神障害発症後に業務による心理的負荷を受けて悪化した事案について労災給付の不支給決定を経て取消訴訟が提起された場合，精神障害の認定基準とは異なる判断が下される可能性があることには注意が必要である。

【伊藤　隆史】

17 私的なリスクファクターの存在
――国・橋本労基署長（和歌山銀行）事件

大阪高判平成23年1月25日（平成22年(行コ)第24号）
労働判例1024号17頁

概　要

高血圧等の私的リスクファクターを有する労働者が認定基準の定める時間数に及ばない時間外労働を行った後に発症した脳血管疾患には業務起因性が認められない

〔問題点〕
私的リスクファクターを有する労働者の脳血管疾患発症に業務起因性は認められるか

判決の内容

■ 事案の概要

1　銀行の支店において支店長代理の地位にあったXは，平成10年3月下旬か4月上旬ころ，同年6月9日付けで貸付係長に降格する処分を受けた後，同年7月21日に脳出血の疑いで緊急搬送され，右被殻出血と診断されて，同月23日に手術を受けて入院治療を開始し，同年10月12日，左上下肢不全麻痺の障害を残して治癒となって退院し，その後，平成18年8月18日まで通院治療を受けた。

2　Xは，本件疾病発症当時36歳の男性であったが，健康診断で高血圧の指摘を受けており，身長167cm，体重93kgでBMIが33を超える肥満体型であって，本件疾病発症当時，1日20本程度喫煙していた。

また，Xは，本件疾病発症日の3日前から発症日の前日まで韓国旅行に行っていた。

3 Xは，平成15年12月26日，橋本労基署長に対し，労働者災害補償保険法に基づく障害補償給付を請求したが，不支給とされ，審査請求と再審査請求も棄却された。

　本件は，XがY（国）に対し，障害補償給付不支給決定の取消しを請求した訴訟であり，1審判決がXの請求を認容したため，Yが控訴した。

■ 判決要旨

1 業務上の疾病にあたるためには，業務と疾病の間に相当因果関係があることが必要であり，労災保険制度が労働基準法の危険責任の法理に基づく使用者の災害補償責任を担保する制度であることからすると，相当因果関係が認められるには，当該疾病が，当該業務に内在する危険が現実化したものであると評価できることが必要であると解される。

2 脳血管疾患の発症は，血管病変，動脈瘤，心筋変性等の基礎的病態が前提となり，これが長い年月をかけて徐々に進行し，増悪するといった自然経過をたどり，発症にいたるものとされており，基礎的病態の形成，進行及び増悪には，加齢，食生活，生活環境等の日常生活における諸要因や遺伝等の個人に内在する要因が密接に関連するとされている。このような医学的知見を前提にすると，脳血管疾患の発症について業務との間に相当因果関係が認められるには，業務による明らかな過重負荷が加わることによって，血管病変等の基礎的病態が自然的経過を超えて著しく増悪し，脳血管疾患が発症したと認められる必要があると解するのが相当である。

3 厚生労働省「脳血管疾患及び虚血性心疾患等（負傷に起因するものを除く。）の認定基準」（平13・12・12基発1063号。以下「認定基準」という）は，裁判所の判断を拘束するものではないが，その内容には相当程度の合理性があると認められる。

4 本件疾病発症前1週間の時間外労働時間数は10時間3分であり，発症前の3日間は休日でXは韓国旅行に行っていたのであるから，Xが認定基準における短期間の加重業務に就労したということはできない。

5 短期間の内に2度の異動があり，降格処分まで受けていること，Xにとって初めての経験で責任も重く，不慣れな業務を行ったことによる精神的

負担があったと推認されるが，労働時間については，本件疾病発症前6か月平均で73時間30分の時間外労働があったが，長期間の過重業務に就労していたとまではいえない。

　一方，Xは平成8年以降は最重度のⅢ度高血圧であったことが推認されること，本件発症当時，BMIが33を超える肥満体型であったこと，1日約20本の喫煙をしていたこと，本件発症前3日間の休日において睡眠を十分にとることなく韓国旅行を楽しんでいたことからすると，Xの右被殻出血は，Xがもともと業務とは無関係に有していた脳内出血の私的なリスクファクターに韓国旅行での肉体的疲労が引き金となって発症したものと考えるのが合理的であり，業務による明らかな過重負荷が加わって血管病変等の基礎的病態が自然的経過を超えて著しく増悪したものとは認められない。

　6　以上によれば，Xの業務と本件疾病との相当因果関係を認めることはできないから，Xに対して労働者災害補償保険法に基づく障害補償給付を支給しない旨の処分は適法である。

解　説

　判決要旨1ないし3の判断については，従来の多くの裁判例の判断に沿うものであり，特段目新しい判断をしたものではない。

1　過重業務への就労の有無に関する判断

　認定基準では，①発症直前から前日までの間において，発生状態を時間的及び場所的に明確にし得る異常な出来事（「異常な出来事」）に遭遇したこと，②発症に近接した時期において，特に過重な業務（「短期間の過重業務」）に就労したこと，③発症前の長期間にわたって，著しい疲労の蓄積をもたらす特に過重な業務（「長期間の過重業務」）に就労したこと，のいずれかの業務による明らかな過重負荷を受けたことにより発症した脳・心臓疾患を業務に起因する疾患として扱うこととされている。

　そして，本件では①に該当する事象はなかったと思われることから，判決は②及び③の有無を検討しており，②については発症前概ね1週間について判断されるところ，この期間のXの時間外労働時間数は10時間3分であり，

発症前3日間はＸは休日で韓国旅行に行っていたことから、短期間の過重業務に就労したとはいえないとされている。

　次に、本判決は、③については発症前概ね6か月間について判断されることから、この期間のＸの時間外労働時間について、発症前3か月目が40時間21分であるのを除き、5か月にわたって1か月当たり45時間を大幅に上回る時間外労働があり（6か月の平均で73時間30分）、特に発症前6か月目では93時間5分にも及ぶ時間外労働があったことから、Ｘの業務と本件疾病発症との一定程度の関連性があったということができるとしつつ、発症前1か月目の時間外労働時間が77時間58分で100時間に達しておらず、かつ、発症前2か月間ないし6か月間における1か月当たりの平均が80時間を超えることがなかったことから、上記関連性が強いものであったとまではいえないと判断している。

　また、発症前6か月間における業務の内容についても検討し、降格処分等による精神的負担は大きいものがあったとしつつも、労働時間の点では長期間の過重業務に就労していたとまではいえないと判断している。

　この判断については、認定基準において、業務の過重性の評価にあたっては、労働時間のほか、精神的緊張を伴う業務であるか等を考慮することとされていることを踏まえた判断であるが、このうち労働時間については、認定基準においては、①発症前1か月間ないし6か月間にわたって、1か月当たりおおむね45時間を超える時間外労働が認められない場合は、業務と発症との関連性が弱いが、おおむね45時間を超えて時間外労働時間が長くなるほど、業務と発症との関連性が徐々に強まると評価できること、②発症前1か月間におおむね100時間又は発症前2か月間ないし6か月間にわたって、1か月当たりおおむね80時間を超える時間外労働が認められる場合は、業務と発症との関連性が強いと評価できること、とされているのを厳格に適用した形となっている。

　もっとも、近時の裁判例では、認定基準が述べる時間外労働時間数に達していなくても業務の過重性を認めていることが少なくなく、国・常総労基署長（和光電気）事件（東京地判平25・2・28労判1074号34頁）では、時間外労働時間数が発症前1か月間で72時間15分、発症前2か月間ないし4か月間で1か

月当たり65時間以上（最大68時間7分）であったものの，精神的緊張を伴う業務に従事したことや深夜に及ぶ勤務が増加傾向にあったこと等も併せ考慮した上で業務起因性を認めており，留意が必要である。

2　私的リスクファクターについて

　Xの私的リスクファクターについて，本判決は，①性，②年齢，③家族歴，④高血圧，⑤肥満，⑥高脂血症，⑦喫煙，⑧飲酒，⑨韓国旅行についてそれぞれ検討し，④高血圧は脳出血における最大のリスクファクターであるところ，平成8年以降，Xは最重度のⅢ度高血圧であったと推認されること，⑤XがBMIが33を超える肥満体型であったこと，⑦喫煙が脳内出血のリスクファクターであるとの見解があるところ，本件疾病発症当時，Xは1日20本くらいの喫煙をしていたことに加え，⑨睡眠を十分にとることなく韓国旅行を楽しんでいたことで肉体的に相当な疲労が蓄積されていたことが容易に推認されることから，本件疾病は私的なリスクファクターに韓国旅行での肉体的疲労が引き金となって発症したものと考えるのが合理的であると判断している（①については，Xは男性であり，脳血管疾患は男性が女性の2倍程度の発症率であるとされているが，大きな要素としては考慮されていないように読める。②，③，⑥及び⑧についてはいずれも本件疾病発症との関係ではリスクファクターとは認められていない）。

3　業務起因性の判断について

　結論として，Xの疾病については業務起因性が認められなかったわけだが，認定基準の定める時間外労働時間数を下回るとはいえ，発症前1か月目で77時間58分，発症前6か月の平均で73時間30分の時間外労働があり，少なくない時間外労働が存在した中で業務起因性が否定された原因は，やはりXの有する私的リスクファクターがそれを上回るほど大きいと判断された結果であると思われる。

　なお，本件1審判決では，本判決と時間外労働時間数の認定が異なっており，本件疾病発症前6か月間の時間外労働時間は発症前3か月目以外はすべて80時間を超えており，認定基準によるとXの業務と本件疾病との関連性が強いと評価することができるとされた上で，高血圧，肥満，喫煙等の私的リスクファクターに韓国旅行での肉体的疲労が引き金となって本件疾病を発症

したとの見方が否定されている。本判決と1審判決の判断は大きく異なっているが，結局は業務による負荷と私的リスクファクターのどちらが疾病発症の原因と考えられるかという問題であるところ，時間外労働時間数が認定基準の定める時間数を超えていると認定された1審判決では業務起因性ありとされた一方，時間外労働時間数が認定基準の定める時間数に及ばないと判断された本判決では，本人が有する私的リスクファクターの大きさもあって業務起因性なしと判断されたものといえ，業務起因性の認定における時間外労働時間数の重要性が窺い知れるものといえよう。

> ✥実務上の留意点✥
> 　私的リスクファクターが大きい労働者であったとしてもそれが業務起因性の判断において決定的な要素となるわけではなく，業務の過重性との関連で評価されるものである以上，長時間労働の抑制等が重要である。

【伊藤　隆史】

〔参考判例〕
・　国・常総労基署長（和光電気）事件（東京地判平25・2・28労判1074号34頁）

18 国道で救助活動中の事故
──労働者災害補償保険給付不支給決定処分取消請求事件

名古屋地判平成20年9月16日（平成19年(行ウ)第78号）
労働判例972号93頁

概要

トレーラー運転手が業務として国道を走行中，国道上にあった事故車から人を救出し，それに引き続いて事故車を復元させる行為は業務遂行中の行動であると認められ，その際に後続車が追突してきたことは業務に内在する危険性が現実化したものとして，同運転手の死亡は業務上の災害と認められる

〔問題点〕
1 事故車からの人の救出と事故車の復元に業務遂行性が認められるか
2 事故の処理中に後続車が追突してきたことによる死亡に業務起因性は認められるか

判決の内容

■ 事案の概要

1　7年近くにわたって大型貨物自動車の運転に従事してきたKが，平成10年3月4日午前1時ころ，会社の業務としてトレーラーに荷物を積載して国道を走行中，軽自動車が横転している現場に遭遇し，同車から脱出した者から事故車内に閉じ込められている同乗者の救助を求められたため，事故車の前方にトレーラーを停めて，他の運転手と協力して事故車内に閉じ込められていた女性2名を救出し（以下「本件救出行為等」という），その後，事故車を起こそうとしていたところ（以下「本件復元行為」という），後続車が事故車に衝突したため，前方に押し出された事故車とトレーラーの間に挟まれたK

は死亡した。

2　Kの遺族（妻）であり，かつ，Kの葬祭を行った原告は，労働基準監督署長に対し，労働者災害補償保険法に基づく遺族補償年金給付及び葬祭料の給付を請求したが，業務上の傷病とは認められないとしていずれも不支給とされ，審査請求と再審査請求も棄却された。

本件は，Kの遺族（妻）がY（国）に対し，遺族年金給付及び葬祭料給付の不支給決定の取消しを請求した訴訟である。

■　判決要旨

1　労働者の死亡が業務上の災害によるものと認められるためには，災害が労働者の業務遂行中に（業務遂行性），業務に起因して発生した（業務起因性）ことが必要であると解される。

2　まず，業務遂行性について判断するに，確かに，事故車の横転はKの運送業務及び同人運転車両の運行に由来するものではなく，また，これを見過ごして通過することも不可能ではなかったと認められるが，①事故車の横転は業務の最中に遭遇したものであり，放置していては人の生命に関わりかねない，一刻を争う重大な事故である可能性を疑うべき状況にあったといえ，少々時間をかけても業務に支障のないKが本件救助行為に着手したのも無理からぬものであって，かえって，そうしなければ，本人としても良心の呵責を覚え，社会的にも道徳的非難を浴びかねないところであったこと，②本件救助行為等は，自動車運転を行う労働者として，通常予想される範疇の行動と言い得るものであること，③会社としても，上記のような状況下でこれを放置して運送業務を継続することが望ましいと認識していたとは到底考え難いことに照らせば，事故車の同乗者から救助を要請されて行った本件救出行為等は，長距離の自動車運転業務に従事する労働者が，業務を行う上で当然なすことが予想される行為であり，本件事故は業務遂行中の災害と認めるのが相当である。

3　また，本件復元行為は，本件救出行為等の数分後，引き続いて同一場所で行われた行為である上，本件救出行為のみならず，本件復元行為も本件救出行為に継続した行為として，業務遂行中の行為と評価し得るものであ

り、結局、本件事故は業務遂行中の災害と認めるのが相当である。

4 業務起因性については、Kの業務は長距離の自動車運転であり、仕事柄、業務中に交通事故に遭遇することも想定されるところであり、かつ、事故の処理中に、後続車の追突事故に巻き込まれる可能性も予想されるのであるから、このような事故に遭遇する危険性は、自動車運転を内容とする業務に内在するものといえる。したがって、運送業務途中の事故処理中に後続車両が追突してきたという本件事故も、Kの業務に内在する危険性が現実化したものということができ、Kの業務と相当因果関係があると認めるのが相当である。

5 以上によれば、本件事故によるKの死亡は業務上の災害と認められるから、本件事故によるKの死亡を業務上の災害と認めなかった本件処分は違法である。

解　説

　労働者の負傷・死亡の「業務上」判断については、まずは「業務遂行性」の有無を判断し、その上で「業務起因性」を判定すべきものとされてきた。この「業務遂行性」とは、労働者が「労働契約に基づき事業主の支配下にあること」をいい、「業務起因性」とは「業務又は業務行為を含めて、『労働者が労働契約に基づき事業主の支配下にあること』に伴う危険が現実化したものと経験則上認められること」をいう、とされてきた（労務行政研究所編『労災保険 業務災害及び通勤災害認定の理論と実際(上)〔改訂４版〕』105頁、107頁）。

　本判決も、死亡したKの遺族（妻）からYに対する遺族年金給付及び葬祭料給付の不支給決定の取消請求について、業務遂行性と業務起因性の２段階で判断しており、判断枠組みは従前の枠組みに沿うものである。

1　業務遂行性

　事業主の支配下にあるが、その管理を離れて業務に従事している際の災害についても業務遂行性は認められるが、私的にとった行動中に発生した災害については、業務遂行性が否定される。本件のKの本来業務はあくまで会社から指定された先までトレーラーを運転して積み荷を届けることであり、

自車と関係のない事故により横転していた軽乗用車の乗員を救出することは同人が会社から指示された業務の範囲には入っていないことから，本件救助活動等と本件復元行為には業務遂行性が認められないとして，当初，遺族（妻）からの遺族年金給付等の請求は認められなかったものと思われる。

たしかに，本件救出活動等と本件復元行為については，Kの本来業務とはいい難いが，運転業務に従事する者であれば本件のような状況に遭遇する可能性は十分あり，そのような場合に本件救助活動等に及ぶことは十分考えられるところであって，Kを雇用していた会社も同人が本件救助活動等に及ぶことを容認していたと思われることからすれば，業務遂行性を認めた本判決の判断は相当と考えられる。

この点，労災不支給決定取消訴訟ではないが，東京地判昭32・5・6（判時118号17頁）では，通常顧客の注文に応じて商品を配達運搬していた労働者が，雇用主の指図によらず，雇用主の知らぬ間に配達に出かけた際に事故死した事案において，当該配達行為が使用者に無断でなされたものであっても，担当業務の内容上，顧客の注文に応じ，商品を配達運搬する行為は使用者の具体的な指揮命令の有無にかかわらず業務と解するに支障なく，したがって配達中の事故による死亡は業務上の死亡と解するのが相当であるとされている。

なお，判決要旨の引用部分では省略したが，本件の再審査請求の裁決書では，Kの行為を本件救出行為と本件復元行為に分け，本件救出行為は業務に付随する行為であるが，本件復元行為は業務に付随する行為と評価することはできず，本件復元行為中に生じたKの死亡は業務上の災害にあたらないとされていたようである。

たしかに，Kが事故車から脱出した者に依頼されたのは中に閉じ込められた者の救出であり，それが終了した段階でKが運転者としてなすべき行為は終了しており，本件復元行為については業務遂行性が失われるとの考え方にも一理あるが，この点についても，本件救出行為に引き続き，現場の安全確保の措置として，咄嗟に本件復元行為を行うことも当然予想される行為であり，本件復元行為についても会社が不要な行為であったと認識していたということはできないとして業務遂行性を認めた本判決の判断が相当と思われ

る。

2 業務起因性

本件救助活動等と本件復元行為に業務遂行性が認められることを前提にすれば、そのような行動をとっている最中に、後続車の追突事故に巻き込まれることは業務に内在する危険性が現実化したものと評価できるから、業務起因性が認められることについても本判決の判断は相当である。

3 通達の発出

本判決を受けて、厚生労働省から、「緊急行為の取扱いについて」（平21・7・23基発0723第14号）が発出された。

そこでは、業務に従事している場合に緊急行為を行ったときで、事業主の命令がない場合には、①労働者が緊急行為を行った（行おうとした）際に発生した災害が、労働者が使用されている事業の業務に従事している際に被災する蓋然性が高い災害、例えば運送事業の場合の交通事故等にあたること、②当該災害に係る救出行為等の緊急行為を行うことが、業界団体等の行う講習の内容等から、職務上要請されていることが明らかであること、③緊急行為を行う者が付近に存在していないこと、災害が重篤であり、人の命に関わりかねない一刻を争うものであったこと、被災者から救助を求められたこと等緊急行為が必要とされると認められる状況であったことを満たす場合には、同僚労働者等の救護、事業場施設の防護等当該業務に従事している労働者として行うべきものか否かにかかわらず、私的行為ではなく、業務として取り扱うなどとされている。

この通達によれば、本件は業務上の災害として認められることになろう。

なお、この通達によれば、②で緊急行為を行うことが職務上要請されていることが明らかであることが要求されていることから、徒歩で営業活動中、道端で倒れていた急病人を救護していた際に発生した災害については業務遂行性がないと判断される可能性があるように思われるが、その結論でよいのかには疑問があり、ひいては、②の要件をどこまで厳格に要求すべきかの問題となろう。

❖実務上の留意点❖

　労働者が業務遂行中，当該労働者の業務の範疇には含まれていないが，社会的に行動することが要請される事態が発生し，かかる行動をとった際に発生した災害が業務上災害と認められるか否かは慎重な判断が求められる内容であるといえる。

　本件を受けて通達も出されたため，従前よりは業務上災害とされるか否かの見通しがつきやすくなったとはいえ，個別事案に応じた判断が必要となる点については不変である。

【伊藤　隆史】

〔参考文献〕
- 労務行政研究所編『労災保険　業務災害及び通勤災害認定の理論と実際㊤〔改訂4版〕』

〔参考判例〕
- 東京地判昭32・5・6判時118号17頁

19 長時間労働による血管疾患と業務起因性
——遺族補償給付等不支給処分取消請求控訴事件

東京高判平成20年2月28日（平成19年（行コ）第42号）
判例時報2076号153頁

概要

労働者が勤務中に左下肢動脈急性閉塞，S状結腸壊死を発症し，その影響を受けた呼吸不全により死亡したのは，長時間労働による疲労の蓄積により，血管病変等がその自然的経過を超えて著しく増悪し，不整脈等の虚血性心疾患を発症した結果，心臓由来の塞栓子を生じ，又は大動脈の粥状硬化の増悪により血栓が生じ，これが左総腸骨動脈及び下腸間膜動脈を閉塞したことによるものであり，業務起因性が認められる

〔問題点〕
長時間労働を行っていた労働者が，認定基準が定められていない疾病を発症した場合に業務起因性が認められるか

判決の内容

■ 事案の概要

1　建設会社で技術本部長として勤務していたKは，同社に入社した平成6年7月ころから平成7年11月までの約1年4か月にわたり，1か月平均130時間前後の時間外労働を行っていたが，同月18日の勤務中に，左下肢動脈急性閉塞，S状結腸壊死（以下「本件疾病」という）を発症し，翌19日にその影響を受けた呼吸不全により死亡した。

Kには，死亡直前，業務上顧客からのクレーム等のトラブルや緊急な対応を迫られるようなことはなかった。

Kには心臓病の既往はないが，平成2年ころ，健診で高血圧と診断され，

薬を服用していたが自ら中止しており，死亡前も血圧が高めであったようではあるが，その程度は不明であり，これについて医師の診察を受けたり，薬を服用したりはしていなかった。

また，Kは20年以上にわたり1日30本の喫煙をしており，毎日ビール1本又はウイスキー1杯程度の飲酒をし，仕事上の付き合いで飲酒をすることもあったが，深酒をすることはなかった。

2 Kの遺族（妻）である被控訴人は，労働基準監督署長に対し，労働者災害補償保険法に基づく遺族補償給付等の支給を請求したが，Kの死亡は業務に起因するものではないとして不支給とされた。

本件は，Kの妻が国に対し，上記給付等の不支給処分の取消しを請求した訴訟である。

■ **判決要旨**

1 被災者は，不整脈等の虚血性心疾患が原因で心臓由来の塞栓子を生じ，又は大動脈の粥状硬化が増悪して血栓が生じ，これが同時に左総腸骨動脈及び下腸間膜動脈を閉塞し，本件疾病を発症したものと推認するのが相当である。

2 虚血性心疾患については，業務による明らかな過重負荷が加わることによって，血管病変等がその自然的経過を超えて著しく増悪して発症する場合があることが医学的に広く認知されているところ，このことは業務による明らかな過重負荷が血管病変を著しく増悪させるとの判断を前提とするものと理解すべきであり，そうすると，業務による明らかな過重負荷は，虚血性心疾患のみならず同じく血管病変である大動脈の粥状硬化をも著しく増悪させ血栓を生じさせるものと認めるのが相当である。そして，このように虚血性心疾患の発症に影響を及ぼす業務による明らかな過重負荷としては，発症に近接した時期における負荷のほか，長期間にわたる疲労の蓄積も考慮すべきであると考えられているところ，このことは大動脈の粥状硬化の著しい増悪についても同様に当てはまるものと認められる。

そうすると，長時間労働と急性動脈閉塞症との関連性について言及した文献は見当たらないものの，少なくとも虚血性心疾患又は大動脈の粥状硬化の

著しい増悪を基礎疾患として発症する急性動脈閉塞については，およそ長時間労働と関係がないということは困難であり，長時間労働による疲労の蓄積により血管病変等がその自然的経過を超えて著しく増悪して発症する場合があり得るものと解するのが相当である。

3 Kには1年4か月にわたる1か月平均130時間前後の時間外労働による疲労の蓄積により，血管病変等がその自然的経過を超えて著しく増悪し，不整脈等の虚血性心疾患を発症した結果，心臓由来の塞栓子を生じ，又は大動脈の粥状硬化の増悪により血栓が生じ，これが左総腸骨動脈及び下腸間膜動脈を閉塞し，本件疾病を発症したものと推認することができる。

4 そうすると，Kの本件疾病の発症については，本件会社の業務に内在する危険が現実化したものと評価することができ，業務起因性を認めるのが相当である。

5 したがって，業務起因性を否定してされた本件処分は違法であるから，その取消しを求める被控訴人の請求は理由がある。

解　説

労働者の負傷・死亡が「業務上」のものか否かの判断については，まずは「業務遂行性」の有無を判断し，その上で「業務起因性」を判定すべきものとされており，ここでいう「業務起因性」とは「業務又は業務行為を含めて，『労働者が労働契約に基づき事業主の支配下にあること』に伴う危険が現実化したものと経験則上認められること」をいう，とされているところ（労務行政研究所編『労災保険　業務災害及び通勤災害認定の理論と実際(上)〔改訂4版〕』107頁），厚生労働省は，発症した疾病に着目した認定基準を作成し，それによって業務上外の判断を行っている。例えば，脳血管疾患（脳内出血（脳出血），くも膜下出血，脳梗塞，高血圧性脳症）及び虚血性心疾患等（心筋梗塞，狭心症，心停止（心臓性突然死を含む），解離性大動脈瘤）については「脳血管疾患及び虚血性心疾患等（負傷に起因するものを除く。）の認定基準」（平13・12・12基発1063号。以下「脳・心臓疾患の認定基準」という）により，また，精神障害については，「心理的負荷による精神障害の認定基準」（平23・12・26基発1226第1号。

以下「精神疾患の認定基準」という）が出されている。

1 認定基準に該当する傷病の場合の判断

上記の各認定基準について，裁判例の多くは，行政庁内部の通達にすぎないことから裁判所を拘束するわけではないとしつつ，発出当時における最新の医学的知見を踏まえて発出されたものであることを理由としてその内容に合理性を認め，認定基準を参照しながら業務上外の判断を行っている（国・大阪中央労働基準監督署長（ノキア・ジャパン）事件・大阪地判平23・10・26労判1043号67頁【本書判例23】等）。

2 認定基準に該当しない傷病の場合の判断

一方，認定基準に該当しない傷病の場合については，医学的知見を踏まえた上で裁判所が判断するという点は変わらないが，医学専門家等による検討を経て発出されている認定基準が存在しない状況で医学的な問題を含む難しい判断を迫られる局面となる。ここで裁判例は，既存の認定基準で対象とされている傷病との類似性が見出せない場合は認定基準を参考としないで判断するが，類似性を見出せる場合は認定基準を参考として判断をするという傾向にあると思われる。

前者の例としては，会社の業務に起因して２型糖尿病を基礎疾患とする心不全，糖尿病性腎症を発症したとして争われた国・天満労働基準監督署長（寿司田）事件（大阪高判平27・1・16労判1125号57頁）がある。この事案では，脳・心臓疾患の認定基準を参照して業務起因性を判断することを否定し，２型糖尿病及び上記疾病の発症・増悪の原因（機序）に係る医学的知見を踏まえた上で，認定事実を前提として，医学的知見をも総合的に検討して業務起因性を検討すべきものと解するのが相当であるとされ，結論として業務起因性が否定されている。

一方，後者の例としては，国・中央労基署長（三井情報）事件（東京地判平25・3・29労判1077号68頁）がある。この事案では，塞栓症により死亡したと考えられる労働者の業務起因性の判断にあたって，血栓症又は塞栓症による上腸間膜動脈の閉塞の発症機序は，血管の閉塞を原因とする脳・心臓疾患に類似するから，脳・心臓疾患の認定基準の考え方を参考にするのが相当であるとされ，結論として業務起因性が肯定されている。

3　本件における判断について

　翻って本件についてみれば，判決は，Kは不整脈等の虚血性心疾患が原因で心臓由来の塞栓子を生じたか大動脈の粥状硬化が増悪して血栓が生じたとしているところ，①脳・心臓疾患の認定基準が対象とする疾病は脳血管疾患と虚血性心疾患等であるから，大動脈の粥状硬化の増悪は同認定基準の対象疾病ではない。

　また，②仮にKの疾病が不整脈等の虚血性心疾患が原因で心臓由来の塞栓子を生じたことによるものだとしても，Kは左総腸骨動脈及び下腸間膜動脈を閉塞し，左下肢動脈急性閉塞，S状結腸壊死を発症したのであって脳・心臓疾患を発症したわけではないから，その点からも脳・心臓疾患の認定基準が適用される場面ではない。

　そして，長時間労働と急性動脈閉塞症との関連性について言及した文献が見当たらないということからすれば，業務とKの疾病との間の因果関係は明らかでなく，業務起因性は認められないとの結論もあり得ると思われるところである。

　しかし，判決は，上記①の点について，虚血性心疾患と大動脈の粥状硬化は血管病変である点は同じであるということから，脳・心臓疾患の認定基準が前提とする，業務による明らかな過重負荷が血管病変を著しく増悪させるとの判断は，虚血性心疾患のみならず大動脈の粥状硬化の増悪による血栓の発生にも当てはまるものであるとした。

　そして，上記②の点についても，Kの上記疾病発症は長時間労働とは関係のない血管炎等の何らかの理由で生じた血栓が原因と考えられるとの国の主張に応える形で，「心原性の塞栓子が身体の上位の血管に流入すれば，脳血管疾患を発症させ，これと長時間労働との因果関係があることを前提に脳・心臓疾患認定要件が定められているのに対し，心原性の塞栓子が身体の下位の血管に流入して急性動脈閉塞症を発症させた場合に，これと長時間労働との因果関係を否定することは合理的とはいえない。」として，虚血性心疾患又は大動脈の粥状硬化の著しい増悪を基礎疾患として発症する急性動脈閉塞については長時間労働との因果関係が認められるとの判断を示したのである。

本件については，そもそもKが発症した疾病の原因の認定自体容易ではない事案であったと思われるが，それはさておくとしても，長時間労働と急性動脈閉塞症との関連性について言及した文献がない中で，果たして本判決のようにいえるのかについては議論のあるところだと思われる。

> ✥実務上の留意点✥
> 被災者が認定基準（脳・心臓疾患の認定基準，精神疾患の認定基準等）が定められていない傷病にり患した場合に労災認定されるか否かについては予測可能性が低くなるが，使用者の側で被災者がり患する傷病を事前に予測できるわけではないのであるから，ともかく使用者としては，労災認定基準において挙げられている事項も参考にして，労働者の健康維持に向けた配慮を十全に行うことである。

【伊藤　隆史】

〔参考文献〕
- 労務行政研究所編『労災保険　業務災害及び通勤災害認定の理論と実際(上)〔改訂4版〕』

〔参考判例〕
- 国・大阪中央労働基準監督署長（ノキア・ジャパン）事件（大阪地判平23・10・26労判1043号67頁【本書判例23】）
- 国・天満労働基準監督署長（寿司田）事件（大阪高判平27・1・16労判1125号57頁）
- 国・中央労基署長（三井情報）事件（東京地判平25・3・29労判1077号68頁）

第3　治療機会の喪失

20　公務と治療機会の喪失
――地公災基金東京都支部長（町田高校）事件

最三小判平成8年1月23日（平成6年(行ツ)第24号）
最高裁判所裁判集民事178号83頁，判例時報1557号58頁，判例タイムズ901号100頁，労働判例687号16頁

概　要

労作型の不安定狭心症の発作を起こしたにもかかわらず，直ちに安静を保つことが困難で，引き続き公務に従事せざるを得なかったという，公務に内在する危険が現実化したことによるものとみるのが相当である場合には，被災者Kの死亡原因となった心筋こうそくの発症と公務との間には相当因果関係がある

〔問題点〕

公務の客観的状況から治療に専念することができないことが公務に内在する危険といえるか

判決の内容

■ 事案の概要

1　高等学校の保健体育教諭であるK（当時52歳）は，昭和55年4月16日午前9時ころ，勤務先において労作型の不安定狭心症を発症し，救急車で病院に搬送されたところ，入院の上適切な治療と安静を必要としていたが，病院から帰校し，当日予定されていた生徒全員を対象とする身体計測等の公務に従事した。

さらに翌17日もKは出勤した後，午前中病院で検査を受け，学校に戻って公務に従事せざるを得ない中で心筋こうそくを発症し同日午後4時35分死亡した。

2 Kの配偶者Xは，地方公務員災害補償法に基づく公務災害の認定請求をしたが，地方公務員災害補償基金東京都支部長Yにより公務外災害との認定処分がなされ，地方公務員災害補償基金東京都支部審査会に対する審査請求，地方公務員災害補償基金審査会に対する再審査請求のいずれも棄却されたので，この処分の取消しを求めて行政訴訟を提起した。

3 第1審は，Kには深夜勤や出張がなかったこと，高血圧・冠動脈硬化等の体質的素因があったことから，Kの公務遂行は心筋こうそく発症の相対的に有力な原因といえず相当因果関係は認められないとして，Xの請求を棄却した（東京地判平3・3・22判時1381号129頁）。

控訴審は，Kは，労作型の不安定狭心症を発症したため，入院の上適切な治療と安静を必要とし，不用意な運動負荷をかけると心筋こうそくに進行する危険の高い状況にあったにもかかわらず，帰校後，あえて身体検査等の公務に従事せざるを得なかったものであり，翌日も予算請求の締切が迫っていたこと等の事情から病院での検査後も公務に従事せざるを得なかったこと，しかも，Kの従事した発作後の公務は当日の気温が寒冷であったことも相まって，極めて過重な精神的・肉体的緊張をもたらしたものであったこと，Kが，狭心症の発作後，入院の上適切な治療を受け，安静にしておれば，心筋こうそくを発症し，死亡する可能性は極めて少なかったこと，翌日の病院での受診までの間の症状の悪化は，狭心症の発症後，安静にすることなく公務を継続したためであることが認められるから，Kの心筋こうそくとこれによる死亡は，4月16日に発症した狭心症が公務に伴う負荷によって自然的経過を超えて急激に増悪し，狭心症と公務が共働原因となって発生したものというべきであるから，Kの死亡と公務との間に相当因果関係を認めるのが相当であるとした（東京高判平5・9・30判時1478号155頁）。

本件は，Yが最高裁に控訴審判決を不服として上告した事案である。

■ 判決要旨

1　Kは，勤務先において，労作型の不安定狭心症を発症し，救急車で病院に運ばれたが，入院の上適切な治療と安静を必要とし，不用意な運動負荷をかけると心筋こうそくに進行する危険の高い状況にあったにもかかわらず，その日は病院から勤務先に戻り公務に従事せざるを得ず，翌日も，午前中に病院で検査を受けた後に公務に従事せざるを得なかった。

2　Kが心筋こうそくにより死亡するに至ったのは，労作型の不安定狭心症の発作を起こしたにもかかわらず，直ちに安静を保つことが困難で，引き続き公務に従事せざるを得なかったという，公務に内在する危険が現実化したことによるものとみるのが相当であり，Kの死亡原因となった右心筋こうそくの発症と公務との間には相当因果関係があり，公務上死亡したものというべきである。

解　説

1　災害補償制度の意義

災害補償制度は，使用者が労働者をその支配下で労働させるという労働関係の特色から，業務に内在ないし随伴する危険が現実化して労働者が傷病等を負った場合には，使用者は無過失の補償責任を負うという，いわゆる危険責任の法理に基づくものである。

2　業務起因性の判断基準

負傷，疾病等が業務上のものであれば，被災者又はその遺族は法定（国家公務員災害補償法，地方公務員災害補償法，労働基準法など）の補償を受けることができるが，業務上のものというには業務と傷病等との間に相当因果関係が必要であり（裁判所事務官事件・最二小判昭51・11・12裁判集民119号189頁），これが通説的見解とされている。

ただ，脳血管・心臓疾患の場合はこれらの発症に被災者の素因や基礎疾病が関与することが多いことから，相当因果関係があるというためには業務が傷病等の発症にとって相対的に有力な原因となっていることが必要とする

立場（労務行政研究所編『労災保険　業務災害及び通勤災害認定の理論と実際(上)〔改訂4版〕』95頁）と業務が傷病等の発症にとって共働原因になっていることで足りるという立場がある。最高裁判所の立場は現在のところはっきりとは明示されていないものの，判例実務上は前者に立っているとの有力な見解もあるが，両説のいずれの立場に立つかによりどのような違いがあるか定かではないとの見解もある。

3　治療機会の喪失と業務起因性

下級審判決には本態性高血圧症にり患している長距離トラック運転手が運行及び荷卸作業による血圧亢進，脳内出血の前駆症状が直ちに業務に起因するとまでは認め難いとしつつ，やむを得ず業務を継続したことにより治療を受けることができなかったことから業務と死の結果に相当因果関係があると認めたもの（四日市労働基準監督署長（日本通運）事件・名古屋高判昭63・10・31労判529号15頁），国家公務員である船長について治療の機会がなかったことから疾病との業務起因性を認めたもの（東京高判昭45・6・30判時608号132頁）があった。

本件最高裁判決は，安静・治療を必要とする病状にもかかわらず，業務の都合によりその機会がなく生じた傷病に関する業務上・外の認定における判断基準を示したものである。

最高裁判所は，本判決の直後，別件判決において，「出血開始後の公務の遂行がその後の症状の自然的経過を超える増悪の原因になったことにより，又はその間の治療の機会が奪われたことにより死亡の原因となった重篤な血腫が形成されたという可能性」があるとし，「午前中に脳内出血が開始し，体調不調を自覚したにもかかわらず，直ちに安静を保ち診察治療を受けることが困難であって，引き続き公務に従事せざるを得なかったという，公務に内在する危険が現実化したことによるもの」か否かの審理判断を尽くすべきとして原判決を破棄差し戻した（地公済基金愛知県支部長（瑞鳳小学校）事件・最三小判平8・3・5労判689号16頁）。なお，差戻審（名古屋高判平10・3・31労判739号71頁）は発症後に医師の治療を受けても脳内出血の拡大を防げなかったとした。

ちなみに，上記最高裁判決も本件最高裁判決も第三小法廷のものであり，

構成する裁判官は同一である。

　両最高裁判決の意義は，前駆的な症状の発症そのものには業務起因性が認められなくても，発症後に従事した業務が自然的経過を超えて当該症状を増悪させた場合には業務起因性が認められ得るとしたこと，その判断の要素として治療機会の喪失があるとしたことである。

　もとより治療機会の喪失が被災者の判断・選択によった場合には業務に内在する危険が具体化したとはいえないので，業務起因性は否定される。

4　その後の裁判例

(1)　中央労基署長（永井製本）事件（東京高判平12・8・9労判797号41頁）

　労災保険は労働基準法が定める使用者の災害補償責任を担保するための制度であり，労働者の加齢や高血圧等といった一般生活上の諸種の要因がたまたま労務提供の機会に増悪して発症したにすぎないような場合にまで保険給付をすることは保険制度の趣旨及び目的を逸脱するとし，業務と死亡との間に合理的関連性があることをもって業務上の死亡であるとする主張は採用することができないとしつつ，業務が労働者の疾病を自然経過を超えて著しく促進させるものと認められない場合であっても，労働者の疾病が客観的にみて安静を要するような状況にあるにもかかわらず労働者において休暇の取得その他安静を保つための方法を講じることができず引き続き業務に従事しなければならないような事情が認められるときは，そのこと自体が業務に内在する危険であるということができるから，労働者の疾病が自然経過を超えて著しく増悪したときは業務に起因すると判示した。

(2)　尼崎労基署長（森永製菓塚口工場）事件（大阪高判平12・11・21労判800号15頁）

　被災者の死亡等について基礎疾患等や既発の疾病が存在し，業務の遂行が右疾病による症状を，自然の経過を超えて増悪させて死亡などの重篤な結果を招来したような場合には，業務が当該業種に従事する一般労働者を標準として，過重されたものであるか又はそうでなくても，当該業務が職種自体あるいは人員配置などの職場環境から代替性がなく，就業を余儀なくされた結果適切な静養，治療を受けられなかったと認められる事情があるときには，業務遂行と死亡などとの間に相当因果関係があるものと認めるのが相当であ

るとし，労働者の遂行した業務内容が過重な業務とはいえないときでも，その性質や具体的遂行状況等から，客観的にみて，発病後直ちに必要な安静を保つことや治療を受けることが困難で引き続き業務に従事せざるを得ないという状況に置かれていた場合には，その業務によって自然的経過を超えて増悪した疾病の結果による死亡等には，当該業務に内在する危険があるものとして，業務起因性を認めるのが相当であると判示した。

(3) **岸和田労基署長（永山病院）事件**（大阪地判平10・5・27労判746号28頁）

過重負荷の判断基準は，何らかの基礎疾患を有しつつも，特に負担を軽減されることなく，通常の業務に従事することが期待される労働者としつつ，原告の本件疾病（高血圧性脳内出血）が業務上のものとはいえず，また婦長室にいた原告の発見が遅れそのために悪化した疾病の部分が業務に起因したというためには，婦長室が，外部との連絡が遮断・隔離された特別の環境下にあり，そのために婦長室で業務に従事することが治療機会の喪失をもたらす客観的危険性を有していたことが必要であるとして，そのような状況でないことを理由に業務起因性を否定した。

【太田　恒久】

〔参考判例〕
・　甲保険会社（国・北大阪労基署長）事件（東京地判平28・4・18判タ1427号156頁）

第4　労働時間該当性

21　出張における移動時間の労働時間性
―― 松本労基署長（セイコーエプソン）事件

東京高判平成20年5月22日（平成19年（行コ）第149号）
判例時報2021号116頁，労働判例968号58頁

概　要

　出張先ホテルで解離性脳動脈瘤破裂によるくも膜下出血を発症し死亡した労働者が，発症前6か月間の時間外労働時間数は1か月平均30時間未満であるものの，頻繁な海外出張業務は疲労を蓄積させるものであり業務内容も精神的緊張の伴うものである上，業務従事中に解離性脳動脈瘤の前駆症状の増悪があったにもかかわらず業務を継続せざるを得ない状況にあったことから，業務起因性があるとされた例

〔問題点〕
　1　出張における移動時間は労働時間か
　2　時間外労働時間が月平均30時間以内であっても業務起因性が認められるのはどういう場合か

判決の内容

■　事案の概要

　1　被災者K（41歳）は，海外現地法人の技能認定業務等に従事していたが，平成13年10月4日出張先の東京都内のホテルでくも膜下出血を発症して死亡した。

　2　Kは平成12年11月13日に生産技術部に配属されてから翌13年9月28日

までの間に，中国，フィリピン，アメリカ，チリ，インドネシア等に合計183日間海外出張した。

　Kは，インドネシアからの出張から帰国し平成13年9月28日午前10時40分に自宅に近い空港に着いたが，実際に帰宅したのは午後6時ころになった。翌29日，30日はKの休日であったが，30日午後には子供のサッカー練習を見学中に上司から東京出張を要請され，午後3時ころから会社で打ち合わせ会議に参加し午後4時ころ帰宅した。

3　Kは，翌10月1日午前6時10分に自宅を出発して東京に出張し，同月3日までの間，ホテルに宿泊しながら業務に従事した。

　Kは，3日午後6時30分ころから同僚と夕食をとり，午後7時45分ころにホテルの自室に戻り，その後2回同僚と上司と仕事上の電話をした。

　Kは，翌朝集合時間になっても姿を現さず，ホテル自室内で解離性動脈瘤の破裂によるくも膜下出血で死亡しているのが発見された。

　なお，Kの発症前1か月ないし6か月間にわたっての1か月当たり時間外労働時間は30時間未満であった。

4　Kの配偶者Xは労働者災害補償保険法に基づき遺族補償年金等の支給を請求したところ，Kの疾病は業務に起因するものではないとして不支給とする決定が出たために，その取消しを求めて本件訴訟を提起した。

　第1審は，Kが従事した業務が，Kの基礎的病態を自然経過を超えて著しく増悪させ，くも膜下出血を発症させたものと認めることはできないとして，Xの請求を棄却したため，Xは控訴した。

■ 判決要旨

1　Kが行った10か月半の間に10回にわたり合計183日間の海外出張業務は精神的，肉体的に疲労を蓄積させるものであり，その担当業務もかなりの知識と技術が要求されるものであり，相当の精神的緊張を伴うものであると認められる。

2　Kは，平成13年10月2日と3日にしきりに頭痛を訴え，特に3日は1時間に1回くらい休憩をとり，帰りの電車の中でも辛そうにしており，翌午前1時ころくも膜下出血を発症して死亡していることからすれば，Kの愁訴

は，解離性脳動脈瘤破裂によるくも膜下出血症の前駆症状と推認され，Kの代替要員の手当ても4日以降となっていたことから，Kが通院のために休みをとったり交替を申し出るのは困難な状況にあった。

3　Kは，連続した海外出張に従事して疲労が蓄積した状態にある中で国内出張に従事せざるを得ず，かつ，その業務に従事中，解離性動脈瘤の前駆症状の増悪があったにもかかわらず業務を継続せざるを得ない状況にあったことが，基礎的疾患を有するKに過重な精神的，身体的な負荷を与え，この基礎的疾患をその自然的経過を超えて増悪させ，その結果解離性動脈瘤の破裂によるくも膜下出血が発症するにいたったとみるのが相当であり，従事していた業務の危険性が現実化したものということができるとして，第1審判決を破棄し原処分を取り消した。

解説

1　労働時間とは

(1)　労働基準法上の労働時間

何が労働時間にあたるかは，労使間において就業規則や労働協約，あるいは個別の労働契約で自由に決めることができる。しかし，労働基準法上の労働時間は，労働基準法が強行法規であることから労使間の合意にかかわらず一義的に決まると考えられる。この点，最高裁は「（労働基準法上の労働時間とは，）労働者が使用者の指揮命令下に置かれている時間をいい，右の労働時間に該当するか否かは，労働者の行為が使用者の指揮命令下に置かれたものと評価することができるか否かにより客観的に定まるものであって，労働契約，就業規則，労働協約等の定めのいかんにより決定されるべきものではないと解するのが相当である。そして，労働者が，就業を命じられた業務の準備行為等を事業所内において行うことを使用者から義務付けられ，又はこれを余儀なくされたときは，当該行為を所定労働時間外において行うものとされている場合であっても，当該行為は，特段の事情のない限り，使用者の指揮命令下に置かれたものと評価することができ，当該行為に要した時間は，それが社会通念上必要と認められるものである限り，労働基準法上の労働時

間に該当する」と判示した（三菱重工業長崎造船所事件・最一小判平12・3・9民集54巻3号801頁）。

このような「労働時間とは，労働者が使用者の指揮命令の下に置かれている時間であるとする見解（指揮命令下説）」は通説的見解であり，最高裁もこの見解に立ったといえる。

(2) 移動時間の労働時間性

出張時の移動時間が労働時間に該当するかどうかについては，通勤時間と同じ性質のものであって労働時間でないとする説と，移動は出張に必然的に伴うものであるから労働時間であるとする説などがあるが，移動時間中に，特に具体的な業務（物品の監視や病人の介護など）を命じられることなく自由に活動できる状態にあれば，前記(1)で述べたような使用者の指揮命令下にあるとはいえず労働時間とはならないと解されるが，このような見解が通説でもある。裁判例も，「出張の際の往復に要する時間は，労働者が日常の出勤に費やす時間と同一性質であると考えられるから，右所要時間は労働時間に算入されず，したがつてまた時間外労働の問題は起り得ないと解するのが相当である。」とするものがある（日本工業検査事件・横浜地川崎支判昭49・1・26労民25巻1＝2号12頁）。

なお，出張の事案ではないが，近くの事業所（4か所の分室で所要時間は約35分ないし70分）へ頻繁に出かけていた事案において，「一般論としては，たとえ慣れた行程であっても，公共交通機関による移動（特に大都市内ないしその近郊への移動）は単なる待ち時間とは異なり，移動に伴う心的物理的負担もあり，その所要時間は労働のために必要な時間でもあるのであって，特別に自由に過ごし得た時間が存在する等の事情がない限り，労働時間から控除すべきものとは認められない。」とした裁判例がある（国・天満労基署長（CSK）事件・大阪高判平25・3・14労判1075号48頁）。

2 業務の過重性

(1) 認定基準と裁判所の判断

厚生労働省労基準局長は，平成13年に「脳血管疾患及び虚血性心疾患等（負傷に起因するものを除く。）の認定基準」（平13・12・12基発1063号）を各都道府県労働局長宛に発出した（改正平22・5・7基発0507第3号）。この認定基準で

は，①発症直前から前日までの間において，発生状態を時間的及び場所的に明確にし得る異常な出来事に遭遇したこと，②発症に近接した時期（発症前おおむね1週間）において特に過重な業務に就労したこと，③発症前の長期間（発症前おおむね6か月）にわたって著しい疲労の蓄積をもたらす特に過重な業務に就労したこと，のいずれかによる業務上の過重負荷を受けたことにより発症した脳・心臓疾患を，労働基準法施行規則別表第1の2第8号に該当する疾病として取り扱うとしている。そして，③の長期間の疲労の蓄積については，発症前1か月ないし6か月にわたって1か月当たりおおむね45時間を超える時間外労働がある場合は業務と発症との関連性が強まる，発症前1か月間におおむね100時間を超える時間外労働が認められる場合，あるいは，発症前2か月ないし6か月間にわたって1か月当たりおおむね80時間を超える時間外労働が認められる場合には業務と発症との間の関連性が強い，などの目安が示され，さらに不規則な勤務，拘束時間の長い勤務，出張の多い業務などの負荷要因についても検討するとされている。

　出張の多い業務については，「出張中の業務内容，出張（特に時差のある海外出張）の頻度，交通手段，移動時間及び移動時間中の状況，宿泊の有無，宿泊施設の状況，出張中における睡眠を含む休憩・休息の状況，出張による疲労の回復状況等の観点から検討し，評価すること。」とされている。

　本事案は，Kの前記③の長期的業務については，労働時間，業務内容，勤務体制，国内・海外出張先の労働環境，生活環境などの点をみれば，被災者の心身に特に大きな負荷があったとは窺われないとしつつ，10か月半の間に10回にわたり合計183日間の海外出張業務は，航空機等による長時間の移動や待ち時間を余儀なくされ，宿泊先のホテル等での生活は，日本食が食べられるといっても，環境，食事，睡眠などの面で不規則となり，夜間や休日における過ごし方も単調で，自宅で過ごすのとは質的に違い，精神的，肉体的に疲労を蓄積させるものとした。

(2) 出張と業務の過重性判断

　出張における移動時間は労働時間には該当しないことから，総労働時間数としては多くない場合であっても，頻繁な出張を繰り返しているような場合には負荷要因として検討され過重な負荷があったとされるであろう。

本判決と同様な考え方に立つ裁判例として，「出張時における公共交通機関の使用を含めた移動時間は，通常，その時間を如何に過ごすか，労働者の自由に任されているところ，……それ自体を労働時間そのものとして認定することはできない」としつつ，「一定の時間的拘束を含めた負荷が伴うものであって，……業務の過重性を検討すべき際にはその考慮の要因の一つとして考えるべきではある」と判示してくも膜下出血の発症につき業務過重性を認めたものがある（国・大阪労基署長（ノキア・ジャパン）事件・大阪地判平23・10・26判時2142号121頁【本書判例23】参照）。

【太田　恒久】

22 学習時間等の業務性・労働時間性
――札幌東労基署長（北洋銀行）事件

札幌地判平成18年2月28日（平成15年(行ウ)第24号）
労働判例914号11頁

概　要

システム統合による新システムへの円滑な移行のために作成された事務処理要領類を自宅に持ち帰って習得に努めざるを得なかった場合，自宅への持ち帰り学習には業務性が認められるとされた例

〔問題点〕
自宅学習の業務性・労働時間性はどのような場合に認められるか

判決の内容

■ 事案の概要

1　銀行の支店において営業課長の地位にあったKは，平成12年5月8日の破綻銀行から営業譲渡を受けたことによる破綻銀行へのシステム統合後である同年7月19日午後6時10分ころ，勤務中に突然後頭部痛を訴え，救急車で病院に搬送され入院治療を受けたが，同月21日くも膜下出血で死亡した。

2　Kの業務は，システム統合日まではその業務量が増加していたが，統合後の業務量は落ち着いていた。
Kの時間外労働時間は，同じ支店の他の課長及び行員の本件発症前6か月間のそれ（持ち帰り残業を考慮しないもの）と比較して，課長職は一般行員に比べて多いものの，他の課長よりはやや少なく，他の労働者に比べて特に多くはなかった。

3　Kの配偶者Xは，平成13年1月29日，札幌東労基署長に対し，労災保険法に基づく療養補償給付，遺族補償給付及び葬祭料を請求したが，不支給

とされ，審査請求，再審査請求も棄却された。

本件は，Xが札幌東労基署長に対し，各不支給決定の取消しを求めた訴訟である。

■ 判決要旨

1 Kは，システム統合関連のマニュアル等について，システム統合日までの限られた期間内に習得することを求められており，このためゴールデンウィークの期間中に休日出勤をしてまで勉強会を開き，また個人ごとに設定されていた研修のスケジュール及び勉強会以外には，通常の業務時間内にこれらを習得するための時間が格別設けられていたわけではなく，また，営業課長としての業務の合間にマニュアル等の習得に努める時間的なゆとりはないなどの事情に照らすと，Kとしては，マニュアルや事務取扱要領のコピー等を自宅に持ち帰った上でその習得に努めざるを得なかったと認められるから，Kの持ち帰り学習には業務性が認められる。

2 Kは，平成12年1月ころからシステム統合のあった同年5月8日までの間，1日最大限で2時間程度の持ち帰り残業を行っていたと推認でき，システム統合日までの4か月間にわたり，1か月当たりおおむね45時間を超える時間外労働，多い月には80時間を超える時間外労働をしていた可能性も窺えるが，いわゆる持ち帰り残業の時間をある程度考慮しても，新認定基準（平13・12・12基発1063号「脳血管疾患及び虚血性心疾患等（負傷に起因するものを除く。）の認定基準」）の認定要件を充足していない。

3 しかし，Kは，発症前3か月ないし6か月間は1か月当たりおおむね45時間を超える時間外労働をしていたものと認められる上，平成11年11月の営業課長への配置換え直後にシステム統合への準備を行いつつ就労することの精神的緊張などを考慮すると，他に確たる増悪要因が認められない本件においては，Kの死亡は，業務による過重負荷が基礎疾患をその自然的経過を超えて増悪させたことに起因するものと認められるとし，Xに対する各不支給処分は違法であるとして取り消した。

解　説

1　労働基準法の労働時間

　労働基準法の労働時間とは，労働者が使用者の指揮命令下にある時間（指揮命令下説）とするのが通説であり行政解釈である。判例も，「労働者が使用者の指揮命令下に置かれている時間をいい，右の労働時間に該当するか否かは，労働者の行為が使用者の指揮命令下に置かれたものと評価することができるか否かにより客観的に定まるものであって，労働契約，就業規則，労働協約等の定めのいかんにより決定されるべきものではない」としている（三菱重工業長崎造船所事件・最一小判平12・3・9労判778号11頁）。

　指揮命令下説の中でも，上記のような捉え方（客観説（ないし単一要件説））に対し，学説では，周辺的な活動に要する時間が労働時間に該当するのか私的な時間なのかを判断するに際して指揮命令下にあるか否かの基準だけでは困難を来すことから，「使用者の作業上の指揮下にある時間または使用者の明示または黙示の指示によりその業務に従事する時間」とする考え方（限定的指揮命令下説（部分的二要件説））や「使用者の指揮命令に代表される使用者の関与要件と，活動内容（職務性）要件という二要件」の充足度が「労働」「させ」と客観的に評価し得る状況にいたっているか否かによるとする説（相補的二要件説）などがある。

2　自宅学習の労働時間性

　本判決は，システム統合日までにマニュアル等を習得しなければならないにもかかわらず労働日には日常業務等で習得に努める時間がないことから，持ち帰り残業の業務性を認め，自宅学習時間の労働時間性を肯定しているが，上記のいずれの見解に立ったとしても業務性，労働時間性は認められるべき事案であると思われる。

　また本件では，持ち帰り残業時間数を考慮しても時間外労働時間について認定基準を満たしていなかったが，精神的緊張などを考慮した判断を下している。

3　その他の裁判例

(1)　**国・豊田労基署長（トヨタ）事件**（名古屋地判平19・11・30労判951号11頁）

創意くふう提案及びQCサークル活動が，事業活動に直接役立つものであり，交通安全活動もその運営上の利点があるものとして，いずれも本件事業主が育成・支援するものであって労災認定の業務起因性を判断する際には，使用者の支配下における業務であると判断され，EX会（職場毎の親睦会）の活動も事業活動に資する面があり，一定の限度でその活動を支援していることやその組織が会社組織と複合する関係にあることなどから，役員として，その実施・運営に必要な準備を会社内で行う行為は業務であると判断されるとした。

なお，同判決は，労働時間数としては認定せず，質的にみて心身の負担になる過重なものとしている。

(2) **国・中央労基署長（大丸東京店）事件**（東京地判平20・1・17労判961号68頁）

百貨店の課長職にあるKが，巨額の品減りの調査，原因解明という業務のために，連日伝票類を自宅に持ち帰って深夜早朝に及ぶまで調査を継続していたものであり，Kの行っていた伝票類の調査は業務ということができ，具体的な残業命令がないことや伝票類の持ち帰りが禁止されていることを理由に，自宅での調査が業務であることを否定することはできないとした。

(3) **国・さいたま労基署長（鉄建建設）事件**（大阪地判平21・4・20労判984号35頁）

会社が，技術士試験合格者増加を基本方針として会社従業員に対して受験を指示し，勉強時間や家族への要請などを行い，会社として受験指導をしていたこと等から受験及びその準備のための受験勉強には業務性があるとした。

(4) **NTT西日本ほか事件**（大阪地判平22・4・23労判1009号31頁）

友人や親戚等に対し機会を捉えて商品を販売する活動及び業務に関連する技能の習得を目的とするWEB上のサービスを利用した学習活動の各活動時間について，前者は会社が利潤を得るための活動であり，労働者がその活動を行うのは雇用関係が存在するためであって，売上目標額が設定され，それが評価の対象となっていたこと等から，また，後者はその教材内容が会社の業務と密接に関連し，それら知識の習得が必要とされていたこと，上司によって上記WEB上の活動を通してスキルアップが明示的に求められているこ

と等から，いずれも会社の業務上の指示によるものとして労働時間と認められた。

(5) **オリエンタルモーター事件**（東京高判平25・11・21労判1086号52頁）

新入社員実習の成果を発表する会への参加が，会社の業務として行われたものではなく，参加しないことによる制裁等があったとも認められず，参加を指揮命令したものということもできないとして，労働時間とは認められないとした。

【太田　恒久】

〔参考文献〕
- 菅野和夫『労働法〔第11版補正版〕』477頁
- 荒木尚志『労働法〔第3版〕』183頁
- 荒木尚志『労働時間の法的構造』258頁
- 土田道夫「作業服の着脱，移動，洗身等の時間と労基法上の労働時間」労判786号6頁

23 接待・会食の業務性・労働時間性
── 国・大阪労基署長（ノキア・ジャパン）事件

大阪地判平成23年10月26日（平成21年（行ウ）第59号）
判例時報2142号121頁，労働判例1043号67頁

概　要

接待は，一般的には業務との関連性が不明であることが多く，直ちに業務性を肯定し難いが，例外的に業務の延長であると認められる場合がある

〔問題点〕

顧客との接待等に業務性・労働時間性を認めることはできるのはどのような場合か

判決の内容

■ 事案の概要

1　Kは，ネットワーク事業部の大阪事務所長として，東海及び西日本の全域の通信ネットワークの構築，保守管理等の責任者としての業務を行っていたが，平成17年9月29日東京にある本社での会議終了後，接待先の居酒屋で冠動脈瘤破裂によりくも膜下出血を発症して死亡した。

Kの配偶者Xは，平成18年4月21日，大阪中央労働基準監督署長に対し，遺族補償年金及び葬祭料の請求を行ったが，同署長は同年10月6日付けで支給しない旨の処分を行った。Xは，本件処分を不服として大阪労働者災害補償保険審査官に対し審査請求を行ったが，平成19年9月5日同審査請求を棄却する旨の決定がなされたため，労働保険審査会に対し再審査請求を行ったものの，平成20年10月17日，再審査請求を棄却する旨の裁決がなされた。

本件は，XがY（国）に対し，本件処分の取消しを請求した事案である。

2　なお，Kは，昭和60年から本件会社に入社する平成13年3月1日まで

の間携帯電話の営業を業とするR社で仕事をしてきており，本件会社に入社してからはR社時代に培ったC社との人脈に基づいて，C社の通信基地向けの建設，保守管理などを行っていたが，本件会社は，商品を80％程度の完成度で市場に投入し，その後問題点に対処しながら100％に近づけていくという手法をとっていたため初期トラブルが多くあり，これが解決するまで対応する必要があった。

　3　また，Kは，定例会議等の後やその他の機会を含めてC社関係者，無線基地工事関連の協力会社，部下社員との飲酒を伴う会食を日常的に行っていたが，平成17年にKから請求されたレシートは9か月間で48枚であり，死亡後さらに52枚のレシートが発見されたことから本件会社はXに対して交際費として会社経費で精算していた。

■　判決要旨

　1　被災労働者が労働者災害補償保険法に基づいて療養補償給付ないし休業補償給付を受給するためには，当該労働者の疾病が「業務上」のものであることを要するが，労災保険制度が業務に内在ないし随伴する各種の危険が現実化して労働者に疾病の発症等の損失をもたらした場合に使用者の過失の有無を問わずに被災者の損失を填補する制度であることを踏まえると，労働者が発症した疾病等が「業務上」のものというためには，当該労働者が当該業務に従事しなければ当該結果（発症等）は生じなかったという条件関係が認められるだけでは足りず，両者の間に相当因果関係，すなわち業務起因性があることを要すると解するのが相当である。

　2　認定基準（平13・12・12基発1063号「脳血管疾患及び虚血性心疾患等（負傷に起因するものを除く。）の認定基準」）は，医学的知見を集約した専門検討会報告書に基づくものであり，一応の合理性を有しているが，同報告書によっても，脳・心臓疾患の発症機序が未だ十分解明されていない部分もあることは明らかである上，認定基準が行政機関におけるその判断の統一を図るための内部指針として設定されたという特質からしても，認定基準ないしそれ自体の判断枠組みは裁判所の判断を拘束するものではない。

　3　一般的には，接待について，業務との関連性が不明であることが多

く，直ちに業務性を肯定することは困難であるが，Kが行っていた顧客等との接待は，顧客との良好な関係を築く手段として行われており，本件会社もその必要性から，その業務性を承認してその裁量に任せて行わせていたこと，本件会社が協力会社にC社の取引を獲得ないし維持するため，工期の短い工事等の無理な対応をお願いする立場であったため接待の必要性があったこと，Kが前職当時から付き合いのある人脈を利用して営業の情報を収集したり，根回しをし，そのために顧客とコミュニケーションをとることによって問題の解決にあたっていたこと，会議終了後等に行われる接待の場合，取引先関係者との間で，全体の保全会議では議題にしにくい個別の技術的な問題点をより具体的に議論する場であったこと，C社関係者にとって，技術的に詳しいKから本音で込み入った技術的な話を聞く場として，会議終了後の会合を位置付けていたことなどからすると，C社の関係者等との飲食は，そのほとんどの部分が業務の延長と認められる。

また，部下社員との飲食も，出張等が多いことから大阪事務所の社員らと意見交換等が十分なされていないことを補うため，社内での業務終了後，社外で飲食しながらの会合を行っていたもので，親睦を深めるという目的があったとはいえ，費用は本件会社の承認の下，その負担でなされていたことからすると，大阪事務所長としての業務の延長と認められる。

4 Kは，出張にパソコンを持ち歩いていたこと，Kの後任所長が出張の際にメールを読んだり，その返事や技術レポートの作成をしたりすることもあることからすると，Kもまた出張に係る移動中，後任者と同様具体的な業務に従事していたこともあったことが窺われるが，出張時における公共交通機関の使用を含めた移動時間は，通常，その時間をいかに過ごすか，労働者の自由に任されているのであって，Kが出張時の移動時間に具体的に何らかの業務に従事していたのかは不明であり，出張に伴う移動時間は，業務それ自体とは関連性があり，一定の時間的拘束を含めた負荷が伴うものであって，業務の過重性を検討すべき際にはその考慮の要因の1つとして考えるべきではあるものの，それ自体を労働時間そのものとして認定することはできない。

5 Kの出張は，比較的交通の至便のよい大都市ばかりの国内出張ばかり

であったが，出張の車中において業務に従事していたことが窺え，出張先での会議終了後も，会議に参加していたボーダフォン関係者や関連会社の従業員と飲食を伴う接待を行っていたこと，出張先での会議においては，ボーダフォンからの厳しい注文等を受けていた。以上の事実を踏まえると，出張回数は著しく多いとまではいえないものの同出張による精神的な負荷は大きかったと評価するのが相当である。

6 Kの本件疾病発症ないし死亡は，業務上の過重負荷により，血管病変等がその自然経過を超えて著しく増悪した結果発症し，同疾病により死亡したものであって，Kの業務に内在する危険性が現実化したものと評価することができ，本件処分は取消しを免れない。

解　説

1　接待等の業務性

一般に宴会等の行事で飲酒し被災した場合には，その宴会等への参加が業務上の必要性が相当程度あり，しかも使用者の業務命令によるものでない限り業務遂行性を欠き，業務災害にはあたらない。

宴会，その他の行事等に出席中の災害について，「宴会，懇親会，慰安旅行等，各種の催しが取引上又は労務管理上の必要から対外的，対内的に行われた場合……この種の催しの世話役等が自己の職務の一環として参加する場合には，一般に，業務遂行性が認められるが，それ以外の労働者の場合には……特別な事情がない限り，業務遂行性がないのがむしろ通例である。」というのが厚生労働省の見解とされている（労務行政研究所編『労災保険　業務災害及び通勤災害認定の理論と実際〔改訂4版〕（上）』308頁）。

裁決例として，業務上の指示により通産局との懇談会に出席後，社内の歓迎懇談会に赴く途中で自動車に接触して死亡した事案に関して，「一般によく見受けられる事業に関連しての懇談等の宴会について，この席に出席することが業務といえるかどうかは，その宴会の目的，内容或いは出席する者の地位，立場等によって判断されなければならず，同一事業部内において一事業所から他の事業所へ誰かが出張したときそのものの歓迎を兼ねて催される

懇親のための宴会等は，その席上において業務に関する連絡等の話題があったとしても，その宴会への出席を直ちに業務とみることはできない。」として，業務上の事由による死亡とはいえないとした（昭35・10・31昭34労209号（労務行政研究所編・前掲313頁））。

2　裁　判　例

宴会等の業務遂行性の判断につき，以下のような裁判例がある。

(1)　中央労基署長事件（東京高判平20・6・25判時2019号122頁【本書判例24】）

就業時間後に社内における飲酒を伴う会合に出席して帰宅する途中で転落事故により死亡した事案につき，原審（東京地判平19・3・28判時1971号152頁）は「就業に関し」にあたるとしたが，控訴審判決は，業務にかかる意見交換がされるなど業務と無関係な純然たる懇親会とみることはできず，被災者が本件会合を主催する部署を実質的に統括していたこと，会社が本件会合を社員の意見を聞く機会と位置付け，被災者が社員の意見を聴取するなどしてきたことからすると，同人については本件会合への参加を業務と認めることが相当であるが，午後7時前後には本件会合の目的に従った行事は終了していたと認められるから，その後も約3時間にわたり本件会合の参加者との飲酒や居眠りをして午後10時15分頃の帰宅行為は業務終了後相当時間が経過した後であって帰宅行為が就業に関してされたとは言い難いし，また，飲酒酩酊が大きくかかわった本件事故を通常の通勤に生じる危険の発現とみることはできないとし，請求を認容した1審判決を取り消して，請求を棄却した。

(2)　渋谷労基署長事件（東京地判平26・3・19判時2267号121頁，労経速2210号3頁，労判1107号86頁）

照明，音声等の担当として中国ロケに赴いた被災者が，返礼の宴会の席上アルコール度数の高い酒（白酒）を中国式の乾杯で複数杯飲み，宿泊先のホテルに戻ったものの，翌日，自室において，吐しゃ物を気管に逆流させて窒息死したという事案であり，これが業務を逸脱した私的行為といえるかが争われた。

返礼の宴会そのものの業務性は争われていないが，裁判所は，中国における慣例的な宴会における飲酒行為を認定し，被災者の飲酒行為は勧められるまま乾杯に応じざるを得なかったものであり，業務の遂行のために自らの限

界を超える量のアルコールを摂取したことにより咽頭反射の反応がない状態で嘔吐したことは，被災者の従事していた業務である中国ロケに内在する危険性が発現したものとして，業務との間の相当因果関係が認められ，これによって本件事故が発生したものとした（【本書判例10】参照）。

(3) **行橋労基署長事件**（最二小判平28・7・8裁時1655号8頁，労経速2290号3頁）

中国から定期的に研修生を受け入れている会社にあって，親睦を図る目的で会社費用により行われた研修生の歓送迎会への出席を要請された被災者が，事業場内においてやるべき仕事を中断してこれに参加し，歓送迎会終了後に仕事を行うべく事業場に戻るにあたって，研修生を居住アパートに送り届ける途中交通事故に遭って死亡した事案につき，会社の支配下にあったと認められるとして業務上の事由があるとした。

なお，出張の労働時間性の点は【本書判例21】を参照されたい。

【太田　恒久】

〔掲載誌，評釈等〕
・　藤本茂・判評645号（判時2160号）203頁

第5　通勤災害

24　通勤災害
―― 中央労基署長事件

東京高判平成20年6月25日（平成19年(行コ)第150号）
判例時報2019号122頁，労働判例964号16頁

概　要

飲酒を伴う会合後，帰宅途上に地下鉄階段から転落し死亡した事故につき，通勤災害であることが認められなかった例

〔問題点〕
飲酒後帰宅時の通勤遂行性，通勤起因性の有無

判決の内容

■　事案の概要

Kが勤務先において午後5時から飲酒を伴う会合に出席した後，帰宅途中で駅の階段から転落し死亡した事故につき，Xが労働者災害補償保険法7条1項2号の通勤災害に該当するとして，療養給付，遺族給付及び葬祭給付の各請求をしたところ，処分行政庁が本件事故は通勤災害にあたらないとして，各請求につき不支給の決定をした。

本件は，XがY（国）に対して同不支給処分の取消しを求めた訴訟である。

■　判決要旨

1　本件会合の業務性

本件会合は通常の勤務時間終了後に開催されていること，参加が自由であること，実際，主任会議の参加者の多くは本件会合に参加していないこと，参加する場合でも，参加する時間，退出する時間は自由であったこと，本件事故当時の勤務先の残業手当の支給が残業目標時間内に限って支払うという運用がされていたこともあり，本件会合に参加した時間につき残業として申告する者と申告しない者がおり，一律に本件会合への参加が残業と取り扱われていたわけではないこと，本件会合については開催の稟議や案内状もなく，また，毎回，議題もなく，議事録が作成されることもないこと，本件会合開始時から飲酒が始まり，アルコールがなくなる午後8時ないし午後8時30分ころに終了することが多く，アルコールの量も少なくはないこと，会社内では本件会合は「ご苦労さん会」と称されていたこと，もともとは主任会議後の慰労会として開催されたことからすると，本件会合は慰労会，懇親会の性格もあり，また，拘束性も低いから，本件会合への参加自体を直ちに業務であるということはできない。

2　Kについての業務性

　上記のとおり本件会合への参加自体を直ちに業務ということはできないが，本件会合の主催者は事務管理部であり，事務管理部の社員が料理，アルコールの調達や会場の設営をしているところ，Kは事務管理部の次長の地位にあり，事務管理部を実質的に統括していたこと，現実に，Kは本件会合にはほぼ最初から参加していること，勤務先では本件会合を社員のきたんのない意見を聞く機会と位置付け，Kは本件会合において社員の意見を聴取するなどしてきたことからすると，Kについては，本件会合への参加は業務と認めるのが相当である。

　しかしながら，……Kにとっても業務性のある参加はせいぜい午後7時前後までというべきである。

3　本件事故の通勤遂行性，通勤起因性

　……本件事故当日についてもKの業務性のある本件会合への参加は午後7時前後には終了したというべきである。

　しかし，Kはその後も約3時間，本件会合の参加者と飲酒したり，居眠りをし，退社して帰宅行為を開始したのは午後10時15分ころである上，その

際，Kは既に相当程度酩酊し，部下に支えられてやっと歩いている状態であったというのであり，また，本件事故が階段から転落し，防御の措置をとることもできずに後頭部に致命的な衝撃を受けたというものであることや入院先で採取された血液中のエタノール濃度が高かったことからすると，本件事故にはKの飲酒酩酊が大きくかかわっているとみざるを得ない。

以上，Kの帰宅行為は業務終了後相当時間が経過した後であって，帰宅行為が就業に関してされたといい難いし，また，飲酒酩酊が大きくかかわった本件事故を通常の通勤に生じる危険の発現とみることはできないから，Kの帰宅行為を合理的な方法による通勤ということはできず，結局，本件事故を労働者災害補償保険法7条1項2号の通勤災害と認めることはできない。

解　説

1　争　点

本件では，①飲酒を伴う会合について業務性が認められるか，②飲酒後の帰宅行為が合理的な方法による通勤と評価できるかということが争点となった。

2　通勤災害の要件について

本件では通勤災害該当性が問題となったが，労働者災害補償保険法上の通勤は，同法7条2項が次のとおり定義している。

> ……通勤とは，労働者が，就業に関し，次に掲げる移動を，合理的な経路及び方法により行うことをいい，業務の性質を有するものを除くものとする。
> 一　住居と就業の場所との間の往復
> 二　厚生労働省令で定める就業の場所から他の就業の場所への移動
> 三　第一号に掲げる往復に先行し，又は後続する住居間の移動（略）

そして，これらの経路を途中で逸脱し，又はそれらの移動を中断した場合には，逸脱や中断以降の移動はすべて通勤には該当しないことになる。ただし，逸脱又は中断が，日用品の購入，職業能力開発のための受講，選挙権の行使，病院での診療，一定の近親者の介護のための最小限度のものである場

合は，逸脱・中断の間を除き，その前後は通勤として扱われる。

　本件では，飲酒を伴う会合後の帰宅途中における事故について，通勤災害該当性が問題となっているが，具体的には上記要件のうち，「就業に関し」及び「合理的な経路及び方法により行う」という各要件の該当性について問題となったものである。

　以下，各要件の意味及び判決のあてはめについて検討する。

3　「就業に関し」という要件について

(1)　終業時刻後の飲食について

　「就業に関し」とは，移動行為と業務とが密接な関連性を有することを意味する。

　飲食を伴う会合が，およそ業務性のない私的な会合であれば，その後の帰宅行為は業務との関連性がなく，「就業に関し」とは評価できないことになる。そのため，当該会合について業務性が認められるか否かが問題となる。

(2)　**本件のあてはめ**

　本判決は本件会合について，勤務時間終了後に開催されていること，参加が自由であること，参加する時間・退出する時間も自由であること，会合への出席を残業として申告する者としない者がいたこと等から，会合への出席自体をただちに業務であるということはできないとした。しかし，Kは，主催者たる事務管理部の次長であり同部を実質的に統括していたこと，ほぼ最初から出席していること，社員のきたんのない意見を聴取するなどしていたことから，Kにとっては業務性が認められるとされている。

　もっとも，会合が何時間に及んでもすべてが業務と認められるわけではなく，Kは従来午後7時頃には退社していたことからすると，業務性が認められる時間帯は同時刻までとされている。

　その上で，Kは，午後10時頃まで飲酒・居眠りなどしてから退社していることから，帰宅行為については「就業に関し」とは評価できないと結論付けられている。

4　「合理的な経路及び方法」という要件について

　上記のとおり，午後7時以降の飲食・会合については業務性が否定されているため，その後の帰宅行為については「就業に関し」という要件を欠くこ

とになり，通勤災害該当性が否定されているが，このことを措くとして，これとは別に，飲酒し酩酊状態での事故について，「合理的な経路及び方法により行う」帰宅行為中の事故と評価できるかということも問題になる。

すなわち，飲酒酩酊が大きく寄与している状態での事故は，通勤に伴う危険が現実化したとは評価し難いのではないかという問題である。

判決は，この点について，入院先で採取された血液中のエタノール濃度が高かったことからすると，本件事故にはKの飲酒酩酊が大きくかかわっているとみざるを得ないとし，本件事故を通常の通勤に生じる危険の発現とみることはできないから，Kの帰宅行為を合理的な方法による通勤ということはできないとしている。

5　まとめ

飲食を伴う会合後の帰宅行為中における事故について，通勤災害に該当するかを検討するにあたっては，まず，当該会合に業務性が認められるかという問題，すなわち，その後の帰宅行為が「就業に関し」と評価できるかという点が問題になり，次に，帰宅中の事故について，飲酒酩酊状態の影響の程度に応じて，「合理的な経路及び方法により行う」帰宅行為と評価できるかということが問題になる。

会合の業務性に関しては，出席が任意か否か，業務との関連性の有無・程度，賃金支払の対象になっているか否かといった事情が重要な判断要素になるものと考えられる。また，飲酒状態での帰宅行為が「合理的な経路及び方法により行う」ものかは，血中アルコール濃度や，事故前の言動・様子等が重要な判断要素となるだろう。

あまりにも大量に飲酒していた場合は，「合理的な経路及び方法により行う」という要件が欠けるのみならず，そもそも，そのような大量の飲酒を伴う会合自体に業務性が認められるのかということも問題になり得るが，この点，大量の飲酒の結果，嘔吐して吐しゃ物を気管に詰まらせて窒息死した事故について業務起因性を認めた裁判例（渋谷労基署長事件・東京地判平26・3・19判時2267号121頁，労経速2210号3頁，労判1107号86頁【本書判例10】）もあり，一概には判断できないものと考えられる。

なお，飲酒を伴う会合について業務性が認められるような場合，残業代

等，賃金支払を対象とすべきではないかということも別途問題になるため注意が必要である。ただし、「就業に関し」という要件で問題となる業務性と、賃金支払の対象となる労働基準法上の労働時間該当性で問題となる業務性では、業務性の程度が異なるものと考えられるため、飲酒を伴う会合後の帰宅行為について「就業に関し」と認められる場合であっても、ただちに労働基準法上の賃金支払の対象となる「労働時間」に該当するものではない。

6 近時の類例に関して

行橋労働基準監督署長事件（最二小判平28・7・8裁時1655号8頁，労経速2290号3頁）では、会社で中国人研修生に対する歓送迎会を実施した後、業務に戻るべく自動車を運転して工場へ向かう際、併せて研修生を住居へ送るため同乗させていたところ、途中で交通事故に遭い死亡したという事案につき、当該死亡者は、当初は締切り間際の業務があることを理由に歓送迎会への参加を断っていたが、部長に説得され参加したこと、同業務をいったん中断して参加した上、歓送迎会後は同業務を完遂するために工場へ戻ろうとしていたこと、歓送迎会自体も会社の業務と密接に関連していたこと等から、当該交通事故は業務上の災害であると認めている。

通勤災害に関する事案ではないが、飲食を伴う会合後の移動中の事故について、労災保険の対象になるか否かが争われたという点では、本件に類似している。

会社としては、業務上災害あるいは通勤災害のいずれであるかによって、民事損害賠償責任の有無にも影響し得るため、移動行為が業務か否か、業務ではないとしても通勤に該当するかといった点を十分に検討する必要がある。基本的には、飲食を伴う会合に業務性が認められる場合には、その後本来業務へ戻るために移動していれば当該移動行為は業務と認定される可能性があり、一方、会合後に帰路についていれば、当該移動行為は通勤と認定される可能性があるといえよう。そして、飲食を伴う会合について業務性が認められるか否かは、出席が任意か否か、業務との関連性の有無・程度、賃金支払の有無等によって判断することになると思われる。ただし、たとえ当該会合に業務性が認められるとしても、過度に飲酒しているような場合には、飲酒を強いられていたといった事情がある場合を除き、その後本来業務に戻

ったとしても、その際の移動行為につき業務性が否定される可能性があり、また、会合後に帰路についていたとしても、「合理的な経路及び方法」による帰宅行為であることが否定される可能性があると考えられる。

【石井　拓士】

〔参考判例〕
・　大河原労基署長（JR東日本白石電力区）事件（仙台地判平9・2・25労判714号35頁）

第2章

民事損害賠償請求訴訟

第1　安全配慮義務の内容

25　労働契約関係における安全配慮義務
―― 川義事件

最三小判昭和59年4月10日（昭和58年（オ）第152号）
最高裁判所民事判例集38巻6号557頁，最高裁判所裁判集民事
141号537頁，判例時報1116号33頁，判例タイムズ526号117頁

概　要

　使用者は，労働者が労務提供のため設置する場所，設備若しくは器具等を使用し又は使用者の指示のもとに労務を提供する過程において，労働者の生命及び身体等を危険から保護するよう配慮すべき義務，すなわち安全配慮義務を負っている

〔問題点〕
1　労働契約における使用者の安全配慮義務とは何か
2　使用者の安全配慮義務の具体的な内容はどのようなものか

判決の内容

■　事案の概要

　1　Kは，高校卒業後Yに入社し，独身寮に住み込んで就労していたが，1人で宿直をしていた際にくぐり戸から押し入った盗賊に殺害された。
　2　Y社屋には，高価な商品が多数陳列，保管されていて，休日・夜間に盗賊が侵入するおそれがあったのみならず，当時，現に商品の紛失事故や盗難が発生したり，不審な電話がかかってきていたが，Yは，盗賊侵入防止や侵入後の被害を防ぐための物的設備を施すことなく，宿直の増員や十分な安

全教育を施すなどの措置も講じていなかった。

本件は、Kの遺族（両親）がYに対し安全配慮義務の不履行を理由に損害賠償を請求した訴訟である。

■ 判決要旨

1 労働契約において，労働者は，使用者の指定した場所に配置され，使用者の供給する設備，器具等を用いて労務の提供を行うものであるから，使用者は，安全配慮義務として，労働者が，労務提供のため設置する場所，設備若しくは器具等を使用し又は使用者の指示のもとに労務を提供する過程において，労働者の生命及び身体等を危険から保護するよう配慮すべき義務を負っている。

2 使用者の安全配慮義務の具体的内容は，労働者の職種，労務内容，労務提供場所等安全配慮義務が問題となる当該具体的状況等により異なるべきものであるが，本件の場合は，宿直勤務中に盗賊等が容易に侵入できないような物的設備を施し，かつ，万一盗賊が侵入した場合は，予見される危害を免れることができるような物的施設を設けるとともに，これら物的施設等を十分に整備することが困難であるときは，宿直員を増員するとか安全教育を十分に行うなどし，Kの生命，身体等に危険が及ばないように配慮する義務があった。

3 本件の社屋には，高価な商品が多数かつ開放的に陳列，保管されていて，休日又は夜間には盗賊が侵入するおそれがあったのみならず，当時，現に商品の紛失事故や盗難が発生し，不審な電話がしばしばかかってきていたというのであり，しかも侵入した盗賊が宿直員に発見されたような場合には宿直員に危害を加えることも十分予見できた。それにもかかわらず，Yは，盗賊侵入防止のためののぞき窓，インターホン，防犯チェーン等の物的設備や危害を免れるために役立つ防犯ベル等の物的設備を施さず，また，宿直員を新入社員1人としないで適宜増員するとか，十分な安全教育を施すなどの措置を講じていなかったというのであるから，Yには，Kに対する安全配慮義務の不履行がある。Kの殺害という事故は，安全配慮義務の不履行によって発生したものであり，Yには損害賠償の義務がある。

I 解　説

　比較法的には，労災補償を受け得る場合は，使用者に対する民事賠償請求を原則として許さない制度もあるが，我が国では，労災補償制度と民事損害賠償制度の併存主義をとっている。

　労働基準法第 8 章が使用者の労災補償責任を定めるとともに，被災した労働者の迅速かつ公正な保護を確保するため労災保険制度が整備されているが，しかし，労災補償制度は，労働災害による労働者の損害の全部を補償するものではない。例えば，精神的損害に対する慰謝料は支給されず，また，休業補償についても，実際に生じた損害の全額が支給されるわけではない。そこで，被災者若しくはその遺族が，使用者に対し，民事損害賠償を請求するという事態が生じることになる。

1　労災に関する使用者の民事賠償責任

　使用者の民事賠償責任の根拠としては，大きく分けて①不法行為責任と②債務不履行責任の 2 つがある。①不法行為責任には，代表者の行為による不法行為責任（会社350条など），法人自体の不法行為責任（民709条）などもあり得るが，通常，用いられることが多いのは使用者責任（民715条），土地工作物の設置又は保存の瑕疵による責任（民717条）及び公務災害の場合の国家賠償責任（国賠 1 条）である。そして，②債務不履行責任として請求されるのが，安全配慮義務違反による損害賠償責任である。

　かつては，大部分の労災民事賠償責任は，不法行為責任の構成によって請求されていたが，陸上自衛隊八戸車両整備工場事件（最三小判昭50・2・25民集29巻 2 号143頁）を契機として，債務不履行構成が主流となった。同判決は事案としては公務員に対する国の安全配慮義務を判示したものであり，国は，その公務遂行のための場所，施設若しくは器具等の設置管理又はその遂行する公務の管理にあたって，国家公務員の生命及び健康等を危険から保護するよう配慮すべき義務を負っているとしたものである。公務員の任用関係は労働契約ではないから，「ある法律関係に基づいて特別な社会的接触の関係に入った当事者間において，当該法律関係の付随義務として当事者の一方又は双方が相手方に対して信義則上負う義務」とし，その不履行について損害賠

償責任を負うものとされた。このような安全配慮義務を，民間企業の使用者についても認めたのが本判決である。

2 使用者の安全配慮義務

(1) 安全配慮義務の根拠

本判決は，安全配慮義務は，労働契約上，使用者が負う義務であると明言し，その不履行により生じた損害について，使用者は損害賠償義務を負うとした。その後，安全配慮義務に関する判例が積み重ねられてきたが，現在では，労働契約法5条に，「使用者は，労働契約に伴い，労働者がその生命，身体等の安全を確保しつつ労働することができるよう，必要な配慮をするものとする。」と定められるにいたった。

なお，安全配慮義務は，当初は本件のような「事件」や「事故」の場面で使用者の責任を問うことが通例であったが，その後，事件・事故に限らず，じん肺や職業性難聴等の「疾病」の責任を問う場面でも，安全配慮義務が用いられるようになり，さらに過労死や過労による精神疾患等，「健康の維持」の問題についても，安全配慮義務がいわれるようになっている（電通事件・最二小判平12・3・24民集54巻3号1155頁【本書判例36】，東芝〔うつ病・解雇〕事件・最二小判平26・3・24労判1094号22頁【本書判例46】）。

(2) 安全配慮義務の具体的内容と主張立証責任

安全配慮義務の抽象的内容は，上記労働契約法5条に定めるとおりであるが，本判決が示すとおり「安全配慮義務の具体的内容は，労働者の職種，労務内容，労務提供場所等安全配慮義務が問題となる当該具体的状況等によって異なるべきものである」。したがって，使用者の義務違反を問うためには，被災の具体的状況に照らして，どのようなことをすれば，被害を防ぐことができたのか，義務の内容を特定する必要がある。

そして，この安全配慮義務の具体的内容を特定し，かつ義務違反に該当する事実を主張・立証する責任は，義務違反を主張する原告にあるとされる（航空自衛隊芦屋分遣隊事件・最二小判昭56・2・16民集35巻1号56頁）。原告としては，事故や健康被害の原因に基づき，具体的な義務内容を主張・立証することになる。ただし，事故原因に関する労使の情報格差を考慮し，原告が主要事実として立証すべき具体的安全配慮義務の内容もある程度抽象的なもので

足り，原告が入手可能な資料によりそのような義務違反を推認させる間接事実を立証する限り，被告（使用者）がより詳細な間接事実による反証を行うことを要するとすべきであるとの説がある（菅野和夫『労働法〔第11版補正版〕』633頁）。もっとも，被災の種類，原因も様々であり，一概にはいえないと考える。

　また，無過失責任である労災補償責任と異なり，安全配慮義務違反の責任を負うのは，使用者に故意又は過失がある場合に限られる。不法行為責任を問う場合には，労働者又は遺族が，使用者側の故意・過失を立証する必要があるとされるが，債務不履行責任の場合は，「責に帰すべき事由」のないこと，すなわち，故意・過失のないことを，債務者たる使用者が立証することになる。

3　不法行為構成と債務不履行構成

　昭和50年代後半から，安全配慮義務違反の債務不履行構成による請求が主流となった理由として，原告側に故意・過失の立証責任がない点がメリットだったからであるとされる。

　しかし，原告に安全配慮義務違反の具体的な内容に関する立証責任があるとされたことで，この点では，どちらの構成によっても立証の点で大差はなくなったといえよう。

　残る相違は，①時効期間と，②遅延損害金の起算点，③遺族固有の慰謝料（民711条）の有無である。

　①時効期間は，債務不履行であれば10年（民167条１項※改正民法では，権利を行使できることを知ったときから５年：166条１項１号，権利行使できるときから10年：同項２号，ただし，人の生命又は身体の侵害による損害賠償請求についてはこの10年を20年とする：167条），不法行為であれば３年（損害及び加害者を知った時から３年の時効期間又は不法行為の時から20年の除斥期間。民724条）である（※改正民法では，生命身体を侵害する不法行為の場合は上記３年を５年とし：724条１号・724条の２，不法行為のときから20年について除斥期間でなく時効期間とする：724条２号）。

　②遅延損害金の起算点は，債務不履行であれば請求の翌日，不法行為の場合は事故日である。

✥実務上の留意点✥

　安全配慮義務の具体的内容については，関連する法令の内容，例えば労働安全に関する事項であれば，労働安全衛生法やその規則，指針，過重労働に関する事項であれば，労災認定基準，心身の健康管理に関しては，厚労省のガイドライン等を手がかりに，類似事案の裁判例などを参考に特定していくことになろう。

【石井　妙子】

〔参考文献〕
- 菅野和夫『労働法〔第11版補正版〕』630頁以下
- 三島聖子「第15講安全配慮義務」白石哲編著『労働関係訴訟の実務』252頁

〔参考判例〕
- 電通事件（最二小判平12・3・24民集54巻3号1155頁（【本書判例36】））
- 東芝〔うつ病・解雇〕事件（最二小判平26・3・24労判1094号22頁（【本書判例46】））

〔掲載誌，評釈等〕
- 新美育文・昭和59年度重要判例解説〔ジュリ臨増838号〕77頁
- 和田肇・ジュリ852号224頁
- 塩崎勤・曹時40巻4号139頁

第2　予見可能性・安全配慮義務

26　上司の指導とパワーハラスメント
―― 前田道路事件

高松高判平成21年4月23日（平成20年（ネ）第258号）
判例時報2067号52頁，労働判例990号134頁

> **概　要**

不正経理を行っていた営業所長に対する上司らのある程度の厳しい指導は，正当な業務の範囲内にあるといえ，上司らには営業所長のうつ病自殺につき予見可能性はないとして，会社の安全配慮義務違反が否定された例

〔問題点〕
1　上司らの，社会通念上許容される業務上の指導の範囲を超えた過剰なノルマ達成の強要や執拗な叱責があったか
2　会社に安全配慮義務違反は認められるか

判決の内容

■　事案の概要

1　営業所長Kが行っていた不正経理が上司に発覚し，上司は3月程度で是正するよう指導したところ，Kは期限までに是正できず，その後不正経理を解消したと虚偽の報告をした。

2　Kの不正経理に後任の上司が気づき，架空出来高は報告どおり1800万円との前提で，計画的に解消するようKに指導した。当該上司は，Kとその部下に日報を作成させてファクシミリで送らせ不明点を問いただすなどして指導し，ある程度強めの指導をすることもあった。

3 営業所の業績検討会にあたり，Kは目標値に達していないため部下に数字の改竄を指示した。業績検討会の席で，上司が要求した日報の提示を改竄の判明を恐れて躊躇するなどしたKの部下が上司から叱責された。また，上司は，Kに対しても，過剰計上の解消ができるのか，会社を辞めても楽にならないぞなどと叱責した。その3日後にKは自殺した。

本件は，労災認定が下りた後に，Kの遺族（配偶者と子）が，Y（会社）に対し主位的に不法行為，予備的に債務不履行（安全配慮義務違反）に基づく損害賠償を請求した訴訟の控訴審である。

■ **判決要旨**

1 Kが営業所長を務める営業所の年間事業計画は，Kが過去の実績を踏まえて作成したもので，支店からの増額要請もなく，事業計画の作成及び同計画に基づく目標達成に関して上司らからKに対する過剰なノルマの達成の強要があったとは認められない。

Kは，営業所長就任1か月後に部下に命じて不正経理を開始し，これに気づいた上司から是正の指示を受けたにもかかわらず，漫然と不正経理を続け，上司らから再び指示ないし注意を受けた。このようにKは不正経理是正を指示されたにもかかわらず，1年以上経過した時点でも是正がされず，原価管理等に必要な工事日報も作成されていなかったことを考慮に入れると，上司らがKに対してある程度の厳しい改善指導をすることは，上司らのなすべき正当な業務の範囲内にあり，社会通念上許容される業務上の指導の範囲を超えるものと評価することはできないから，Kに対する上司らの叱責等を違法なものということはできない。

上司らの行為は不法行為にあたらない。

2 上司らが，Kに対して，社会通念上正当と認められる職務上の業務命令の限度を著しく超えた執拗な叱責を行ったと認めることはできないから，この点を理由とするYの安全配慮義務違反は認められない。

営業所の部下の中に，Kが精神疾患に罹っているかもしれない，Kに自殺の可能性があるなどと感じた者はいなかった。上司らが認識していた不正経理の金額を解消するための指導は，営業所の業績環境にかんがみると不可能

を強いるものとはいえず，Kが強度の心理的負荷を受け精神的疾患を発症するなどして自殺にいたるという点につき，上司らに予見可能性はなかったから，会社のメンタルヘルス対策の欠如を理由とするYの安全配慮義務違反も認められない。

解説

1 使用者の責任の根拠

使用者の民事賠償責任の根拠としては，大きく分けて①不法行為責任と②債務不履行責任がある。本件では，①上司らの過剰なノルマの強要やある程度厳しい叱責についての使用者責任（民715条），②同様のノルマ強要や叱責に加え，会社のメンタルヘルス対策不足などについての債務不履行責任（安全配慮義務違反）による損害賠償責任が問題とされた。

2 不法行為（使用者責任）

上司らのKに対する過剰なノルマの強要や執拗な叱責があり，違法と認められた場合，上司らに不法行為責任が生じ，会社に使用者責任が生じることとなる。

本判決の原審は，上司らが，営業所の営業環境に照らして達成困難な目標値をかかげて指導し，また「会社を辞めれば済むと思っているかもしれないが，辞めても楽にならない」旨の発言をした点などをとりあげて，上司の叱責などを違法とした。

しかし，本判決は，まずノルマの強要について，年間事業計画はK自身が過去の実績を踏まえて作成したもので，上司などからの増額要請もなく，上司からの計画作成やその達成に関するノルマの強要はなかったとした。

そして，不正経理の是正に関する叱責についても，Kが複数の上司から何度も不正経理是正の指導を受けたにもかかわらず，1年以上経過しても是正されず不正経理を続けていたことや，指導にかかわらず工事日報が作成されていなかった状況に応じて，上司らの指導もある程度厳しくなったとしても社会通念上許容される業務上の指導の範囲内といえると認めた。

3 債務不履行（安全配慮義務違反）

(1) **安全配慮義務の根拠**

　安全配慮義務は，労働契約上使用者が負う義務で，その不履行により生じた損害について，使用者は損害賠償義務を負うとの判例で認められるにいたった。その後，労働契約法5条に，「使用者は，労働契約に伴い，労働者がその生命，身体等の安全を確保しつつ労働することができるよう，必要な配慮をするものとする。」と定められた。

(2) **安全配慮義務違反の有無と予見可能性**

　安全配慮義務の抽象的内容は，上記労働契約法5条に定めるとおりであるが，安全配慮義務の具体的内容は，労働者の職種，労務内容，労務提供場所等安全配慮義務が問題となる当該具体的状況等によって異なるべきものである。したがって，使用者の義務違反を問うためには，被災の具体的状況に照らして，どのようなことをすれば，被害を防ぐことができたのか，義務の内容を特定する必要がある。

　本件で1審原告（Kの遺族）が会社の安全配慮義務違反として問題としたのは，主に，①過剰なノルマ達成の強要や執拗な叱責，②有能な人材の配置などの支援の欠如，③メンタルヘルス対策の欠如である。

　本判決は，①については叱責等に違法性が認められないとして安全配慮義務違反はないとした。②については，Kが人材の補強を会社に求めた事実もなく，当該営業所から社員1名を異動させた点は営業所の粗利益向上等を目的としたものでKも了承済みであったとして，安全配慮義務違反はないとした。③については，営業所でKにつき精神疾患のり患や自殺の可能性を感じた者がいなかったことに加えて，上司の架空出来高解消に向けた指導は営業所の業績環境に照らして不可能を強いるものではなく，Kが強度の心理的負荷を受けて精神疾患にり患し自殺にいたるとの上司らの予見可能性もなかったとして，会社に安全配慮義務違反はないとした。

　予見可能性が認められない場合には，使用者に結果を防止する義務を負わせるのは不当であるから，安全配慮義務違反は生じない。上記③の判断は，Kが精神疾患を発症して自殺にいたることについての予見可能性の有無を問題とし，上司らに予見可能性がなかったと認定してこの点に関わる安全配慮義務違反はないとしたものである。

❖実務上の留意点❖

　上司が，部下にノルマや目標の設定を求める場合には過剰なものを求めないように，またその達成度合を問う場合には業務命令の限度を超えた執拗な指導にならないように，配慮する必要がある。

　また，不祥事等を起こした社員への改善指導については，問題の軽重や当該社員の改善状況に応じて，正当な業務行為と認められる範囲もおのずと異なってくる。重大な不祥事の局面では相手社員からのパワハラの主張を恐れず毅然とした指導が必要な場面もあり，上司は状況を見極めて適切な態様の指導を行う必要がある。

【川端　小織】

〔参考判例〕
- 前田道路事件（松山地判平20・7・1労判968号37頁）
- 川崎市水道局（いじめ自殺）事件（東京高判平15・3・25労判849号87頁）
- JR 西日本尼崎電車区事件（大阪高判平18・11・24労判931号51頁）
- 護衛艦たちかぜ（海上自衛隊員暴行・恐喝）事件（東京高判平26・4・23労判1096号19頁）

27 過重な業務と自殺に対する予見可能性
── マツダ（うつ病自殺）事件

神戸地姫路支判平成23年2月28日（平成20年(ワ)第475号）
労働判例1026号64頁

概　要

質的・量的に過重な業務により労働者がうつ病を発症して自殺した場合，使用者は過重労働をすれば労働者の健康が悪化するおそれがあるという抽象的な危惧が予見し得たならば予見可能性は肯定される

〔問題点〕
1　問題が多発する困難な取引先を担当していた入社3年目の労働者の業務の過重性の有無
2　過重な業務に起因してうつ病を発症した労働者が自殺した場合の会社又は上司の予見義務の内容

判決の内容

■　事案の概要

　Kは，平成16年にY社に入社し，平成18年11月から対応に問題の多い海外サプライヤー訴外甲社を含む13社を担当することとなった。
　同年11月に訴外甲社の誤品納入問題が起こり，Kは責任比率に関する折衝に関与することになるも，訴外甲社は非協力的で交渉は難航した。翌年3月30日の購買本部の品質会議でKは同問題について報告することとなったが，訴外甲社から十分な情報を得ることができなかったため会議は延期された。
　平成18年末には訴外甲社から製品の選別工程を中国に移管するとの一方的な申入れがなされ，翌年2月には申入れが受け入れられないため訴外甲社が出荷停止するにいたった。出荷は再開されたものの，Kは同年4月の訴外甲

社に関する対策会議の準備に追われた。

　上司らからＫに対する適切なサポートはなくＫに任せきりにされていた上，Ｋは同年４月には新入社員導入教育の講師の業務も担っていた。

　Ｋは，Ｙ社内で死亡１か月前約67時間，同２か月前約50時間，同３か月前約43時間の時間外労働を行っていた。また，Ｋは業務文書をメモリースティックで持ち出して自宅のパソコンで更新するなど，自宅で相当量の業務をこなしていた。

　Ｋは，３月11日には電話で元気がなく退職をほのめかし，同月27〜28日頃には社内で何度も同じことを尋ねたり，必要以上に謝ったり，上の空な様子などが見られた。Ｋは，４月２日自宅で自殺した。

　本件は，Ｋの両親（X_1及びX_2）が，Ｙ社に対して，債務不履行又は不法行為に基づく損害賠償を求めた訴訟である。

■　判決要旨

1　業務の過重性の有無

(1)　質的過重性

　Ｋは入社３年目の平成18年11月に，部品のバイヤーとして独立した。

　独立後間もなくＫが担当する訴外甲社が誤品納入問題を起こし，本来訴外甲社が全責任を負担すべきものであったが，交渉が難航して平成19年３月にようやく決着した。Ｋは，同年３月30日の社内の品質会議で同問題を報告することとなり，訴外甲社に情報提供を依頼したものの協力を得られず，会議は延期された。

　また，訴外甲社は，平成18年末に突然製品の選別工程を中国に移管するとの提案をし，受け入れられないと翌年２月に製品の出荷を停止し，Ｋに代わり部長Ｄが訴外甲社と交渉してようやく出荷が再開された。Ｋは，出荷停止により製造ラインが止まるおそれがあるとのプレッシャーを受けた。

　訴外甲社の誤品納入問題や出荷停止問題は，Ｋにとって相当の精神的負担となっていた。

　さらに，平成19年３月中旬以降，Ｋは，訴外甲社の対策会議の準備に追われ，また新入社員教育における講師派遣も引き受けるなどしていた。

Kの上司にあたるアシスタントマネージャーFは，自分の仕事に忙しいなどとの理由でKへのサポートを断わり，Kからアドバイスを求められても逆に頭ごなしに叱ることを繰り返した。業務はKに任せきりの状態にあり，Kは，その他の上司も含めて上司らから適切なサポートを受けられなかった。
　Kが平成18年11月以降に担当した業務は，質的に明らかに過剰となっていた。
(2) 量的過重性
　Kは，自宅でも相当量の業務をこなしていたと推認される。特に平成19年1月中旬以降訴外甲社とのメールのやり取りが頻繁となり，同年3月には問題が重畳的に発生するなど多忙を極めていたこと，上司から仕事を持ち帰れといわれていたのでそうしていたとKが発言していたことなどから，Kの死亡1ないし2か月前の時間外労働は，自宅における労働も併せて優に80時間を超えていたと推認される。
　Kの業務は，遅くとも平成19年1月以降は量的に過重な状態が続き，同年2月以降は顕著であった。
2　業務と自殺の間の相当因果関係
　業務と精神障害の発症との間に相当因果関係が認められるためには，ストレスと個体側の反応性，脆弱性を総合考慮し，業務による心理的負荷が社会通念上，客観的にみて，精神障害を発症させる程度に過重であるといえる場合に，業務起因性が肯定される。
　自殺による死亡の業務起因性は，業務により発症したICD-10第V章のF0ないしF4に分類される精神障害にり患していると認められる者が自殺した場合，原則として自殺による死亡につき業務起因性が認められる。
　Kは，平成19年3月11日頃にうつ病を発症し，同年同月27〜28日前後に重症化して自殺にいたったから，相当因果関係は認められる。
3　安全配慮義務違反と予見義務の内容
　使用者に安全配慮義務違反が認められるには，予見可能性が必要であるところ，予見義務の内容として，具体的に特定の疾患の発症を予見し得たことまでは要求されず，「過重労働をすれば，労働者の健康が悪化するおそれがある」という抽象的な危険が予見し得たならば予見可能性は肯定される。具

体的には，①使用者又は代理監督者たる上司が，当該労働者が心身の健康を損なっている状態（体調悪化）を認識していたか又は認識可能であったか，若しくは，②心身の健康を損なう原因となった労働実態について，使用者又は代理監督者たる上司が認識していたか又は認識可能であれば，予見可能性が認められる。

本判決は，使用者又はKの上司は，Kのうつ病発症時期と考えられる平成19年3月11日頃にはKの業務が質的・量的に過重であったことにつき認識可能であり，また同年3月下旬にはKが健康を損なっていることを認識可能だったにもかかわらず，適切なフォローをせずKを自殺にいたらしめたとしてY社に安全配慮義務違反を認めた。

解　説

1　使用者の責任の根拠

使用者の民事賠償責任の根拠としては，大きく分けて①不法行為責任と②債務不履行責任がある。本件では，原告（Kの両親）が不法行為又は債務不履行責任を根拠として損害賠償を求めたところ，裁判所は会社に不法行為に基づく賠償責任を認めた。

2　業務の過重性

本件では，業務の過重性を質的及び量的側面について検討し，いずれについても過重性を認めた。

質的な過重性の判断においては，訴外甲社の対応や訴外甲社を巡る問題がKにどの程度の精神的負荷となったかの評価が中心となった。本判決は，元々担当することが困難な訴外甲社を担当したことに加え，短期間に重畳的に問題が生じ，上司らの適切なサポートもなかったことなどから，質的過重性を認めた。

本判決は，Kは業務で多忙を極めており，自宅のパソコンで業務文書を更新していたこと，Kが上司から仕事を持ち帰れといわれていたのでそうしていたと発言していたことをあげて，Kの死亡1ないし2か月前の時間外労働時間は自宅分と併せて優に80時間を超えていたと認定しているが，判決に表

れている事情からは80時間超との認定の具体的根拠は明らかではない。

3 業務と自殺との間の相当因果関係の判断

本判決はKの業務とうつ病発症の間の相当因果関係について，労災の業務上認定で用いられる「ストレス―脆弱性」理論を採用し，自殺による死亡の場合についても，業務により発症したICD-10第Ⅴ章のF0ないしF4に分類される精神障害にり患した者が自殺した場合は原則として業務起因性を認めるとした。

民事賠償責任における相当因果関係の判断において「ストレス―脆弱性」理論を採用する裁判例は少なくなく，本判決も同手法を採用したものである。

4 予見義務の内容

本判決は，使用者は，業務遂行に伴う疲労や心理的負荷等が過度に蓄積して労働者の心身の健康を損なうことがないよう注意する義務を負う，使用者に代わって労働者に対し業務上の指揮監督を行う権限を有する者は，使用者の同注意義務の内容に従って，その権限を行使すべきであるとの最高裁判決（電通事件・最二小判平12・3・24民集54巻3号1155頁【本書判例36】）を前提に，予見の対象は労働者の心身の健康が損なわれることで足り，過重な業務等の認識可能性があれば予見可能性が認められるとしている。

本判決の示す具体的な基準のうち，"②心身の健康を損なう原因となった労働実態について，使用者又は代理監督者たる上司が認識していたか又は認識可能"とは，精神疾患り患により自殺にいたる危険が生じるような労働実態についての認識可能性を意味すると解される。

本判決は，上司らがKの業務が質的・量的に過重なものであったことを認識可能であったとともに，Kのうつ病重症化の時期にKの体調悪化を認識可能であったとして2つの基準をいずれも満たしていると認定しているものの，うつ病の発症及び重症化から自殺までがごく短期間でうつ病り患等を窺わせる出来事もほとんど見当たらない中，Kの体調悪化を上司らが認識可能であったかどうかは微妙な事案だったと考えられる。

【川端　小織】

〔参考判例〕
- 山田製作所（うつ病自殺）事件（福岡高判平19・10・25判時2012号129頁，判タ1273号189頁）
- 立正佼成会事件（東京高判平20・10・22労経速2023号7頁【本書判例28】）

〔掲載誌，評釈等〕
- 夏井高人・判自345号98～101頁

28 業務と自殺の相当因果関係は肯定したが，安全配慮義務違反を否定
—— 立正佼成会事件

東京高判平成20年10月22日（平成19年（ネ）第2615号）
労働経済判例速報2023号7頁

概 要

生命や健康に関わる安全配慮義務ないし注意義務の存否において，使用者が，労働者の心身の健康が損なわれて何らかの精神障害を起こすおそれについて，具体的客観的に予見可能であることが必要とした例

〔問題点〕
1 業務の過重性は認められるか
2 予見可能性の対象及び安全配慮義務違反は認められるか

判決の内容

■ 事案の概要

1　Kは昭和62年からYにおいて小児科医として勤務していたところ，平成11年1月末の小児科部長退職に伴い，Kが小児科部長代行に任命された。退職した小児科部長は嘱託医として勤務を続けた。

小児科では，医師2名が退職前に計19.5日の有給休暇を取得して同年3月末に退職し，常勤医3名と嘱託医1名となった。これらの影響で，Kは3月には8回の当直を担当し，時間外労働時間は83時間に及んだ。4～6月のKの当直は5～6回で，時間外労働時間は4月が69時間など3か月続けて60時間を超えた。また，4月にはKの時間外労働時間は69時間に達した上，当直を挟む連続勤務が度重なった。

Kは常勤医や日当直担当医の減少という問題の解決に腐心し，心理的負担

を負っていたところ，同年4月にはI医師の紹介でJ医師の常勤医採用が決まったこともKの自信や自負心に影響を与えた。

　Kは，平成8年頃から睡眠導入剤の処方を受け，平成11年3月頃から就寝前と深夜の2回にわたって服用することが多くなった。

　2　宿直中は絶えず患者対応に追われる状況ではなく，同年3月から6月までの空き時間を除いたKの実働時間は月間15時間から38時間であった。

　Yでは医師は週1回研究日を取得でき，公休のような性質を有していて，Kは当直明けに研究日又は振替休日をあてることが多かった。

　Kは，部長代行以前から日当直の割り振りを担当しており，部長代行就任後は常勤医の確保や外医を採用する権限を有しており，必要があれば外医への当直の依頼回数を増やすことも可能であった。

　3　Kは，同年8月16日に自殺した。

　本件は，Kの遺族（妻と子）がY（病院）に対し債務不履行又は不法行為に基づく損害賠償を請求した訴訟の控訴審である。

■　判決要旨

　1　平成11年3月4月の勤務の負担は相当重く，Kは十分な休息をとれなかった。同年5月6月の負担は緩和されているが，なお身体的心理的に負担の重い勤務が続き，Kの勤務は過重であったと評価できる。

　Kの同年3月から6月の時間外労働のうちの日当直等の空き時間を除いた実働時間は月間15時間から38時間にすぎないが，日当直等の空き時間を休息時間と同視することはできない。

　Kは，医師2名の退職後の常勤医確保や勤務態勢の調整に大きな心理的負担を負った。

　2　因果関係を判断する際には，「ストレス―脆弱性」理論等を内容とする平成11年7月29日付け「精神障害等の労災認定に係る専門検討会報告書」が参考となる。そして，同報告書の「職場におけるストレス評価表」による判断基準に照らすと，Kは，平成11年3月から6月までの過重な勤務や常勤医及び日当直医の減少の問題に腐心せざるを得なかったことで大きな心理的負荷を受けて，平成11年3～6月頃までの間にうつ病を発症したといえ，業

務とうつ病発症との間には相当因果関係が認められる。

3 本件における使用者の安全配慮義務ないし注意義務は，Kの心身の健康状態に十分に配慮し，業務量・業務内容の適切な調整を行うべき義務と，健康状態に問題が発生した場合やそれが顕在化した場合には適切な措置を講ずべき義務となる。

安全配慮義務違反等における使用者の予見義務については，被害法益が生命や健康に関わる事案においても，予見の内容が抽象的な危惧感で足りると解することはできない。労働者にうつ病が発症することを具体的に予見することまでは必要でないものの，業務遂行に伴う疲労や心理的負荷等が過度に蓄積することにより，労働者の心身の健康が損なわれて何らかの精神障害を起こすおそれについて，具体的客観的に予見可能であることが必要である。

本件については，平成11年3，4月のKの勤務は過重であったが，同年5，6月の時間外総労働時間は60時間を大きく超えるものではなく，同年7月は43時間に減り，同年4月以降当直回数も月5～6回に戻っている。Kの同年3，4月の過重な業務負担は常勤医2名の予定外の退職により発生した一時的なものとみることができる。

Kは，当直明けを研究日又は振替休日にあてて休息をとれる体制にあったし，日当直の割振りを担当していて外医への依頼を増やすことが困難であったとも考えられない。Kの平成11年3月から4月の勤務の過重は継続する状況になく，4月には緩和される傾向にあった。

常勤医の減少問題も，平成11年4月には一応解決した。

これらの事情の中，Y（病院）において，Kが精神的な異変を来していることを認識することはできなかったし，上記事情によってKが疲労や心理的負荷を過度に蓄積させ，心身の健康を損なって何らかの精神障害を起こすおそれを具体的客観的に予見することはできなかった。

4 したがって，Y（病院）が安全配慮義務ないし注意義務に違反したということはできない。

解　説

1　使用者の責任の根拠

使用者の民事賠償責任の根拠は，大きく分けて①債務不履行責任と②不法行為責任があり，本件では，使用者の債務不履行責任（安全配慮義務違反）又は不法行為責任（注意義務違反）が問題とされた。

(1)　安全配慮義務の根拠

安全配慮義務は，労働契約上使用者が負う義務で，その不履行により生じた損害について，使用者は損害賠償義務を負うとの判例で認められるにいたった（川義事件・最三小判昭59・4・10民集38巻6号557頁【本書判例25】）。そして，労働契約法5条に，「使用者は，労働契約に伴い，労働者がその生命，身体等の安全を確保しつつ労働することができるよう，必要な配慮をするものとする。」と定められた。

(2)　安全配慮義務及び注意義務の内容

使用者の負う安全配慮義務及び注意義務の内容は，個々のケースに応じて異なる。本件では，使用者の義務の具体的内容は，Kの心身の健康状態に十分に配慮し，業務量・業務内容の適切な調整を行うべき義務と，健康状態に問題が発生した場合やそれが顕在化した場合には適切な措置を講ずべき義務とされた。

2　相当因果関係

本判決は，「ストレス―脆弱性」理論によるのが相当として，行政の労災認定で用いられる平成11年7月29日付け「精神障害等の労災認定に係る専門検討会報告書」の「職場におけるストレス評価表」による判断基準が参考になると積極的な判断を示し，Kにつき業務とうつ病発症との間に相当因果関係を認めた。

なお，その後平成23年11月8日の「精神障害の労災認定の基準に関する専門検討会報告書」を踏まえた新しい認定基準として，「心理的負荷による精神障害の認定基準」（平23・12・26基発1226第1号）が定められている。

3　うつ病自殺案件における予見可能性

本判決は，使用者の安全配慮義務違反又は注意義務違反の存否を判断する

際の使用者の主観的要素として，Kがうつ病を発症することを具体的に予見することまでは必要ないものの，業務の遂行に伴う疲労や心理的負荷等が過度に蓄積することにより，Kの心身の健康が損なわれて何らかの精神障害を起こすおそれについては，具体的客観的に予見可能であることが必要と判示した。

この点，本件と同じくうつ病自殺の案件において，使用者が労働者の健康悪化を現に認識していなかったとしても，就労環境等に照らし，労働者の健康状態が悪化するおそれがあることを容易に認識し得たような場合には，結果の予見可能性が認められるとする裁判例もある（山田製作所（うつ病自殺）事件・福岡高判平19・10・25判時2012号129頁，労判955号59頁）。

さらに広く予見可能性を認めた裁判例として，使用者に，過重労働をすれば労働者の健康が悪化するおそれがあるという抽象的な危惧が予見し得たならば予見可能性が肯定されるとした裁判例がある（マツダ（うつ病自殺）事件・神戸地姫路支判平23・2・28労判1026号64頁【本書判例27】参照）。

抽象的なおそれや危惧感をもって予見可能性を認めるとすれば結果の生じたあらゆる場合に使用者の責任を認めることになりかねず，安全配慮義務違反の主観的要素として適当とは考え難い。

❖実務上の留意点❖

予見可能性についての立場にかかわらず，業務の過重性を認めながら予見可能性を否定して使用者の安全配慮義務違反を否定する本件のような判断は，比較的珍しいと考えられる。普段の労務管理においては，業務が質的・量的に過重になっていないかに留意することが重要である。また，過重業務となっている労働者の異変に気づいたら，速やかに休ませる，業務軽減を図るなどの対応をとるべきである。

【川端　小織】

〔掲載誌，評釈等〕
・　水町勇一郎「労働者（小児科医）のうつ病自殺と使用者（病院）の予見可能性」ジ

ュリ1393号116頁
・　高橋正俊・労働法学研究会報61巻1号20～42頁

29 振動障害と安全配慮義務
――林野庁高知営林局事件

最二小判平成２年４月20日（昭和60年（オ）第10号）
最高裁判所裁判集民事159号485頁，訟務月報37巻３号443頁，労働経済判例速報1391号３頁，労働判例561号６頁

概　要

社会的必要性，有益性が認められる一方，危険を内包する機械器具については，その使用から生ずる危険，損害の発生の可能性の有無に留意し，社会通念に照らし相当と評価される措置を講じていれば結果回避義務に欠けるところがなく，安全配慮義務違反はないとされた例

〔問題点〕

チェーンソーの使用による振動障害の安全配慮義務

判決の内容

■　事案の概要

1　被災者Ｋらは，昭和34年から昭和45年ころにかけて勤務する営林署でチェーンソー等を使用したことにより振動障害（白ろう病）にり患し，その典型的な症状である「レイノー現象」という傷病名により，営林署退職の前後に公務上災害の認定を受け，それ以来療養補償，休業補償等を受けていた。

2　昭和39年に学会においてチェーンソー使用の伐木造材手の手指に蒼白現象が発生しており，チェーンソーの振動によると疑わせるに足りるとの発表がなされ，昭和40年にテレビの全国放送でチェーンソー使用の伐木造材手の蒼白発作が発症していることが放映されたことで社会的注目を集め，以降多数の研究所見が発表された。

3　労働省は，昭40・5・28付け労働基準局長通達（基発595号）により，「チェーンソーは，労働基準法施行規則35条11号に規定する『さく岩機，鋲打機等』に含まれるものであるから，その疾病の取扱いについては遺憾のないよう留意されたい。」と達示した。

　4　林野庁と全林野の間の労使交渉により，昭和44年12月，振動機械の操作時間は1人1日2時間以内，月40時間を限度とし，連続操作日数は3日を超えないこと，1連続操作時間はチェーンソー10分，ブッシュクリーナー30分を基準とすること，治療については，症状に応じて職種換え，機械の使用制限等を実施することとし，職種換えした場合の賃金補償は別に協定することなどを内容とする「振動障害に関する協定」が締結された。

　本件は，Kら及びその遺族らが，チェーンソー等の使用により多くの作業員に振動障害が発症し増悪の一途をたどっているにもかかわらず，その後もチェーンソー等の使用中止の措置をとることなく使用を継続させた点，及び昭和44年までチェーンソー等の使用時間を短縮制限しなかった点において，Y（国）に対し安全配慮義務の不履行を理由に損害賠償を請求した訴訟である。

■　判決要旨

　1　昭和40年までは，振動工具の継続使用による振動障害に関する医学的知見は，エンジン振動工具のうちの回転振動工具に属するチェーンソー等に関するものは僅少であったのであり，同年にいたってはじめて，チェーンソー等の使用による振動障害を予見し得るにいたった。

　2　新しい形態の機械器具であるチェーンソー等を導入したことは，当時の情勢からみて何らの落度もなく，むしろ作業員の肉体的負担の大幅な軽減のため必要であり，有用であったのであって，チェーンソー等の使用による振動障害発症の予見可能性が生じた昭和40年当時，チェーンソー等は既に本格的に導入されていたのであるから，この段階においてその使用を中止するとすれば，林野庁の全国の職域に混乱を招き，林野行政に深刻な影響を与えることは明らかであり，他方，伐木造材等の作業員にとっても，林野庁にとっても，その使用によって現に肉体的負担の大幅な軽減，作業能率の飛躍的

向上等の大きな利益がもたらされていたことを考えれば，チェーンソー等は伐木造材，造林事業を円滑に遂行するための必要不可欠な機械としてその使用がしだいに定着したものと認められるのであって，このような見地からすれば，Y（国）に振動障害を回避するためチェーンソー等の使用自体を中止するまでの義務はないものといわざるを得ない。

3　チェーンソー等の継続使用を前提として結果回避のための注意義務を検討すると，その注意義務は，チェーンソー等は新たに採用された新しい形態の機械器具であり，国の内外の専門家の間でも被害発生の点につき十分な研究がなされていなかったなどの諸事情を勘案すれば，社会通念上相当と認められる措置を講ずれば足りると考えられるのであり，実際にも振動障害の発生を防止するため各種の措置が講じられてきた。チェーンソー等の継続使用による振動障害の発生という事態はわが国においては過去に例がないため，その対策を検討するには原因究明のための科学的，医学的な調査研究が必要であり，その対策を樹立し，実施するには，右調査研究と相まって，作業体制，作業員の待遇その他の勤務環境，条件の整備，機械の改良等の各種の検討，試行を繰り返しながらある程度の期間をかけざるを得ないのであって，Y（国）の措置が遅きに失しあるいは不十分であるとはいえない。

4　したがって，Y（国）において安全配慮義務に違反するところはなく，債務不履行による損害賠償責任は否定せざるを得ない。

解　説

1　判決のポイント

振動障害のような一定の作業に従事することによって発症する傷病については，傷病結果の発生が予見されれば，当該作業を全面中止させることによって回避可能であるため，結果の発生の予見可能性とともに結果回避義務違反が争われることになる。

本件では，昭和40年ころには傷病結果発生の予見可能性があったとする一方で，結果回避義務についてはチェーンソーの有用性や使用中止に伴う林野行政への影響を考慮して使用自体を中止するまでの義務はなく，振動障害の

発生防止のため，社会通念上相当と認められる措置を講ずれば足りるとし，さらに，その対策を樹立し実施するにはある程度の期間が必要であるとして，Y（国）に結果回避義務違反は認められないとした。

2　使用者の安全配慮義務
(1)　安全配慮義務の内容

安全配慮義務は，労働契約法5条に，「使用者は，労働契約に伴い，労働者がその生命，身体等の安全を確保しつつ労働することができるよう，必要な配慮をするものとする。」と定められている。安全配慮義務の抽象的内容は，上記労働契約法5条に定めるとおりであるが，使用者の義務違反を問うためには，被災の具体的状況に照らして，どのようなことをすれば，被害を防ぐことができたのか，義務の内容を特定する必要がある。無過失責任である労災補償責任と異なり，安全配慮義務違反の責任を負うのは，使用者に「責に帰すべき事由」すなわち故意又は過失がある場合に限られる。

具体的な安全配慮義務違反は作為義務の不履行であり，使用者の過失と評価できるものであることを要するため，その前提として結果予見可能性と結果回避可能性が必要である。このうち，予見可能性については，抽象的な結果の予見や単なる危惧感では足りず，具体的な結果発生の予見が必要であるとするのが通説である。

(2)　結果回避義務の内容

具体的な結果が予見できる場合には，究極的にはその行為を中止することで結果の回避が可能ということになるが，社会的に有用な行為である場合には，いわゆる「許された危険」として，いかなる回避義務まで求められるか，すなわち，結果回避義務の程度が問題とされる。

本判決では，国の結果回避義務違反が否定されたが，チェーンソー以外の振動工具による振動障害の発症の安全配慮義務違反が争われた三菱重工業神戸造船所（振動障害）事件（大阪高判平11・3・30労判771号62頁）では，昭和45年には振動障害を発症することが予見可能であったとし，昭和45・2・28付け「チェンソー使用に伴う振動障害の予防について」と題する通達（基発134号）の内容を踏まえて，使用者に振動障害の発生と進行を防止するための具体的措置の不履行があったとして安全配慮義務違反が肯定されており，前記通達

の有無が判断を分けたものと思われる。

> ❖実務上の留意点❖
>
> 安全配慮義務の具体的内容については，労働安全に関する事項であれば，その時点での科学的知見や労働安全衛生法，規則，指針，通達等を手がかりに，類似事案の裁判例なども参考として特定していくことになる。本件では当該行為の社会的有用性や当該行為を中止することによる影響を踏まえて結果回避義務違反が否定されたが，前記三菱重工業神戸造船所（振動障害）事件ではチェーンソーに関する通達を前提にチェーンソー以外の振動工具による振動障害についての結果回避義務違反が肯定されている。このため，使用者にはその時点における科学的知見や関連する通達に基づいて合理的な対策を講じることが求められている。

【西濱　康行】

〔掲載誌，評釈等〕
- 小俣勝治・季刊労働法157号192～193頁
- 山下幸司・平成2年度重要判例解説（ジュリ臨増980号）206～208頁

30 残業管理と安全配慮義務
──富士通四国システムズ（FTSE）事件

大阪地判平成20年5月26日（平成16年(ワ)第11732号）
判例時報2032号90頁

概　要

　使用者の残業しないようにとの指導・助言に労働者が応じない場合には，使用者として，残業禁止を明示した強い指導・助言，遅れて出社してきた労働者の会社構内への入館禁止，一定の時間が経過した以降の帰宅命令などの長時間労働の防止対策が必要であるとされ，使用者の安全配慮義務違反が肯定された例

〔問題点〕
1　安全配慮義務違反における因果関係
2　残業管理と安全配慮義務

判決の内容

■　事案の概要

　1　Xは，平成14年4月1日付けでY社に雇用され，徳島本社で新入社員研修を受けた後，同年5月27日付けでSE（システムエンジニア）として大阪事業所内にある部署に配属された。Xは，大阪事業所において平成16年9月まで，文書作成，開発技術の学習，調査，各種ツール作成，演習問題への回答などの自己啓発を行い，同年10月以降は，本件ソフトウェアの開発に従事した。

　2　Xは，本件ソフトウエアの開発が開始された直後の平成14年10月から同年12月ころまでの間は，作業内容に対して非常に興味を示し，Xの指導担当であるAに対して積極的に残業をする旨を述べたり，最終電車を気にせず

に仕事ができるように徒歩で通勤できる場所に転居するなどして，意欲的に担当業務に従事していた。

　ところが，平成15年1月に本件ソフトウェアの開発が本格的に始まるとXの態度が消極的になり，作業に遅れが目立つようになったため，AがXの作業を手伝ったり，作業予定を延期してXに自力で担当させるなどして調整した。Xは，このころから，1か月に5回程度の頻度で，無断で始業時刻に欠勤するようになり，そのような日に午前11時ころないし正午ころに出勤して夜遅くや早朝近くまで勤務することが少なくなかった。

　Aは，Xに対し，始業時刻に遅れた場合には欠勤扱いになるのであるから，仕事のメリハリを付けるためにも休んだ方が良い旨指導した。また，Aは，Xが特段の仕事がないと思われるのに終業時刻後も残業をしていたので，仕事がないなら早く帰るよう指導したところ，交際相手の同僚Eの退社を待っているから，もう少し残りたい旨答えたことも複数回あった。

　Xの作業の遅れはその後も改善されず，AはD課長及びC班長とも相談し，約10年の経験を有する人員を補充することによって対処した。

　3　Xは，平成16年2月ころ，Eに対し，眠れなくてしんどい，昼間もしんどい，このような状況は続けられないから仕事を辞めたい旨話した。平成16年2月16日ころに上司及びAに対して，退職に関する事務手続を問い合わせる内容のメールを送信し，将来仕事を辞めようと考えていると述べたため，C班長，D課長及びAが原告と面談を行い，他のグループへ配置換えをするなどの提案をした。

　Xは，平成16年3月15日にEに対し，尿漏れ，手掌の発汗及び不眠の症状を訴え，翌日にクリニックを受診し，C班長らから休職した方がよい旨助言を受けて欠勤することになった。同年4月6日にFクリニックにおいてうつ状態との診断を受けた。

　4　Xの発症前6か月間における時間外労働時間は，1か月前114時間03分，2か月前115時間16分，3か月前50時間45分，4か月前88時間57分，5か月前130時間59分，6か月前130時間08分であり，発症前6か月間の時間外労働時間の平均は1か月当たり105時間01分であった。

　5　本件は，Xが，Y社における過重労働によりうつ状態を発症したか

ら，同社に安全配慮義務違反があったとし，債務不履行に基づく損害賠償を請求した訴訟である。

■ 判決要旨

1　Ｘは，遅くとも，Ｆクリニックの初診時である平成16年３月16日（本件発症日）までに，うつ病によるうつ状態を発症したものと認められる。

2　「心理的負荷による精神障害等に係る業務上外の判断指針」（平11・9・14基発544号）において，精神障害等に関する業務上外の認定について基準が示されており，本件発症と本件業務との間の因果関係の有無を判断するにあたっても，精神障害等に関する業務上外の認定と同様の判断を行うことになる。

3　Ｘの時間外労働時間は，業務軽減を行ってもなお１か月当たり100時間を超えており，Ｙ社はこのようなＸの労働時間を認識していたにもかかわらず，Ｘの長時間労働を是正するために有効な措置を講じなかったものであるから，Ｙ社にはＸに対する安全配慮義務違反が認められる。

4　Ｙ社の安全配慮義務を履行しているとの主張については，Ｘの時間外労働時間が恒常的に１か月あたり100時間を超える状態となっており，Ｘにおいてｃ班長らの助言・指導にも全く従わなかったのであるから，このような状況のもとで安全配慮義務を履行するためには，残業しないよう指導・助言するだけでは十分でなく，これ以上の残業を禁止する旨を明示した強い指導・助言を行うべきであり，それでもＸが応じない場合，最終的には，業務命令として，遅れて出社してきた場合の入館禁止や，一定の時間が経過した以降の帰宅命令などの方法を選択することも念頭に置いて長時間労働を防止する必要があったというべきである。

5　Ｘの勤務形態は，当時のＸが入社後間もなく，社会的経験が十分ではなかったという事情をも斟酌しても，客観的に見れば，正常なものでなく，かつ身勝手なものであったものであり，Ｘの過失とまで評価することはできないとしても，このような勤務形態が寄与して生じた損害のすべてをＹ社の負担に帰することは公平を失する。そこで，Ｙ社の安全配慮義務違反の内容・程度，Ｘの前記勤務状況，その他本件に現れた諸般の事情を考慮し，過失相殺の規定を類推適用し，Ｘに生じた損害の３分の１を減額するのが相当

である。

解　説

　本件では，長時間労働の結果，精神疾患が発症した場合の因果関係について，「心理的負荷による精神障害等に係る業務上外の判断指針」（平11・9・14基発544号）に沿った判断をするとして因果関係を肯定する。

　また，安全配慮義務違反について，Xの時間外労働時間が恒常的に1か月あたり100時間を超える状態となっていること，及びXにおいてC班長らの助言・指導にも全く従わなかったことから，Y社において残業しないよう指導・助言するだけでは十分でなく，これ以上の残業を禁止することを明示した強い指導・助言や，遅れて出社してきた場合の入館禁止，一定の時間が経過した以降の帰宅命令などの業務命令による方法を選択することも念頭に置く必要があったとし，Y社の安全配慮義務違反を肯定するものである。

1　安全配慮義務違反における因果関係

　安全配慮義務は，労働契約法5条に，「使用者は，労働契約に伴い，労働者がその生命，身体等の安全を確保しつつ労働することができるよう，必要な配慮をするものとする。」と定められている。

　使用者の安全配慮義務違反を問うためには，被災の具体的状況に照らして義務の内容を特定した上で，義務違反行為と発生した結果との間に因果関係が認められなければならない。

　民事損害賠償請求における因果関係については，行為と結果との間の相当因果関係の存否によって判断される。

　一方で，労災認定の行政手続における業務起因性は，「心理的負荷による精神障害等に係る業務上外の判断指針」（平11・9・14基発544号）（平成21年4月改正）及び「心理的負荷による精神障害の認定基準」（平23・12・26基発1226第1号）に沿って判断されている。

　これらは，法規ではなく行政組織内部の命令として，労災保険給付の可否の観点から業務上外の判断に関する基準ないし指針を定めるものであり，民事損害賠償請求における因果関係を判断するものではないが，業務上の精

神障害に起因する自殺の事案において、判断指針やこれの前提となる平成11年7月29日付け「精神障害等の労災認定に係る専門検討会報告書」を基礎として業務と傷病との因果関係を判断していると考えられる裁判例が多くあり（立正佼成会事件・東京高判平20・10・22労経速2023号7頁【本書判例28】ほか），裁判所実務ではこうした取扱いが一般化している。

2　残業管理と安全配慮義務

　過度の長時間労働によって労働者が心身の健康を損なうおそれがある場合，通常であれば，使用者が業務の軽減により原因を取り除き，残業をしないよう指導・助言をすることで長時間労働を減少させることができる。

　本件のように，使用者が業務を軽減し，残業をしないよう指導・助言をしているにもかかわらず，労働者が全く聞き入れずに長時間労働を継続している場合について，使用者には，安全配慮義務としていかなる作為が義務付けられるかが問題となる。使用者は安全配慮義務として過度の長時間労働により労働者が心身の健康を損なうことがないよう注意する義務を負っており，労働者に対する指揮命令権や事業場内の施設管理権をもっていることからすれば，究極的には使用者において労働者の長時間労働を中止させる義務を負っていると考えられる。その具体的方法として，本判決が述べるような，残業を禁止する強い指導・助言や，業務命令として入館禁止や帰宅命令を発することも想定される。

　もっとも，使用者が業務を軽減し，残業をしないよう指導・助言をしているにもかかわらず，労働者が全く聞き入れずに長時間労働を継続している場合には，労働者の異常行動が寄与している場合も多く，本判決のように過失相殺又は過失相殺の類推適用による損害賠償の大幅な減額があり得るところである。

❖実務上の留意点❖

　本判決が述べる使用者の義務は，成人労働者に対するものとしてはやや行き過ぎの感もあるが，過度の長時間労働を把握した場合，究極的には就労禁止も含め，徹底した対応が求められる。

【西濱　康行】

31 うつ病の再発と安全配慮義務
―― トヨタ自動車ほか事件

名古屋地判平成20年10月30日（平成18年(ワ)第1736号）
労働判例978号16頁

概要

1度目のうつ病発症については使用者の安全配慮義務違反が認められたものの、2度目のうつ病発症については使用者の安全配慮義務違反が否定された例

〔問題点〕
うつ病の再発と安全配慮義務違反

判決の内容

■ 事案の概要

1　Y_1は自動車等の製造・販売を目的とする株式会社であり、Y_2は自動車等の輸送機器用の電気・電子部品等の製造・販売等を目的とする株式会社である。

2　Xは、平成11年8月24日から、Y_2からY_1への長期出張を命じられた。長期出張者には、Y_1でより広い分野を学ぶことを期待されており、優秀な人材が選ばれることが多く、XもY_2でその能力を評価されていた人物であった。

3　Xは、平成11年11月15日、Y_1のA主査の厳しい叱責受けて2日間会社を休むほどの衝撃を受け、数日後、Y_2のB部長にY_2に帰社させて欲しい旨訴えて最大3か月で帰社させる旨の約束を得た。

4　同年12月には、Xは心身の疲労を感じる状態になり、仕事が多過ぎて自分1人ではできない旨Y_1のC主担当員に相談したが、業務上の配慮は得

られず，平成12年2月，3月には，1か月の時間外労働時間が80時間を超える業務に従事した。その後，Xは約束の3か月を過ぎても帰社することができず，かえって同年4月に長期出張の延長を命じられ，同年12月までの延長を承諾してしまったことから，平成12年4月ころ，けん怠感や憂うつ感を覚えるようになり，そのころ「うつ状態（以下「第1回うつ」という）」となった。同年6月中旬には「うつ状態」と診断されたことをY_2に報告して業務上の配慮をされたが，その後も自ら時間外労働を行い，同年8月30日から2か月の休職にいたった。

5　Xは，平成12年10月30日，Y_2に復職した。Xは，Y_2に対し，傷病名「うつ状態」，回復状況「略治」，就業にあたっての注意事項「特に注意事項なし」と記載された医師の就業意見書を提出した。Xは，平成13年1月6日，「うつ状態」の症状が消失したため，「うつ状態」治療のための通院を終了し，Xの「うつ状態」は一旦寛解した。

6　Xは，復職後Y_2において，平成14年1月は59時間30分，2月は52時間，3月は43時間30分，4月は33時間，5月は47時間，6月は64時間30分，7月は45時間の時間外労働に従事した。Xは，平成14年7月4日ころにY_1で行われた開発会議の前後ころから気分が落ち込み，睡眠障害が現れるようになり，同月ころ「うつ病（以下「第2回うつ」という）」を発症した。

7　平成14年7月29日，Xは，Y_2の産業医の診察を受け，同医師から「うつ病」との診断を受けた。同年8月5日から通院を開始し，同年8月28日から同年10月11日まで及び同月25日から平成15年2月28日まで再び欠勤した。本件はXが，第1回うつ及び第2回うつを発症し，休職を余儀なくされたことがYの安全配慮義務違反によるものであるとして，損害賠償を請求した訴訟である。

■　**判決要旨**

1　Yらの負うべき安全配慮義務は，労働者を自己の指揮命令下においてその業務に従事させるについて，業務内容を定めてこれを管理するに際し，これを適切に行うなど，業務の遂行に伴う疲労や心理的負荷等が過度に蓄積して労働者の心身の健康を損なうことのないよう注意すべき義務であり，そ

の具体的内容は，当該労働者の置かれた具体的状況に応じて決定されるべきものである。通常であれば，YらにはXの業務が，社会通念上，客観的にみて平均的労働者をして精神障害等の疾患を発生させるような過重なものにならないように注意すれば足りるが，それにいたらない程度の過重な業務に従事させている労働者がそのまま業務に従事させれば心身の健康を損なうことが具体的に予見されるような場合には，その危険を回避すべく，その負担を軽減するなどの業務上の配慮を行うべき義務があり，これを怠れば同義務の不履行となる。

2 精神障害の成因については，環境からくるストレスと個体側の反応性，脆弱性との関係で精神的破綻が生じるかどうかが決まるとするいわゆる「ストレス─脆弱性」理論によるのが相当であり，業務からくるストレスが客観的に評価して精神障害の成因となり得る程度にいたらないものの，業務が相当に過重であり，かつ，その程度の過重労働により精神障害を発症し得る程度に労働者側の反応性，脆弱性が存在することを，使用者が認識し得る場合に具体的な安全配慮義務の存在を肯定することが相当である。

3 Yらは，Xが平均的な社員よりも精神的に脆弱であり，Xにとって業務が過重になっていて，業務負担を軽減しなければ，Xが第1回うつを発症し，これが悪化して休職にいたるおそれがあることを予見することができた。

4 YらがXに行わせた業務の遂行ないし，これを軽減する措置をとらなかったことと第1回うつ発症・悪化との間には，いわゆる条件関係が認められるほか，Xの業務上の過重負荷が第1回うつ発症等に相当程度の寄与をしており，Xの性格等と共働原因となってこれを招来したというべきであるから，相当因果関係も認められる。

5 Yらは，Xの言動により，Xの業務の軽減，その他何らかの援助を与えるべき義務が生じ，その後も，Xの業務遂行の状況や健康状態に注意し，援助を与える義務があったというべきであり，それにもかかわらず，少なくともXが第1回うつを発病するまでこれを怠っており，同義務の不履行がある。

6 Xは，第1回うつ病から復職後は，Y_2社内でY_2の指揮系統の中で業

務を行っていたものであり，第２回うつ病発症についてY₁に安全配慮義務違反はない。

7 Xの業務内容が変わってから第２回うつ発症・休職は極めて短期間に進行しているところ，前記程度の業務内容の変化や負担の増加でごく短期間のうちにXの心身の健康に障害が生じるおそれがあると予見することは困難である。また，Y₂は，原告のうつ病が再発したという報告を受けた後は業務負担軽減を行っているから，Y₂にはXの第２回うつ発症及び休職を予見し，適切な配慮を行うべき義務を怠ったとは認められない。

8 Xの第１回うつに関わる損害につき，公平の見地から３割の減額をし，７割の限度で認容する。

■ 解　説

本事案は，長期出張中のXが，精神障害の成因となり得る程度にいたらない業務上の負荷を受けた結果うつ病を発症し，その後一旦休職を経て職場復帰した後に再びうつ病を発症した場合の使用者の安全配慮義務違反について判断したものである。

1　うつ病の発症と安全配慮義務違反

安全配慮義務は，労働契約法５条に，「使用者は，労働契約に伴い，労働者がその生命，身体等の安全を確保しつつ労働することができるよう，必要な配慮をするものとする。」と定められている。

使用者の安全配慮義務違反を問うためには，被災の具体的状況に照らして義務の内容を特定する必要がある。

本判決は，安全配慮義務につき，客観的にみて平均的労働者をして精神障害等の疾患を発生させるような過重なものにならないように注意すれば足りるとしつつ，その程度に満たない過重な業務に従事させている場合については，労働者の脆弱性等と相まって心身の健康を損なうことが具体的に予見されるような場合に，結果回避義務としての安全配慮義務が想定できるとする。

本判決が示した安全配慮義務に関する判断の枠組みは，平均的労働者に精

神障害を発症させるような過重義務を行わせない義務を原則としつつ，これを上回る作為義務については結果についての具体的な予見可能性が必要であるとするものであり，通常生ずべき損害と予見可能な特別損害を賠償されるべき損害の範囲として定める民法416条（※改正民法では，特別損害につき「予見し，又は予見することができた」から「予見すべきであった」に文言が変更されている。：416条2号）に沿ったものであると評価できる。

2 うつ病の再発と安全配慮義務

精神疾患は身体疾患とは異なり，完治したように見えても再発しやすい。このため，医学的には「寛解」の概念が用いられることが多い。寛解には，症状が完全に消失した場合である「完全寛解」と，症状が多少残存するが症状は安定し，ある程度の社会生活が可能な状態である「不完全寛解」とがあるが，「寛解」との診断によって再発の可能性が完全に消失したといえるものではない。もっとも，再発に到るプロセスは様々であるため再発の予見可能性は，個別に判断するほかない。

本事案は，第1回うつが一旦寛解した後，約1年6か月後に第2回うつが再発したケースであるが，第1回うつを発症したことがあることから直ちに第2回うつの再発についての予見可能性を肯定せず，うつ病が再発する際のプロセスに着目して第2回うつの再発についての予見可能性を否定し，うつ病が再発したという報告を受けた後は業務負担軽減を行っていることから安全配慮義務違反を否定したものである。

3 うつ病の再発と因果関係

裁判実務では，民事損害賠償請求における因果関係の判断において，労災認定における「心理的負荷による精神障害等に係る業務上外の判断指針」（平11・9・14基発544号）ないし「心理的負荷による精神障害の認定基準」（平23・12・26基発1226第1号）が参考にされている（立正佼成会事件・東京高判平20・10・22労経速2023号7頁【本書判例28】，岡山県貨物運送事件・仙台高判平26・6・27労判1100号26頁等）。

前記認定基準では，業務外の原因により発症した精神障害が悪化した場合には，特別な出来事に該当する出来事があり，その後おおむね6か月以内に自然的経過を超えて著しく悪化したと認められる場合に限り業務起因性が認

められるとされる一方で，精神障害が一旦治癒した後，再びその治療が必要な状態が生じた場合には，新たな発病と取り扱い，改めて認定要件に基づき業務上外を判断するとされており，治癒後の再発か否かで判断が大きく異なる（医学一般では，病気や事故によって生じた欠陥が原状にまで回復することを治癒（完治）とするが，労災保険上では，医学上一般に認められた医療を行ってもその効果が期待できなくなった状態を治癒（症状固定）といい，本文では後者の意味で用いている。詳細は【本書判例2】参照）。もっとも，このような考え方は，労災保険給付の可否の観点から業務上外の判断をする労災特有の考え方に由来するものであり，民事損害賠償請求における因果関係の判断においてそのまま当てはまるものではない。再発の事案については，使用者の安全配慮義務違反行為と再発した精神障害との間に相当因果関係が認められるか否かによって判断されることになる。

❖実務上の留意点❖

　精神障害については，症状が一旦消失し又は症状が安定しても再発することもあり，使用者に求められる安全配慮義務についてはケースバイケースで考えるほかない。一旦精神障害を発症し復職する労働者に対しては，特に健康状態に留意し，必要に応じて労働時間や業務量についての配慮を行う必要がある。

【西濱　康行】

32 残留たばこ煙と安全配慮義務
——岩手県（職員・化学物質過敏症等）事件

盛岡地判平成24年10月5日（平成21年（ワ）第833号）
労働判例1066号72頁

概　要

　受動喫煙防止対策として主に想定されているのは，喫煙によって現に生じている副流煙などのたばこの煙を吸わされることを防止するものであり，化学物質過敏症のような継続的かつ重篤な疾病を発症する可能性があると認識されていたとまではいい難いとされ，使用者（県）の安全配慮義務違反が否定された例

〔問題点〕
　1　受動喫煙と安全配慮義務
　2　化学物質過敏症と安全配慮義務

判決の内容

■ 事案の概要

　1　Y地方自治体の職員Xは，A土木センターにある公用車を運転したところ，その運転中に鼻や喉の激しい痛み，頭痛を覚え，体調不良の原因は本件公用車に1人で乗った際，同車に残留たばこ煙が充満していて，これを吸引したためであるとした。

　2　Xは，本件公用車に乗ってから，喫煙者と対応する際に鼻痛，頭痛，呼吸困難などの症状が生ずるようになったとし，化学物質過敏症の専門家である医師の診察を受けたところ，受動喫煙症及び化学物質過敏症にり患していると診断された。

　3　Xは，その後1年間，受動喫煙症及び化学物質過敏症の治療のために

休職した。

4　Xは，化学物質過敏症を発症したのは，Yが公用車について受動喫煙防止対策を講ずべき安全配慮義務を怠ったことによるものであると主張して，Yに対し，不法行為，債務不履行又は国家賠償法1条1項に基づく損害賠償を請求した。

■ 判決要旨

1　Yは，公務遂行のために設置すべき場所，施設若しくは器具等の設置管理又は公務員が地方公共団体若しくは上司の指示の下に遂行する公務の管理にあたって，一定の範囲において，受動喫煙の危険からXの生命及び健康を保護するよう配慮すべき安全配慮義務を負っていたというべきである。

2　健康増進法25条及び平成15年通達（「職場における喫煙対策のためのガイドラインについて」平15・5・9基発0509001号）の内容に照らすと，受動喫煙に一定の危険性があることを前提にしつつも，受動喫煙防止対策については施設に即した対応をすることが不可欠であり，受動喫煙防止対策の具体的な内容を事業者の判断に委ね，事業者に対して特定の受動喫煙防止対策を具体的かつ一律に義務付けたものとまでは解されない。YがXに対して負う受動喫煙に関する安全配慮義務の具体的内容は，受動喫煙の危険性の程度やそれによって生じ得る結果，施設の状況などの具体的状況に応じて定まるべきものである。

3　受動喫煙が健康へ及ぼす悪影響につき，平成20年1月当時において，残留たばこ煙への曝露によって，化学物質過敏症のような継続的かつ重篤な疾病を発症する可能性があると認識されていたとまではいい難く，受動喫煙防止対策として主に想定されているのは，喫煙によって現に生じている副流煙などのたばこの煙を吸わされることを防止するものであった。

4　A土木センターにおける公用車の利用者は職員のみであり，職員が1人で乗車する際には，同乗者による喫煙によって現に生じている副流煙などのたばこの煙を防止する必要はなく，A土木センターにおいて，公用車のたばこにより健康被害が生じたことを訴えたり，公用車の禁煙化を要望したりした職員はおらず，受動喫煙による健康被害を訴えた者はX以外に存在した

とは認められなかった。

5 以上からすれば，Yにおいて，社会一般の認識を超え，公用車内における残留たばこ煙に係る受動喫煙によって，化学物質過敏症等の継続的かつ重篤な病気までをも発症する可能性があることを前提に，公用車内における受動喫煙から職員を保護するような具体的な対策を講ずべき具体的な義務を負っていたということはできない。

6 したがって，化学物質過敏症発症との間の因果関係の有無について検討するまでもなく，安全配慮義務違反に関するXの請求には理由がない。

解　説

　本事案は，本件公用車に一時的に短時間乗車したことにより，残留タバコ煙に暴露し，化学物質過敏症にり患したとして，損害賠償を請求するものである。本判決において述べるとおり，平成15年通達においても残留タバコ煙への対策は明確に意識されておらず，平成21年1月当時において厚生労働省は化学物質過敏症について医学的に統一された見解はないとの立場をとっており，当時の医学的知見においても，化学物質過敏症の発症等に係る機序は不明とされていた。

　このため，本判決では，残留タバコ煙による化学物質過敏症の発症を予見し，A土木センターの公用車に禁煙車を設ける措置をとるべき義務はないとされた。

1　受動喫煙と安全配慮義務
(1)　安全配慮義務の内容

　安全配慮義務は，労働契約法5条に，「使用者は，労働契約に伴い，労働者がその生命，身体等の安全を確保しつつ労働することができるよう，必要な配慮をするものとする。」と定められている。

　安全配慮義務の抽象的な内容は上記労働契約法5条に定めるとおりであるが，使用者の義務違反を問うためには，被災の具体的状況に照らして，どのようなことをすれば，被害を防ぐことができたのか，安全配慮義務の内容を具体的に特定する必要がある。

(2) 受動喫煙防止のための措置

　健康増進法25条において「多数の者が利用する施設……について，受動喫煙（室内又はこれに準ずる環境において，他人のたばこの煙を吸わされることをいう。）を防止するために必要な措置」が努力義務とされ，平成26年6月改正の労働安全衛生法68条の2において，事業者が労働者の受動喫煙を防止するための適切な措置が努力義務とされている。

　また，上記労働安全衛生法の改正により，平27・5・15付け基安発0515第1号「労働安全衛生法の一部を改正する法律に基づく職場の受動喫煙防止対策の実施について」（以下「平成27年通達」という）が発出されている。なお，平15・5・9付け基発0509001号「職場における喫煙対策のためのガイドライン」は平27年通達の発出に伴い廃止されている。

　これらの規定を根拠として，使用者は労働者に対し受動喫煙の危険性から労働者の生命及び健康を保護するよう配慮すべき義務を負っていると解される。

　安全配慮義務として求められる具体的な措置については，平成27年通達が使用者の行うべき措置として屋内全面禁煙，空間分煙及び換気措置を列挙していることから，即時全面禁煙が求められているものではなく，危険の態様，程度，被害結果の状況等に応じ，具体的状況に従って決することになる。

　江戸川区（受動喫煙損害賠償）事件（東京地判平16・7・12判時1884号81頁）では，区は公務の遂行のために設置した施設等の管理又は公務の管理にあたり，当該施設等の状況に応じて，一定の範囲において受動喫煙の危険性から生命及び健康を保護するよう配慮すべき義務を負っていたとしつつも，その義務の内容は，危険の態様，程度，被害結果の状況等に応じ，具体的状況に従って決すべきものであるとされ，受動喫煙の危険性についての理解，喫煙に対する社会的認識及び喫煙対策の状況についても斟酌すべきであると判示されている（その他の参考判例として，ライトスタッフ事件・東京地判平24・8・23労判1061号28頁）。

2　化学物質過敏症と安全配慮義務

　化学物質過敏症とは，微量化学物質に反応し，非アレルギー性過敏状態の

発現により，精神・身体症状を示すものと定義されるものであるが，厚生労働省は，化学物質過敏症についてその病態や発症機序については未解明な部分も多く，病態解明を進めるとともに，感度や特異性に優れた臨床検査方法及び診断基準が開発されることが必要とし，明確な基準等を明らかにしていない。

　もっとも，厚生労働省もシックハウス症候群と並んで化学物質過敏症と呼ばれる病態が存在すること自体は否定しておらず，裁判例では，慶応義塾（安全配慮義務違反）事件（東京地判平24・10・18判時2172号30頁）において，使用者の労働者に対する安全配慮義務として，化学物質過敏状態を発症させるような濃度及び量の揮発性有機化合物等の化学物質が存在しないように配慮すべき義務を負うと判示されている。

❖実務上の留意点❖

　受動喫煙及び化学物質過敏症のいずれについても裁判例において使用者の安全配慮義務が肯定されている（ただし，残留タバコ煙による化学物質過敏症は除く）。

　受動喫煙及び化学物質過敏症に対する対応については，現状では使用者の判断に基づく幅広い対応が許容されるところであるが，今後病態に関する解明が進むことが予想され，これに伴って行政による規制が強化される可能性がある。このため，使用者としては，今後の動向に注意しつつ，適切な対応が求められる。

【西濱　康行】

〔掲載誌，評釈等〕
・　根本到・法セ58巻11号115頁
・　小西啓文・労働法学研究会報64巻20号22〜27頁
・　柏崎洋美・平成25年度重要判例解説（ジュリ臨増1466号）238〜239頁

33 災害時の安全配慮義務
―― 七十七銀行（女川支店）事件

仙台高判平成27年4月22日（平成26年(ネ)第92号）
判例時報2258号68頁，労働判例1123号48頁

概　要

　安全配慮義務の対象となる回避すべき危険は，具体的に予見することができる範囲のものとするのが相当であり，Y_1銀行B支店の屋上を超える高さの津波が襲来する危険性を具体的に予見することができたとは認められないとして，Y_1銀行に安全配慮義務違反が否定された例

〔問題点〕
　災害時の安全配慮義務

判決の内容

■　事案の概要

　1　平成23年3月11日に発生した東北地方太平洋沖地震による津波により，宮城県に所在するY_1銀行B支店において，勤務中に同支店屋上に避難していた行員及び派遣スタッフ合計12名（以下「Kら」という）が流されて死亡し，又は行方不明となった。

　2　Y_1銀行は平成21年に行った災害対応プランの改正においてB支店屋上を避難場所としていた。

　3　本件は，Kらの遺族であるXらが，上記災害対応プランの変更並びに支店長Y_2及び担当者Y_3においてB町指定の避難場所への避難を指示せず，B支店屋上への避難を指示しその後も指示を変更しなかったこと等につき，Yらに対し安全配慮義務の不履行を理由に損害賠償を請求した訴訟である。

　なお，本件はXらの上告及び上告受理申立てが，最高裁により棄却及び不

受理決定されたことにより確定している。

■ 判決要旨

1 本件地震発生後，支店長 Y_2 が，Y_1 銀行作成の災害対応プランに従い，津波への対応として，本件屋上への避難を指示し，行員らがこれに従ったところ，本件屋上を大きく超える高さの津波が襲来したことによりKらが被災することとなった。支店長 Y_2 が大津波警報発令後早期にC山への避難を指示していたとすれば，津波の襲来の時間的経過に照らし，Kらの命が救われた可能性が大きかった。

2 津波に対する防災対策を講じるについては，襲来する津波の高さを想定する必要があるところ，現状において津波の高さを確実に想定し得る知見等は存在せず，想定を行う時点における科学的知見等を用いた相当性のある方法によって想定を行うほかはない。

3 「宮城県地震被害想定調査に関する報告書」における津波の最高水位の想定は，専門家によって専門的知見に基づいて算出されたものであり，Y_1 銀行において津波に対する防災対策を講じるについては上記報告書の想定を前提とすることに合理性がある。

4 本件屋上は，Y_1 銀行B支店の近くにある指定避難場所であるC山と比較して，避難に要する時間が短く，同所に避難する途上で直面する可能性のある危険を回避できると考えられることからすれば，臨機応変に安全な場所を選択することができるようにするという観点から，本件屋上を津波避難場所に追加したことには合理性がある。

5 津波からの避難場所を決定するについては，収集した情報に基づき，津波の高さ及び到達時刻，避難することが可能な場所及び選択の対象となる各避難場所までの避難に要する時間と避難経路に存在する危険性等を総合して判断すべきであると解するのが相当である。

6 速報値における地震の規模や大津波警報に係る津波の高さの予想は，想定されていた高さを上回る津波の襲来を予見させる情報とは認められない。

7 本件屋上は，事前に想定されていた高さの津波から避難することがで

きる場所であり，Y2支店長において，本件地震発生後，本件屋上への避難を指示し，直ちにより高い避難場所であるC山への避難を指示しなかったことについて，Y1銀行に安全配慮義務違反があったと認めることはできない。

8 法的義務を課する観点からは，安全配慮義務の対象となる回避すべき危険は，具体的に予見することができる範囲のものとするのが相当であり，Y1銀行において，B支店の屋上を超える高さの津波が襲来する危険性を具体的に予見することができたとは認められないから，上記結果について，Y1銀行に安全配慮義務違反の法的責任を問うことはできない。

解　説

1　判決のポイント

本判決は，災害からの避難指示における使用者の安全配慮義務違反についての判断を示したものである。本判決では，C山への避難指示をすればKらの命が救われたとして結果回避可能性を肯定する一方で，危険については具体的に予見できる範囲に限るとされ，専門家による専門的知見に基づいて想定された津波の高さを超える津波が襲来することについての予見可能性はなく，使用者の損害賠償責任が否定された。本判決は12名が死亡するという重大な結果を生じた事案を取り扱うものであるが，法的責任については結果についての具体的な予見可能性が必要とする従来の法的枠組みを堅持したものである。

2　災害発生時の安全配慮義務

(1)　安全配慮義務と予見可能性

安全配慮義務は，労働契約法5条に，「使用者は，労働契約に伴い，労働者がその生命，身体等の安全を確保しつつ労働することができるよう，必要な配慮をするものとする。」と定められている。安全配慮義務の抽象的内容は，上記労働契約法5条に定めるとおりであるが，使用者の義務違反を問うためには，被災の具体的状況に照らして，どのようなことをすれば，被害を防ぐことができたのか，義務の内容を特定する必要がある。無過失責任である労災補償責任と異なり，安全配慮義務違反の責任を負うのは，使用者に

「責に帰すべき事由」すなわち故意又は過失がある場合に限られる。
　具体的な安全配慮義務違反は作為義務の不履行であるため，結果予見義務違反と結果回避義務違反によって構成され，使用者の過失と評価できるものであることを要するためその前提として結果予見可能性と結果回避可能性が必要となる。このうち，予見可能性については，抽象的な結果の予見や単なる危惧感では足りず，具体的な結果発生の予見が必要であるとするのが通説である。

(2) 災害発生時の安全配慮義務

　本件は，想定を上回る津波の襲来についての予見可能性が認められないため，安全配慮義務違反が否定されたものである。
　労災に関する事案ではないが，町立保育園で保育中の園児らが東日本大震災後の津波により死亡した山元町事件（仙台高判平27・3・20判時2256号30頁）では，園児の保育中に自然災害が発生し又はその兆候が認められる場合には，園児の生命の保持を図るため，可能な限り迅速かつ適切に情報を収集し，当時の一般的な科学的知見に照らし，園児らの生命・身体に対する危険を予見し，危険を回避するための適切な措置をとるべき法的義務を負うとしつつ，当時実際に収集していた情報及び迅速かつ適切に情報収集が行われていれば収集可能であった情報に基づいたとしても，想定を上回る津波の襲来についての予見可能性は認められず，襲来直前に予見可能となった段階では結果回避可能性が認められないとして安全配慮義務違反が否定された。
　一方で，幼稚園のバスが津波に流され乗車した園児らが死亡した私立日和幼稚園事件（仙台地判平25・9・17判時2204号57頁）では，地震発生により津波の発生が予見可能であったこと，津波の発生が予見される場合には津波に関する情報収集義務があるところ，この義務に違反し園児らを津波に被災させたことから，安全配慮義務違反が肯定された。
　また，自動車教習所の教習生と従業員が津波被害に遭い死亡した教習所津波訴訟（仙台地判平27・1・13判時2265号69頁）では，事前に津波の襲来を予見して情報を収集する義務は否定されたものの，消防車による避難場所を特定した避難を呼びかける広報を聞いた時点での予見可能性が認められ，教習所の安全配慮義務違反が肯定された。

いずれも同一の震災による津波に関するものであるところ、事前に想定されていた津波の規模と災害発生時の情報に基づいて津波襲来が予見できたか否か、また予見された津波の規模を前提に回避義務を尽くしたか否かが結論を分けたものと考えられる。

❖実務上の留意点❖

本判決は、災害の想定は、その時点における科学的知見等を用いた相当性のある方法によって行うほかなく、これを超える事態についての予見可能性はないとするものである。したがって、企業が作成する災害対応マニュアルは科学的知見に基づいて作成される必要があり、科学的知見は時間の経過に従って更新されるものであることからすると、適切な見直しも求められていると考えられる。

また、災害発生の際には、情報収集に努め、収集した情報を事前の想定に加味した総合的判断に基づく対応が求められる。

【西濱　康行】

34 検査結果の告知義務
―― 一般財団法人友愛会事件

横浜地判平成27年2月17日（平成25年（ワ）第4506号）
LEX/DB25505856

概　要

使用者は，労働契約に基づく付随的義務として，使用者が実施した健康診断の結果を適切な時期に労働者に知らせるべき義務を負っている

〔問題点〕
1　検査結果の告知の遅れについて安全配慮義務違反は認められるか
2　損害額をどのように考えるか

判決の内容

■　事案の概要

1　Yは，非常勤職員として勤務していたKに平成20年2月18日に健康診断を受診させたところ，同年2月22日に検診結果は病院からE機構（YはE機構を介して健康診断を依頼）に送られていた。

Kが平成20年5月31日にYでの勤務を終了するにあたり，Yは，健康診断個人票写しをKに渡した。健康診断の結果には，胸部レントゲン解析の結果として，「右下肺腫瘤影」「胸部CT等精査必要」などと記載されていた。なお，健康診断個人票は原本と写しがあったが，原本をKに渡したかどうかは不明であった。

2　Kは，平成20年6月2日に精密検査を受け，同年同月4日に肺がんの告知を受けて抗がん剤治療と放射線治療を行ったものの，平成22年5月11日に肺がんで死亡した。医師の診断書によれば，平成20年2月から6月の時間経過が肺がんのⅠ期からⅡ期以上の進行につながり，手術以外の治療を選択

する原因となったとされている。

本件は，Kの遺族（夫と子）がYに対し安全配慮義務違反及び不法行為に基づき損害賠償を請求した訴訟である。

■ 判決要旨

1 Kは，平成20年5月31日に健康診断個人票の写しを受け取ったところ，健康診断個人票原本の受領の有無及び受領時期は明らかでないものの，Kが平成20年6月2日に精密検査を受けるなどしていることから，平成20年5月31日より前に健康診断個人票原本を受け取ったことはないと認められる。

2 Yは，労働契約に基づきKに対し胸部レントゲン直接撮影を含む健康診断を受けさせたのであるから，労働契約に基づく付随的義務として，適切な時期に結果をKに知らせるべき義務を負っている。Yは，胸部レントゲン直接撮影1か月後の平成20年3月18日までにKに健康診断個人票を交付すべき義務を負っており，同時点の経過により債務不履行責任を負う。

不法行為責任については，具体的行為を特定できず，いかなる客観的注意義務に違反したか判断するに足りる事実も認められないから，認められない。

3 Kが平成20年3月20日前後に受診していたとしても，その時点でKの肺がんがⅠ期にとどまり手術可能で，手術により肺がんが治癒し死亡することはなかったとは認められず，健康診断個人票の交付遅滞とKの死亡との間に因果関係を認めることはできない。

同年3月20日時点で，手術が可能で，あるいは抗がん剤及び放射線の併用治療の効果がより上がることにより，平成22年5月11日時点でKがなお生存していた相当程度の可能性があり，慰謝料300万円の限度で債務不履行に基づく精神的損害が認められる。また，弁護士に委任しなければ訴訟追行困難な訴訟にあたり弁護士費用30万円も認められる。

解　説

1　使用者の責任の根拠

　使用者の民事賠償責任の根拠としては，大きく分けて①債務不履行責任と②不法行為責任がある。本件で，原告は，Kに肺がんの疑いがあることが明らかになっていたにもかかわらず健康診断の結果を直ちにKに知らせなかったため，手術を受けることができないほどがんが進行して死亡したとして，債務不履行責任（安全配慮義務違反）及び不法行為責任による損害賠償責任を問題とした。

2　安全配慮義務違反

(1)　安全配慮義務の根拠

　安全配慮義務は，労働契約上使用者が負う義務で，その不履行により生じた損害について，使用者は損害賠償義務を負うとの判例で認められるにいたった。その後，労働契約法5条に，「使用者は，労働契約に伴い，労働者がその生命，身体等の安全を確保しつつ労働することができるよう，必要な配慮をするものとする。」と定められた。

(2)　健康診断結果告知に関する義務

　使用者が，安全配慮義務の一環として，健康診断の結果を告知する義務を負うかが問題となった本件において，判決は，使用者が労働契約に基づき健康診断を受けさせたのであるから，労働契約の付随的義務として，適切な時期に検査結果を知らせる義務を負うと判断した。

　次に，「適切な時期」はいつなのかが問題となるが，本判決は健康診断が実施された1か月後までには検査結果を告知すべきと述べている。

　なお，本件における健康診断は労働安全衛生法に基づく健康診断には該当しないが，本判決は，使用者が身体に対する影響を伴う健康診断を労働者に受診させた以上，別異に解する理由はないとしている。

3　不法行為責任

　不法行為責任について，本判決は，不法行為に該当する具体的行為を特定できない上，Yがいかなる客観的注意義務に反して違法といえるのか明らかでないとして，認めていない。

4 損害

　本判決は，健康診断実施1か月後までに告知すべきとの判断を前提に，1か月後頃に受診しても，その時点でKの肺がんがI期にとどまり手術が可能で，しかも手術で肺がんが治癒して死亡することがなかったと認めることはできないとした。このような判断には，本件訴訟に提出された肺がんの生存率や手術をした場合の治癒に関する客観的データが影響している。

　本判決は，告知の遅れと死亡との因果関係は否定したものの，告知が遅れなければKの死亡した平成22年5月11日時点でなお生存していた相当程度の可能性があるとして，債務不履行に基づき慰謝料300万円と弁護士費用を認めた。

> ❖実務上の留意点❖
>
> 　本件では，健康診断個人票の原本を渡したかどうかが問題となるも，証拠が足りないとして認められず，写しの交付時期を前提に交付が遅滞したと判断された。健康診断に関する書類は，雇用契約書などに比べると管理が行き届いていない可能性があるが，交付時に受領のサインをもらうなどの対応も含め，使用者の管理の徹底が必要であろう。

【川端　小織】

〔参考判例〕
・　京和タクシー事件（京都地判昭57・10・7判タ485号159頁，労判404号72頁）

35 復職後の配慮
――鳥取県・米子市（中学校教諭）事件

鳥取地判平成16年3月30日（平成15年(ワ)第23号，同(行ウ)第1号）
労働判例877号74頁，裁判所ウェブサイト

概要

傷病休職からの復職後，本校から分教室へ配置転換され，体調悪化したことにつき，本件配転は，医師の意見を聴取するでもなく，本人の意向を十分に確認することなく，配慮を欠いたままなされたものであるとして，慰謝料支払等が命じられた例

〔問題点〕
復職後の配置等に関する配慮義務

判決の内容

■ 事案の概要

1 Xは，平成12年4月1日以降，H中学校本校（以下「本校」という）において教諭として勤務していたが，抑うつ状態となり同年11月から病気休暇を，翌13年2月から病気休職を取得した。

Xは，同年3月21日に復職し，抑うつ状態の治療を継続していたところ，校長から分教室のほうが勤務が軽減されるとの説明のもと，児童自立支援施設内の分教室への異動が内示され，Xが不満を述べるなどしたにもかかわらず，同14年4月1日付けで，配置転換がなされた。Xは，4月以降，分教室で勤務したが，体調が悪化し，同年10月9日から病気休暇を取得し，その後翌年2月末まで休職し，本校に復職した。

2 Xは，本件配転当時，精神疾患，精神障害が完治しておらず，従前の

勤務を続けるべきであったにもかかわらず，本件配転を受けた結果，精神的，肉体的苦痛を被ったもので，本件配転は，公務員である校長の不法行為であると主張して，市に対しては国家賠償法1条1項に基づき，県に対しては同法3条1項に基づき，慰謝料として各自100万円及び弁護士費用10万円の合計110万円及びこれに対する遅延損害金の支払を求めた。

■ 判決要旨

1 配転命令について

　校長が，本件配転によってXの病状が悪化することを知りながら，Xを排斥するために本件配転を行ったとまで認めることはできない。しかし，Xが当時，健康管理区分B1とされ，勤務面において「『職務の変更，勤務場所の変更，休暇……等の方法により勤務を軽減』すること」が必要な状態であったにもかかわらず，分教室における勤務状況等に照らして，本件配転が勤務軽減になったということはできないこと，配転前の医師の診断において，しばらくは現在の勤務状態で続けたほうがよいなどとされていたこと，校長もこれを認識していたにもかかわらず，何ら医師の見解を聞くなどしないまま本件配転を命じていることから，本件配転は，Xの病状や治療の必要性，X本人の治療についての意向を十分に確認することなく，これらに対する配慮を欠いたままなされ，その結果，一時的にXの病状を悪化させるなどしたもので，違法といわざるを得ない。本件配転は，裁量権を逸脱したものであり，かつ校長に過失が認められるというべきであるから，不法行為が成立すると認められる。

2 Xの損害について

　本件配転は，平成14年4月に突然，Xの勤務環境を大幅に変更して，平成12年度よりうつ状態にあったXに対して精神的負担を与え，その病状を悪化させたものであるが，他方，同年6月ころにはXの体調が軽快していたこと，Xがそれまでも，2学期以降は特に体調悪化していたこと等に照らすと，平成14年10月9日からの長期病気休暇及び休職については，Xの素因によるところが大きいと考えることもできる。したがって，本件配転の違法性の程度などの事情も勘案すると，本件慰謝料は30万円が相当であると認めら

れ，弁護士費用は3万円の限度で損害と認められる。

解　説

1　復職後の配置等への配慮
(1)　復職と安全配慮義務
　労働契約における安全配慮義務の内容には，健康状態を害することのないようにする事前防止の配慮のみならず，労働者が既に健康を害している場合には，勤務の状況や，職場環境等によって症状が増悪したり，再発したりすることのないように配慮する義務も含まれる。
　そこで，病気休職からの復職後の就労に関しても，使用者には安全配慮義務があり，復帰後の業務負荷の調整や，配置等についての配慮が必要とされることになる。例えば，富士電機E&C事件（名古屋地判平18・1・18労判918号65頁）は，労働者のうつ病り患を認識している会社としては，職場復帰及び就労継続につき心身の状態に配慮した対応をすべき義務を負っているとしている。

(2)　安全配慮義務を考える上での留意点
　復職後の安全配慮義務の具体的内容は，労働者の健康状態や，職務内容，職場環境等によって千差万別であるから，健康状態に応じた配慮という点では，主治医，産業医等の医療専門家の意見を聴取することが肝要である。本判決でも，勤務軽減が求められているにもかかわらず，配置転換が軽減になっていないことに加え，事前に主治医等の意見を十分聴取していないことが問題とされており，使用者としては，対応を考える際の教訓とすべきであろう。
　素人判断で，よかれと思って実施した配転等が仇となることもあり得るので，医学的知見に基づいて対応を検討することが必要であるが，さらに，後日紛争となって判断の適否が争点となった場合に備えるためにも，専門家の意見を聴取しておくことが有用かつ重要である。医師の意見に従ったということが，ただちに免責事由になるとは限らないが，会社の過失の有無や，会社対応に関する手続的適正等を判断する上で，重要なポイントになると考え

る。

　なお，前記富士電機E&C事件は，医師等の専門家に相談することなく復帰させた事案であり，この点について，いささか慎重さを欠いた不適切な対応であったことは否めないとされつつ，結果的には，配置や業務負荷につき，会社は本人の心身の状態に相応の配慮をしたと認めることができるとして，復帰後の症状悪化・自殺について配慮義務違反の責任はないとしている。このような事案もあるが，内容としては十二分の配慮がなされている例であり，対応に際しては，やはり基本は専門家の意見聴取が必要と考えるべきである。

　ところで，本判決はメンタルヘルスに関するものであるが，身体の健康状態を害している場合も考え方は同様である。石川島興業事件（大阪高判平8・11・28判タ958号197頁，神戸地姫路支判平7・7・31判タ958号200頁）は，交通事故後に復職した労働者が，心不全で死亡した事案であるが，復職に際して，使用者としては，「主治医と十分に相談し，あるいは産業医による判断を仰いだ上，Kの健康状態に応じて，残業及び宿日直勤務を禁じ，または，その作業量及び作業時間を制限し，あるいは右制限のみで不十分な場合には，その職種を変更する等の措置を講ずるべき義務を有していたものというべきである」としている。ここでも，医療専門家の判断を仰ぐという対応が重視されている。

2　復職後，配置転換を求められた場合の配慮義務

　本判決は，異動は適切でないとされた例であるが，逆に，労働者から（あるいはその主治医から）異動を求められる例がある。厚生労働省の「心の健康問題により休業した労働者の職場復帰支援の手引き」（平成16年10月）も，原職復帰を原則としつつ，原職にうまく適応できなかった結果，発症したような場合等には，異動も検討する必要があるとしている。しかし，原職にとどめて欲しいという要請と，異動要請では，企業にとってかなり事情が異なるので，どこまで要請に応じる必要があるかという点については，また別の考慮が必要であろう。

　異動要請の点に関して，配慮義務の内容は，就業上の配慮にとどまり，復帰場所を検討するに際して生活面への配慮は企業の義務ではないとした例が

ある。三菱重工事件(東京地判平28・1・26労経速2279号3頁)は、愛知県内の事業所で勤務していた労働者が、私傷病(精神疾患)による長期欠勤に入り、その後、実家のある埼玉県に転居し、復職に際して現住所から通勤可能な場所での復職を求めたという事案である。会社が原職場への復職を命じたところ、労働者は出社を拒否し、欠勤を続けた結果、解雇されるにいたった。判決は、当該労働者が専門分野の技能職として採用され、他への配転は想定されていないと認められることや、他の事業所に復職した前例のないこと、原職場に精神疾患り患の原因ないし誘因があったと認定することができないこと、また、「(労働者は)、復職には同居の家族による生活全般の支援が不可欠であるとして現住所から通勤可能な勤務場所を求めているが、業務内容や勤務時間等の就業上の配慮はともかくとして、原告の食事、洗濯、金銭管理等の生活全般の支援をどうするかは本来的に家族内部で検討・解決すべき課題である。」とし、異動させず、原職場への復職を命じたことは相当であり、これを拒否して欠勤を続けたことを理由とする解雇を有効としている。

そもそも配転が予定されていない職種であるという点が判断に大きく影響したと思われるが、配慮義務の内容は、就業上の配慮にとどまるとする点は、注目して良い判断と考える。

❖実務上の留意点❖

本判決では、Xが復職し、原職である本校に戻っているので、30万円ほどの慰謝料認容で終わっているが、休職が長引いて休職期間満了で退職となった場合には、慰謝料額の増額のみならず、不当な配転(不法行為)と因果関係のある損害として、退職による逸失利益が損害と認定されることもあり得た。また、対応が不当であったために退職にいたったとして、休職期間満了退職の効力が争われることもあり得る。紛争を拡大しないためにも、主治医、産業医の意見も参考にしながら、対応することが肝要である。

【石井　妙子】

第3　相当因果関係（業務起因性）

36　うつ病自殺と相当因果関係
──電通事件

最二小判平成12年3月24日（平成10年（オ）第217号，同第218号）
最高裁判所民事判例集54巻3号1155頁，最高裁判所裁判集民事197号757頁，裁判所時報1264号7頁，判例時報1707号87頁，判例タイムズ1028号80頁，労働経済判例速報1725号10頁，労働判例779号13頁

概　要

広告業を営む会社に勤務する労働者が過重な業務負担によりうつ病にり患し自殺した事案につき，うつ病の発症等に関する知見を考慮し，労働者の業務の遂行とうつ病り患による自殺との相当因果関係を肯定した例

〔問題点〕
1　使用者の安全配慮義務
2　うつ病自殺と相当因果関係
3　過失相殺の類推適用

判決の内容

■　事案の概要

1　原告 X_1 及び X_2 夫婦の長男であるKは，大学卒業後，平成2年4月1日広告業を営むY社に就職した。

2　Kは，平成2年6月17日にラジオ局ラジオ推進部に配属されて以降，恒常的に長時間にわたる残業に従事していた。Kの実際の残業時間はKが申

告した時間より相当多く，しばしば徹夜する状況であった。

3 Kの上司らは，Kの勤務状況について認識していたものの，具体的な対応としては，平成3年3月ころに業務を所定の期限までに遂行することを前提に，業務が終わらない場合でも，きちんと帰宅して睡眠をとり，翌日朝早く出勤して業務を行うよう指導したのみであった。

4 自殺する約1か月前である平成3年7月ころには，Kの上司らもKの健康状態が悪いのではないかと認識していた。

5 Kは，遅くとも自殺する平成3年8月上旬にはうつ病にり患し，その後自殺した。

6 第1審は，長時間労働が誘因となってうつ病にり患し，自殺にいたったとして長時間労働とうつ病，うつ病と自殺の相当因果関係を認め，Y社に死亡による損害全額の賠償を命じた。

7 控訴審では，Y社の安全配慮義務違反について原審を支持する一方で，うつ病の発生とその後の自殺には本人の性格等の心因的要因も関わっているとし，過失相殺の類推適用により，発生した損害のうち7割をY社に負担させるとした。なお，Y社は第1審において過失相殺の規定の適用又はその類推適用を主張していない。

8 本件は，当事者双方が控訴審の判断を不服として上告したものである。

■ 判決要旨

1 労働者が労働日に長時間にわたり業務に従事する状況が継続するなどして，疲労や心理的負荷等が過度に蓄積すると，労働者の心身の健康を損なう危険のあることは，周知のところである。労働基準法は，労働時間に関する制限を定め，労働安全衛生法65条の3は，作業の内容等を特に限定することなく，同法所定の事業者は労働者の健康に配慮して労働者の従事する作業を適切に管理するように努めるべき旨を定めているが，それは，右のような危険が発生するのを防止することをも目的とするものと解される。これらのことからすれば，使用者は，その雇用する労働者に従事させる業務を定めてこれを管理するに際し，業務の遂行に伴う疲労や心理的負荷等が過度に蓄積

して労働者の心身の健康を損なうことがないよう注意する義務を負うと解するのが相当であり，使用者に代わって労働者に対し業務上の指揮監督を行う権限を有する者は，使用者の右注意義務の内容に従って，その権限を行使すべきである。

　Kについて，Y社における業務の性質上，継続的に長時間にわたる残業を行わざるを得ない状態になっていた。また，Y社における労務管理について，かねて従業員が長時間にわたり残業を行う状況があることが問題とされ，従業員の申告に係る残業時間が必ずしも実情に沿うものではないことが認識されていた。

　Kの上司らは，遅くともKの自殺の5か月前ころにはKのした残業時間の申告が実情より相当に少ないものであり，Kが業務遂行のために徹夜まですることもある状態にあること，Kの自殺の2か月前ころにはKの健康状態が悪化していることを認識していた。

　一方で，Kの上司らは，Kの自殺の5か月前ころ，Kに対し，業務は所定の期限までに遂行すべきことを前提として，帰宅してきちんと睡眠をとり，それで業務が終わらないのであれば翌朝早く出勤して行うようになどと指導したのみで，Kの業務の量等を適切に調整するための措置をとることはなく，Kの自殺の1か月前ころにはKの業務の負担は従前よりも増加することとなった。

　その結果，Kは，遅くともKの自殺の3週間前にはうつ病にり患し，その後うつ病によるうつ状態が深まって，衝動的，突発的に自殺するにいたったものである。

　上記の経過に加えて，うつ病にり患した者は，健康な者と比較して自殺を図ることが多く，うつ病が悪化し，又は軽快する際や，目標達成により急激に負担が軽減された状態の下で，自殺に及びやすいとされる知見を考慮すれば，Kの業務の遂行とそのうつ病り患による自殺との間には相当因果関係がある。Kの上司らには，Kが恒常的に著しく長時間にわたり業務に従事していること及びその健康状態が悪化していることを認識しながら，その負担を軽減させるための措置をとらなかったことにつき過失がある。したがって，原審の不法行為に基づく損害賠償責任を肯定した判断は正当として是認でき

る。

2 ある業務に従事する特定の労働者の性格が同種の業務に従事する労働者の個性の多様さとして通常想定される範囲を外れるものでない場合には，その性格及びこれに基づく業務遂行の態様等が業務の過重負担に起因して当該労働者に生じた損害の発生又は拡大に寄与したとしても，そのような事態は使用者として予想すべきであるから，裁判所は，その性格及びこれに基づく業務遂行の態様等を，心因的要因としてしんしゃくすることはできないというべきである。Kの性格は，同種の業務に従事する労働者の個性の多様さとして通常想定される範囲を外れるものであったと認めることはできないから，Y社の賠償すべき額を決定するにあたり，Kの性格及びこれに基づく業務遂行の態様等を民法722条2項の過失相殺規定の類推適用によりしんしゃくすることはできない。

3 Xら両親の落ち度に関する過失相殺の適用又は類推適用については，Kが独立の社会人として自らの意思と判断に基づきY社の業務に従事していたこと，XらがKの両親としてKの勤務状況を改善する措置をとり得る立場にあったとは，容易にいうことはできないからしんしゃくすることはできない。

4 本判決は以上の判断を示した上で，本件を原審に差し戻した。なお，事件は差戻し後に和解が成立している。

解　説

本判決は，最高裁として初めて過重労働によるうつ病の発症とその後の自殺についての民事損害賠償請求を認めたもので，その後のリーディングケースとされているものである。

1　使用者の不法行為法上の注意義務

本判決は，結論として不法行為責任に関する下級審の判断を維持したものであるが，その判断には以下の点が含まれていると考えられる。

労災事件の民事損害賠償請求では，不法行為に基づく請求と労働契約上の債務不履行に基づく請求があり，本判決は前者の不法行為責任について判断

するものである。

　不法行為責任の成立要件は，加害者の故意・過失，権利侵害，損害の発生，因果関係に整理される。

　本判決では不作為による侵害行為が問題となっており，不作為義務の前提となる注意義務，注意義務違反行為と結果との間の因果関係，結果についての予見可能性についてそれぞれ判断し，過失の存否という形で結論を示したものである。

　本判決は，労働基準法が労働時間に関する制限を定めていること，労働安全衛生法65条の3が作業の内容等を特に限定することなく同法所定の事業者は労働者の健康に配慮して労働者の従事する作業を適切に管理するように努めるべき旨を定めていることが注意義務の根拠となるとする。

　そして，本件事案については，恒常的に著しく長時間にわたり業務に従事していること及びその健康状態が悪化していることを認識しながら，その負担を軽減させるための措置をとらなかったことについて使用者に過失があるとする。

　これらの判示からすれば，本判決は，使用者が注意義務として，労働者の労働実態及び健康状態を把握する義務と業務が過重で健康を損なうおそれがある場合に負担を軽減するために必要な措置を講じる義務を負うとしていると解される。

2　うつ病自殺と相当因果関係

　本判決では，うつ病の発症を超えて，自殺の結果についても相当因果関係を認めたところに特色がある。民事損害賠償請求における相当因果関係については，労災認定において業務起因性の判断の際に用いられる相当因果関係と同視する見解もあるが，後者は労災保険給付の対象とすべきか否かの判断を含むものであり，完全に一致するものではない。本判決も業務起因性について言及するところはなく，このような考えに立脚しているとみられる。

　もっとも，労災認定に関わる「心理的負荷による精神障害等に係る業務上外の判断指針」（平11・9・14基発544号）（ただし，現在は「心理的負荷による精神障害の認定基準」（平23・12・26基発1226第1号）の策定により廃止されている）に示された知見を利用して因果関係を判断する裁判例も多く（立正佼成会事件・東

京高判平20・10・22労経速2023号7頁【本書判例28】，岡山県貨物運送事件・仙台高判平26・6・27労判1100号26頁等），本判決はこれを否定するものではない。

不法行為における因果関係については，従来から民法416条を類推適用すべきものとされているところである（大判大15・5・22民集5巻386頁）。具体的には，故意・過失行為と結果との間に社会通念上の因果関係が認められるか否かによって判断し，賠償すべき損害の範囲については，通常損害と特別損害とに区分し，特別損害については当事者の予見可能性が問題となる。

本事案では，第1審において「Kが常軌を逸した長時間労働により心身ともに疲弊してうつ病に陥り，自殺を図ったことは，Y社はもちろん通常人にも予見することが可能であった」と述べており，通常損害として因果関係を肯定したものと考えられる。

もっとも，本判決について長時間労働があれば直ちに死亡の結果までの因果関係を肯定したと見るのは正当ではない。

本判決は，あくまで本事案の下において，Kの上司らが，Kにおいて自己申告を上回る相当の長時間労働を行っていることを認識していたこと，Kの健康状態が害されていることが外見上明らかであることを認識していたことを前提に，「長期の慢性的疲労，睡眠不足，いわゆるストレス等によって，抑うつ状態が生じ，反応性うつ病にり患することがある」こと，「うつ病にり患した者は，健康な者と比較して自殺を図ることが多く，うつ病が悪化し，又は軽快する際や，目標達成により急激に負担が軽減された状態の下で，自殺に及びやすいとされる」ことについての一般的知見を加味して判断した結果として因果関係を肯定したと見るのが正当である。

なお，結果の予見可能性についても問題となるが，本事案では因果関係の判断において通常人の予見可能性を肯定し，Kの上司らの予見可能性を否定する事情は現れていないことから，Kの上司らの結果に対する予見義務違反を肯定したものと考えられる。

3 過失相殺の類推適用について

(1) 心因的要素

本判決は，原審がKの心因的要素について損害の発生と拡大に寄与したものとして民法722条2項が定める過失相殺の類推適用により3割の減額を認

めたのに対して、過失相殺の類推適用を否定し減額を認めなかった。

本判決は、身体に対する加害行為を原因とする被害者の損害賠償請求において、民法722条2項の過失相殺の規定を類推適用し、損害の発生又は拡大に寄与した被害者の性格等の心因的要因を一定の限度で斟酌することができること自体は肯定した上で、「ある業務に従事する特定の労働者の性格が同種の業務に従事する労働者の個性の多様さとして通常想定される範囲を外れるものでない」ときは、「その性格及びこれに基づく業務遂行の態様等を、心因的要因としてしんしゃくすることはできない」とする。

また、その理由として、使用者は労働者の性格及びこれに基づく業務遂行の態様等が労働者に生じた損害の発生又は拡大に寄与してとしても、そのような事態は使用者として予想すべきものということができるから、使用者において労働者の性格をも考慮して配属先、遂行すべき業務の内容を定めることができると述べる。

一般論としては本判決の判示に異論がないが、「通常想定される範囲」について、今後の裁判例の蓄積を見る必要がある。なお、詳細については、【本書判例46】を参照。

(2) **被害者側の過失**

被害者側の過失とは、被害者と身分上ないし生活関係上一体とみられる関係者の行為等が結果発生に寄与した場合に、過失相殺の規定の適用を認めるとする理論である。

本判決は、Kが独立の社会人として自らの意思と判断に基づきY社の業務に従事していること、Xら両親はKと同居していたとはいえ、Kの勤務状況を改善する措置をとり得る立場にあったとはいえないことを理由としてこれを否定する。

本判決が、そもそもKの両親が被害者と身分上ないし生活関係上一体とみられる関係であることを否定したものか、Kの両親の不作為が結果発生に寄与したものとは認められないとしたものかは明らかではない。

❖実務上の留意点❖

　本判決は，労働者が過重な業務負担によりうつ病に罹患し自殺した事案について，労働者の業務の遂行とうつ病罹患による自殺との相当因果関係を肯定した初めての最高裁判例である。

　本判決は，上司らにおいて，被災労働者が常軌を逸した長時間労働に従事していたこと，及び健康状態が悪化していたことを認識していたこと，並びにうつ病に関する一般的な知見に基づき，被災労働者のうつ病による自殺の予見可能性を肯定し，相当因果関係を認めたものである。

　下級審の裁判例には，過重労働の認識があれば直ちに自殺の予見可能性を肯定するかのようなものもあるが，こうした見解には疑問が残る。

【西濱　康行】

〔参考文献〕
- 八木一洋・最高裁判所判例解説民事篇〔平成12年度(上)〕346頁以下
- 菅野和夫『労働法〔第11版補正版〕』634頁以下
- 三島聖子「第15講安全配慮義務」白石哲編著『労働関係訴訟の実務』252頁

〔参考判例〕
- 医療法人雄心会事件（札幌高判平25・11・21労判1086号22頁）
- メディスコーポレーション事件（東京高判平23・10・18労判1037号82頁）
- ニコン・アテスト事件（東京高判平21・7・28労判990号50頁）【本書判例39】
- 山田製作所事件（福岡高判平19・10・25労判955号59頁）

〔掲載誌，評釈等〕
- 労政時報3449号38～44頁
- 青野博之・法教239号124～125頁
- 大内伸哉・ひろば53巻10号43～49頁
- 石田剛・法セ46巻4号108頁

37 早出出勤と因果関係
——日本政策金融公庫（うつ病・自殺）事件

大阪高判平成26年7月17日（平成25年（ネ）第1133号）
判例時報2235号27頁，労働判例1108号13頁

概　要

早出出勤について，職場で朝食をとったり，新聞の朝刊に目を通したり，その日の仕事の準備等をしていたとされ，過重労働と精神疾患との因果関係が否定された例

〔問題点〕
過重労働と精神疾患との因果関係

判決の内容

■ 事案の概要

1　本件は，Aの従業員であったKがうつ病を発症したのは，Aにおける過重労働に原因があるとして，Kの相続人である両親 X_1，X_2 及び妻 X_3 が，Aに対して安全配慮義務違反又は不法行為に基づく損害賠償を請求した事案である（なお，Aは，訴訟継続中に解散し，その権利義務がYに承継された）。

2　Kは，平成2年4月にAに就職し，本店及びいくつかの支店での勤務を経て，平成13年7月から平成17年3月末まで高松支店で勤務し，同年4月から長崎支店での勤務を開始した後，同年7月7日に自殺した。

3　原審は，高松支店においてKの性格や業務の遅れがちな勤務状況が原因で月100時間近い時間外労働をしたり，異動直前には1日の労働時間が14時間から15時間に及ぶ日があったこと，これを解消することもないまま長崎支店に異動になったこと，長崎支店においては，慣れない環境の中で，事実上自由であった時間外の勤務ができなくなったことなどから，自殺2か月前

の時点でうつ病を発症し、これが原因で自殺したことを認め、Kの業務により過大な心理的負荷がかかっていたことについてのAの予見可能性を肯定して、Yの安全配慮義務違反に基づく損害賠償義務を肯定した。

4 本件はYが原審の判決を不服として控訴した事案である。

■ **判決要旨**

1 Kは、本件自殺の8か月前には109時間15分、7か月前には49時間43分、6か月前には37時間17分、5か月前には99時間38分、4か月前には64時間03分、3か月前には0分、2か月前には31時間35分、1か月前には24時間10分の時間外労働に従事していた。

このうち、8か月前の109時間15分、5か月前の99時間38分は長時間労働ともみられるが、上記時間外労働時間にはいずれも早出出勤による始業時刻までの時間外労働時間が含まれているところ、早出出勤については、食堂に寄り、あるいはコンビニで朝食を買って職場で朝食をとったり、仕事柄一般紙の朝刊だけでなく、経済新聞の朝刊に目を通したり、その日の仕事の準備等をしていたとみるのが相当であり、業務が過重のために終業時刻後の残業だけでは足りないことから早出出勤をしていたとは認められない。

終業時刻後の時間外労働時間についてみれば、8か月前が約72時間、5か月前が約71時間となり、それほどの長時間の時間外労働とはいえない上、長時間労働が2か月以上継続しておらず、長時間労働が恒常的であったということはできない。

2 Kの在籍していた当時の高松支店及び長崎支店は、担当職員1人当たりの融資件数及び融資金額とも全国22支店の中でも中位ないし下位にあり、公庫の職員の平均的な業務量からみても過重なものであったとは認め難い。

Kは、入庫後14年目の調査役であり、これまで職務上特段の問題もなく昇格してきたこと、それまでも各支店で融資業務を担当してきたこと、Kの担当案件数は、同課の平均担当件数を下回り、最も少ない件数であったことからすれば、Kの高松支店における業務量が過重であったとは直ちには認め難い。

長崎支店異動後は、地位、勤続年数等に応じて、他の職員と公平に業務を

〔37〕大阪高判平成26年7月17日（平成25年(ネ)第1133号）

分担しており，Kの業務量が特に多かったとは認められない。また，Kの長崎支店で実際に従事した業務内容をみても，異動による挨拶，取引先の引き継ぎ，新規顧客開拓のための営業活動が主であり，担当業務が過重であったとは到底認められない。Kの業務内容に照らして業務の困難度が高度であったとか，労働密度が過重であったという事情もみられない。

3 長崎支店に異動後は，妻X_3と同居することを前提に，それまでの週末のみを一緒に過ごすという生活からある程度まとまった期間を一緒に過ごし，またある程度まとまった期間別居するという生活の変化により，一定程度の抑うつ気分を感じるようになり，その後のX_3との同居による生活の変化がKに一定程度の心理的負担をもたらしたと認められる。

4 Kは自殺1か月前に軽度のうつ病を発症したと認められるところ，Kの高松支店及び長崎支店での業務が過重であることによりKに大きな心理的負担をもたらしたとは認められないこと，長崎支店での時間外労働時間の管理の取組みによりKの時間外勤務が制限されるなどして一定の心理的負担をもたらしたとしても，これをもって，社会通念上，業務に内在し又は通常随伴する危険が現実化したものと評価することはできないこと，Kの公庫の職員としての将来に対する不安感や悲観的な気持ちも，Kの担当する業務に内在し又は通常随伴する危険が現実化したものと評価することはできないことが認められる一方で，Kの生活の変化による心理的負荷が認められることを総合すれば，Kの発症した軽症うつ病とKの担当した業務との間に相当因果関係があるということはできない。

5 Kの発症した軽症うつ病とKが公庫で担当した業務との間に相当因果関係があるということができないから，安全配慮義務違反の主張は前提を欠くものであり，その余の争点について判断するまでもなく，Xらの各請求はいずれも理由がないとして，Xらの請求は棄却された。

解　説

1　判決のポイント

本事案は，第1審と控訴審との間でKが行っていた早出出勤の業務上負荷

に関する評価が分かれた結果，相当因果関係を認めた第１審判決が覆され，Yの安全配慮義務違反に基づく損害賠償責任が否定されたものである。

2 過重労働と精神疾患との因果関係

　安全配慮義務は，労働契約法５条に，「使用者は，労働契約に伴い，労働者がその生命，身体等の安全を確保しつつ労働することができるよう，必要な配慮をするものとする。」と定められている。

　使用者の安全配慮義務違反を問うためには，被災の具体的状況に照らして義務の内容を特定した上で，義務違反行為と発生した結果との間に因果関係が認められなければならない。

　民事損害賠償請求における因果関係については，行為と結果との間の相当因果関係の存否によって判断される。

　一方で，労災認定の行政手続における業務起因性は，「心理的負荷による精神障害等に係る業務上外の判断指針」（平11・9・14基発544号）及び「心理的負荷による精神障害の認定基準」（平23・12・26基発1226第１号）（以下「認定基準」という）に沿って判断されている。

　これらは，法規ではなく行政組織内部の命令として，労災保険給付の可否の観点から業務上外の判断に関する基準ないし指針を定めるものであり，民事損害賠償請求における因果関係を判断するものではないが，業務上の精神障害に起因する自殺の事案において，判断指針やこれの前提となる「精神障害等の労災認定に係る専門検討会報告書」を基礎として業務と傷病との因果関係を判断していると考えられる裁判例が多くあり（立正佼成会事件・東京高判平20・10・22労経速2023号7頁【本書判例28】ほか），裁判所実務ではこうした取扱いが一般的である。

　認定基準では，長時間労働に従事することが精神障害発病の原因となり得ることから，①「特別な出来事」としての「極度の長時間労働」，②「出来事」としての長時間労働，③他の出来事と関連した長時間労働の観点から評価するとされている。例えば発病直前の３か月間連続して１月当たりおおむね100時間以上の時間外労働を行った場合（②に関する具体例）や，出来事の前に月100時間程度となる時間外労働が認められ，出来事後すぐに発病にいたっている場合（③に関する具体例）には，心理的負荷の総合評価が「強」にな

るとされている。このため，民事損害賠償請求における因果関係の判断においても，1か月当たり100時間を超える長時間労働の有無が重視されることになる。

　本事案の第1審では，自殺8か月前及び5か月前の時間外労働時間が100時間前後であったことを重視し，その後の業務上の負荷と相まって業務と自殺との因果関係を肯定したのに対し，本件控訴審では，Kの早出出勤が業務上の必要に迫られてなされていたものであったとは認められないとし，自殺8か月前及び5か月前の時間外労働時間から負荷の軽かった早出出勤の時間を控除した結果，認定基準に照らして因果関係を否定したものである。

> ❖実務上の留意点❖
>
> 　本判決では，早出出勤の労働時間性は肯定されたものの，業務上の必要性が乏しく負荷も軽いものであったことから，業務上の負荷の判断において早出出勤時間分を除外して考えられたものである。もっとも，実際の訴訟の場面では，使用者が，労働者の主張する労働時間について，実際には業務が行われていなかったことや，業務の負荷が軽いものであったことを立証することには大きな困難伴う。このため，実務的には，業務以外の理由による職場滞留の防止や不要不急の時間外労働の防止などを通じた時間外労働時間の削減に取り組むことが望ましい。

【西濱　康行】

第4 責任主体

38 元請企業の下請会社従業員に対する安全配慮義務
—— 三菱重工業神戸造船所事件

最一小判平成3年4月11日（平成元年(オ)第516号，同第1495号）
最高裁判所裁判集民事162号295頁，判例時報1391号3頁，判例タイムズ759号95頁

概要

元請企業は下請企業の従業員との間に直接の雇用関係はないが，下請企業の従業員との間に特別な社会的接触の関係に入ったものと認められる事情がある場合には，信義則上，安全配慮義務を負う

〔問題点〕
1 元請企業（発注者・委託企業等，以下「元請企業」という）の下請企業の従業員に対する安全配慮義務の根拠は何か
2 「特別な社会的接触関係」が認められる場合とはどのようなものか

判決の内容

■ 事案の概要

1 Xらは，造船所で，ハンマー打ち作業等に就労していた下請企業の従業員であるが，騒音の被曝によって騒音性難聴にり患したとして労災認定を受けた。

2 Xらは，元請企業にあたるYに対して，安全配慮義務違反を理由に損害賠償を請求し，Yは，因果関係等を争うとともに，XらがYと雇用関係な

いしこれと同視すべき契約関係にないことを理由に，安全配慮義務を負うものではないと主張した。

■ **判決要旨**

1 Xらは，Yの神戸造船所における騒音の被曝によって，騒音性難聴にり患したと認められる。

2 Yの下請企業の従業員が，Yの神戸造船所で労務の提供をするにあたっては，いわゆる社外工として，Yの管理する設備，工具等を用い，事実上Yの指揮，監督を受けて稼働し，その作業内容もYの従業員であるいわゆる本工とほとんど同じであったというのであり，このような事実関係の下においては，Yは，下請企業の従業員との間に特別な社会的接触の関係に入ったもので，信義則上，当該従業員に対して安全配慮義務を負う。

解　説

1　元請の下請労働者に対する安全配慮義務の根拠

労働契約法5条は，労働契約に伴う義務として安全配慮義務を規定している。ところが，元請企業と下請企業（二次下請，三次下請等もあり得るが以下「下請企業」という）の従業員の間には，直接の契約関係が存在しないので，元請企業が安全配慮義務を負うことがあるのか，安全配慮義務を負うことがあるとして，いかなる法律根拠によるものかを検討する必要がある。

直接の契約関係になくとも，一定の状況の下では，生命・身体等の安全を確保すべき注意義務があり，これを怠って損害を与えた場合に，不法行為責任を負うことがあるのは当然の理であるが，安全配慮義務違反の責任は債務不履行責任とされており，直接の契約関係のないところに，債務不履行責任を認めるのはいささか理論的でない。

しかし，判例・学説の多数は，一定の場合に元請企業の安全配慮義務を肯定している。学説は3つに分類される。

(1)　労働契約説

一定の場合に，元請企業と下請企業の労働者との間に労働契約の存在を認

め，この労働契約上の義務として安全配慮義務があるとする説。

　元請企業と，下請企業の労働者の間に実質的な支配従属関係がある等として，黙示の労働契約の成立を認め，これに基づき安全配慮義務があるとするものである。

　この説については，黙示の労働契約といえども「労働契約締結の合意」と評価されるものが必要であり，単に指揮命令関係があるというだけで労働契約が成立するものではないとの批判がある。

(2) 契約責任の第三者への拡張説

　元請企業・下請企業間の契約における，元請の契約責任を拡張することによって，契約外の当事者についても元請企業が安全配慮義務を負うとする説。

　元請企業は，下請企業とともに，下請企業がその労働者に対して負う安全配慮義務を重畳的に引き受けるとする説（重畳的債務引受説），元請企業は，下請企業との請負契約における信義則上の義務として，下請企業の労働者に対して直接安全配慮義務を負うとする説（第三者の保護効をともなう契約説）がある。これらの説については，技巧的にすぎるという批判がある。

(3) 労働関係説

　使用者・被用者の関係と同視できるような，「特別な社会的接触の関係」にあることを理由に安全配慮義務があるとする説。

　この説は，陸上自衛隊八戸車両整備工場事件判決（最三小判昭50・2・25民集29巻2号143頁）が「特別の社会的接触の関係」という用語を用いたことに依拠するものである。しかし，同判決は，公務員に関するものであり，公務員の任用関係は契約関係ではないため，「特別の社会的接触の関係」という用語を用いたものであって，直接の法的関係のないところに安全配慮義務ありとすることまで想定していたものではあるまい。また，この説については，安全配慮義務の認められる範囲が不明確であるとの批判もある。

　このように批判はあるが，労働関係説が判例・通説であり，本判決もこの説に立っている。

2 「特別な社会的接触関係」を認める場合とは

　労働関係説に立ち，「特別な社会的接触関係」にある場合は，元請企業も

下請企業の従業員に対して安全配慮義務を負うとした場合，「特別な社会的接触関係」を認め得る場合とはどういうケースなのかが問題となる。この点についても，次のとおりいくつか学説がある。

① 雇用契約同一関係説　材料の供給，機械の貸与関係の有無，指揮監督関係の実態，提供された労務の性質及び内容，事実上の専属関係の有無，労賃などの諸点を総合判断して，実質的に元請と下請などの労働者間に「雇用契約の当事者の関係と同視するに足りる特別な関係」が認められることが必要とする説。

② 指揮監督関係説　下請企業の従業員が元請企業の支配管理する施設内において，元請企業の直接の指揮監督の下に労務を提供する場合であることが必要とする説。

③ 指揮監督権限地位説　①②の場合のみならず，元請企業が指揮監督権限を行使して労災の発生を防止し得る地位にあれば足りるとする説。

本判決は，「事実上上告人（注：元請企業）の指揮，監督を受けて稼働し」ているというだけで，ただちに「特別な社会的接触関係」を認めたわけではなく，①説に近い。また，近年の判例は，注文者が単に仕事の結果を享受するにとどまらず，請負人の雇用する労働者から実質的に雇用契約に基づいて労働の提供を受けているのと同視し得る状態が生じていると認められる場合，すなわち，注文者の供給する設備，器具等を用いて，注文者の指示のもとに労務の提供を行うなど，注文者と請負人の雇用する労働者との間に実質的に使用従属の関係が生じていると認められる場合には，注文者と請負人との請負契約及び請負人とその従業員との雇用契約を媒介として間接的に成立した法律関係に基づいて特別な社会的接触の関係に入ったものとして，信義則上，注文者は，使用者が負う安全配慮義務と同様の安全配慮義務を負うとしており，①説と見られる（テクノアシスト相模・大和製罐事件・東京地判平20・2・13判時2004号110頁，中部電力ほか（浜岡原発）事件・静岡地判平24・3・23労判1052号42頁）。

3　発注企業等の安全配慮義務に関する裁判例

(1)　O技術事件（福岡高那覇支判平19・5・17労判945号24頁）

孫請業者従業員が，作業中に倒れた鉄板と土壁面との間に挟まれて死亡し

た事故につき，元請企業が，常駐の現場代理人を通じて，孫請の従業員を指揮監督していたこと，元請の現場代理人が，孫請の従業員に労災防止に関して直接に注意指導をしていたこと，元請が，下請・孫請の従業員も建築労災補償共済制度の被共済者としていること，元請の名前が入った作業服を支給し，着用させていたことから，元請も安全配慮義務を負っていたとした。ただし，法律構成としては，安全に配慮する注意義務に違反した過失ありとして，不法行為責任構成（民709条・715条）としている。

もっとも，労災防止の指導や，災害補償のための共済制度の適用をもって，安全配慮義務ありとする点については，企業として，これら被害防止・軽減の取組みに消極的になる傾向を助長する結果となり，問題であろう。

(2) **テクノアシスト相模・大和製罐事件**（東京地判平20・2・13判時2004号110頁）

発注企業の工場内で作業台から転落して頭部を強打し死亡した事故について，発注企業の構内で作業が行われ，作業台を含め，注文者の供給する設備，器具等を用いて作業をしており，発注企業が作業内容・手順を詳細に説明していたこと，発注企業が，ラインの稼働を管理していたことなどから，実質的に使用従属の関係が生じているとして安全配慮義務を肯定し，債務不履行責任及び不法行為責任を負うとした。

(3) **中部電力ほか（浜岡原発）事件**（静岡地判平24・3・23労判1052号42頁）

アスベストばく露によって死亡したとして，発注者・元請会社・下請会社に対し，債務不履行又は不法行為（発注者につき民709条・717条，元請会社・下請会社につき同法709条）による損害賠償を請求した。

下請・元請は，指揮命令の状況，工事要領書の作成，作業手順書及び作業工程表の作成等に照らし，従業員から実質的に労働の提供を受けているのと同視し得る状態が生じており，安全配慮義務を負うが，発注者については，概括的な工事仕様書の作成にとどまり，社員を現場に常駐させていたわけでもないので，安全配慮義務を負うものではないとした。

(4) **東京電力ほか事件**（静岡地判平26・12・25労判1109号15頁，東京高判平27・5・21労経速2253号6頁）

放射性物質放出事故の復旧作業に従事していた者が，作業中心筋梗塞で倒

れて亡くなったことについて，発注企業，元請，一次下請，二次下請に対し安全配慮義務違反があると主張して，共同不法行為（民719条）に基づく損害賠償又は債務不履行に基づく損害賠償を請求した。元請等の作業場所であること，防護服等の装備，工具は元請が用意したこと，元請に放射線についての安全教育を実施する義務があり，被曝線量を管理していたこと，作業内容が元請の従業員の作業と同視できること，一次下請等については，作業工程表，作業指示表を管理していたことなどを主張したが，これらは特別の社会的接触関係を根拠付けるものではないとされ，いずれの企業についても安全配慮義務が否定された。

❖実務上の留意点❖

職場における労災や職業病については，安全配慮の具体的内容を注意義務と捉えて注意義務違反の不法行為構成にすることも，安全配慮義務違反の債務不履行構成にすることも可能である。近年は，請負，派遣等，直接の契約関係にない場合は，判断基準が必ずしも明確でない「特別な社会的接触関係」の主張・立証のみに絞るのでなく，不法行為構成を採用したり，あるいは不法行為・債務不履行の双方で主張をしておくといった例が見られる。

【石井　妙子】

〔参考文献〕
- 齋藤大「社外工・派遣労働者に対する安全配慮義務」林豊＝山川隆一編『新・裁判実務大系⒄労働関係訴訟法⑵』343頁

〔参考判例〕
- 大豊運輸事件（最一小判平2・11・8裁判集民161号191頁，判時1370号52頁）

〔掲載誌，評釈等〕
- 松本久・平成3年度主要民事判例解説（判タ臨増790号）48頁
- 西村健一郎・判評396号（判時1403号）151頁

39 労働者派遣と安全配慮義務
——ニコン・アテスト事件

東京高判平成21年7月28日（平成17年（ネ）第2265号）
労働経済判例速報2050号3頁，労働判例990号50頁

概　要

派遣先事業主には，派遣労働者の心身の安全を損なうことがないよう注意する義務があり，派遣元事業主においては，派遣労働者の就業の状況を常に把握し，過重な業務等が行われるおそれがあるときにはその差止めや是正を派遣先に求め，必要に応じて当該労働者派遣を停止するなどして，派遣労働者が心身の健康を損なうことを予防する注意義務があり，それぞれの注意義務違反がある場合には各々不法行為責任を負う

〔問題点〕
1　労働者派遣において派遣先事業主（派遣先）は安全配慮義務を負うか
2　労働者派遣における派遣元事業主（派遣元）の安全配慮義務はどのような内容か

判決の内容

■ 事案の概要

1　Y₁社は精密機械・器具等の製造販売の会社であり，Y₂社はソフト開発や事務用機器の操作・保守・維持管理等の請負業を営む会社である。Kは，Y₂社に雇用され，Y₁社の事業場で勤務していたが（その形態が派遣か請負かについては争いがある），自殺により死亡した。

2　Kの母親であるXは，Kの自殺は，過重労働における肉体的負担及び精神的負担のためにうつ病に罹患したことが原因であるとして，Y₁社，Y₂社に対し，安全配慮義務違反ないし不法行為に基づく損害賠償を請求した。

■ **判決要旨**

1　Y₁社とY₂社の間の契約関係については，そもそも業務請負契約を締結していた事実はなく，労働者派遣であり，かつ，「労働者派遣法に反する労働者供給事業等」に該当するとされ，このような場合，「中間さく取が行われるとともに，劣悪な労働条件の下に過酷な労働が強制されるなど労働者に不当な圧迫が加えられるおそれが類型的に高い場合」にあたる上，「実際にも……法令の規制から外れた無規律な労働条件の下，本来命じられることはないはずの時間外労働や休日労働に従事して」いたとされた（36協定等が整備されていなかった）上，重点的に（他の者より多く）シフト変更を命じられたこと，本来業務ではない業務での出張や，未経験者には難しいとされるソフト検査を兼務させられたことなどから，業務に起因してうつ病を発症したものとされた。

2　Y₁社の責任については，雇用契約上の雇用主のほか，労働者をその指揮命令の下に使用する者（派遣先等）は，その業務の実情を把握し，業務の遂行に伴う疲労や心理的負荷等が過度に蓄積して労働者の心身の健康を損なうことがないよう注意する義務を負い，使用者に代わり労働者を指揮監督する者は，この注意義務の内容に沿ってその権限を行使すべきであるとした。そして，Kの指揮命令，管理をしていた者に注意義務違反の過失により不法行為が成立し，その使用者であるY₁社は使用者責任（民715条）を負うとした。

3　Y₂社の責任について，同社は，Y₁社と請負契約を締結していると主張したが，前述のとおり裁判所は，本件は請負ではなく労働者派遣であると認定した。その上で，裁判所は，労働者派遣事業を行う者は，派遣労働者の就業の状況を常に把握し，過重な業務等が行われるおそれがあるときには派遣先にその差止めや是正を求め，また必要に応じて派遣を停止するなどして，派遣労働者が過重な業務に従事すること等により心身の健康を損なうことを予防する注意義務を負うとし，Y₂社にはこの注意義務違反の過失があり，不法行為責任が成立するとした。

4　Y₁社，Y₂社については，共同不法行為（民719条1項）が成立し，両

者の責任は不真正連帯の関係に立つとされた。

解　説

1　派遣先事業主の安全配慮義務
(1)　派遣先の安全配慮義務の存否及びその内容

　労働契約法5条は，労働契約上，使用者に安全配慮義務がある旨を定めているが，労働者派遣においては，派遣労働者と派遣先の間に労働契約関係はなく，したがって，派遣先には労働契約法5条の適用はない。

　もっとも，派遣先が責任を負うことがないというわけではない。契約関係はなくとも，派遣先の法人としての不法行為責任，あるいは派遣先の従業員の不法行為に関する使用者責任を負うことがある。すなわち，派遣先企業が，故意又は過失（注意義務違反）により損害を与えた場合には，不法行為責任を負うことになり（民709条），また，派遣先の従業員の不法行為により，事業の執行につき派遣労働者に損害が生じた場合には，派遣先は使用者責任（民715条）として損害賠償責任を負うことになる。もっとも，法人自体の不法行為責任が認められるのは稀であり，使用者責任の構成によることが多い（なお，事故の具体的状況によっては工作物責任等が問われることがある）。

　問題は，派遣先あるいは派遣先従業員がいかなる注意義務を負っているかであるが，派遣労働者は，派遣先の指揮命令下で，派遣先において労務を提供しており，そのような関係にある以上，派遣先としては，就労の過程で派遣社員が生命・健康等を損なうことのないようにする注意義務があると解される。具体的注意義務の内容は，事故や健康被害等に応じて様々であるが，生命・身体の安全に関わる事項として，基本的に直接雇用の労働者に対する安全配慮義務と同様の内容であると考える。派遣先（又はその従業員）が，このような義務に違反した場合は，過失ありとして，不法行為責任を負うことになる。

　ところで，本件の原審（東京地判平17・3・31労判894号21頁）は，「安全配慮義務違反に基づく責任及び不法行為に基づく責任」を負うとしており，債務不履行責任も負うかのようであるが明確でない。なお，七十七銀行（女川支

店）事件（仙台高判平27・4・22判時2258号68頁【本書判例33】）は，派遣先は業務上の指揮命令権を行使して派遣労働者の労務を管理していたのであるから，特別な社会的接触関係にあったと認められ，信義則上，雇用される労働者に対すると同様の安全配慮義務を負っていたとしている（結論としては義務違反なしとした）。「特別な社会的接触関係にあり」とのアプローチについては，【本書判例38】参照。

(2) 派遣先指針における派遣先の安全衛生に係る措置

派遣先の義務に関連し，「派遣先が講ずべき措置に関する指針」（平11労働省告示138号。以下「派遣先指針」という）は，安全衛生に係る措置として，派遣先は，派遣元事業主が派遣労働者に対する雇入れ時及び作業内容変更時の安全衛生教育を適切に行えるよう，当該派遣労働者が従事する業務に係る情報を派遣元事業主に対し積極的に提供するとともに，派遣元事業主から雇入れ時及び作業内容変更時の安全衛生教育の委託の申入れがあった場合には可能な限りこれに応じるよう努めること，派遣元事業主が健康診断等の結果に基づく就業上の措置を講ずるにあたって，当該措置に協力するよう要請があった場合には，これに応じ，必要な協力を行うこと等，派遣労働者の安全衛生に係る措置を実施するために必要な協力や配慮を行うこととしている（派遣先指針第2の17，安全衛生に関する措置について具体的な説明は，労働者派遣事業関係業務取扱要領第8の3の(6)）。

これらは，労働者派遣法及び派遣先指針に基づく派遣先の責任であって，派遣先と派遣社員の間の契約上の義務ということではないが，派遣先の義務内容ひいては過失の有無（不法行為責任の成否）を判断する場合の考慮要素となると解される。

2 派遣元事業主の安全配慮義務

(1) 派遣元の安全配慮義務

派遣元は派遣労働者との間に労働契約を締結しているから，当然，派遣労働者に対して労働契約法5条に定める安全配慮義務を負っている。ただし，直接に指揮命令しているわけではないので，具体的な配慮義務の内容については議論の余地がある。

本判決は，労働契約関係のあるY_2社との関係でも，不法行為構成をとっ

ているから，労働者を派遣した場合の「注意義務」の内容を判示しているが，安全配慮義務（債務不履行責任）の構成による場合も，義務内容は同様であると解される。

(2) 派遣元の注意義務（ないし安全配慮義務）の内容

本判決は，派遣就労（偽装請負による派遣法違反の形態を含む）において，労働者は不安定な立場に置かれやすく，また，派遣先は労働者を自ら雇用する場合と比べて，労働者の就労環境等に意を用いず，過重な労働等を行わせがちであると考えられるとして，就業の状況を常に把握し，過重な業務等が行われるおそれがあるときには，派遣先にその差止めあるいは是正を求め，必要に応じて労働者派遣を停止するなどして，健康被害を予防する注意義務を負うとした。

本判決は，このような内容の注意義務が認められる根拠について，労働者派遣法が，派遣元に派遣就業が適正に行われるように必要な措置を講じる等適正な配慮をすることを義務付けていること（同法31条），派遣先が労働基準法等の規定に違反した場合に，労働者派遣を停止し，又は契約を解約することができるとしていること（同法28条）は，派遣元に上記のような注意義務があることを前提としている，という説明をしている。

派遣労働者の立場が弱いという点をことさら強調するのは疑問があるが，本判決の示す義務内容は，派遣元としては事業運営において十分留意すべき点であると考える。

❖実務上の留意点❖

労働者派遣法や派遣先・派遣元の各指針，労働者派遣事業関係業務取扱要領は，派遣先・派遣元の義務について定めており，これらは参考にすべきであるが，安全配慮義務も，不法行為における注意義務も，具体的な事故や健康被害の内容に照らして，当該被害を防ぐためにいかなる措置が講じられるべきであったかが問われるものであるから，事案に即した個別具体的な検討が必要である。

【石井　妙子】

〔参考判例〕
- 七十七銀行（女川支店）事件（仙台高判平27・4・22判時2258号68頁【本書判例33】）
- ティー・エム・イーほか事件（東京高判平27・2・26労判1117号5頁）
- ヤマダ電機・アデコ事件（大阪地判平23・9・5判時2132号57頁）

〔掲載誌，評釈等〕
- 本久洋一「偽装請負（違法派遣）における深夜交替制・クリーンルーム作業と自殺との因果関係の認定方法——アテスト（ニコン熊谷製作所）事件（東京高裁平成21・7・28判決）」労判991号6頁
- 岩出誠「偽装請負的態様で就労中の派遣労働者の過労自殺と企業責任——アテスト（ニコン熊谷製作所）事件（東京高判平成21・7・28）」ジュリ1414号250頁

40 出向先・出向元の安全配慮義務
——JFE スチールほか事件

東京地判平成20年12月8日（平成17年（ワ）第3123号）
労働判例981号76頁，判例タイムズ1319号120頁

概　要

出向先には労働契約上の義務として安全配慮義務があり，出向元にも具体的実態に応じた内容の安全配慮義務があるとした上で，一次的には出向先が義務を負い，出向元は，長時間労働等の具体的な問題を認識し，又は認識し得た場合には，これに適切な措置を講ずるべき義務を負うが，本件ではそのような事情はないとして，出向先の安全配慮義務違反の責任を肯定し，出向元の責任は否定した

〔問題点〕
1　出向先の安全配慮義務の存否・内容
2　出向元の安全配慮義務の存否・内容

判決の内容

■ 事案の概要

1　Kは，Y_1社に在籍のままY_2社に出向し，プロジェクトマネージャーとしてシステム開発を担当していたが，システムの不具合が頻発しスケジュールが遅延する中で体調を崩し，精神科に医療保護入院した。その後，自宅で療養し，いったん復職したものの3か月あまり後に自殺を図り死亡した。

Kの相続人であるXら（妻及び子）は，Kは，Yらの安全配慮義務違反により加重な長時間労働を強いられてうつ病にり患し，これにより自殺したものであるとし，Yらに対し，不法行為責任又は債務不履行責任に基づき，連帯して損害賠償を支払うよう求めて提訴した。

2　KはY₂社において，月100時間を優に超える長時間の時間外労働を行い，休日出勤や長期出張が重なる等しており，労働基準監督署は本件の自殺について労災認定を行っている。

■ 判決要旨

1　Kは，月100時間を優に超える長時間の時間外労働を行い，休日出勤や長期出張が重なる等しており，またシステム開発における不具合の頻発により過大な精神的負荷を蓄積させていたものであり，過酷な長時間労働及び過大な精神的負担によりうつ病にり患し，自殺したものである。

2　使用者は，労働契約上の付随義務として安全配慮義務を負っているところ，出向先であるY₂社においては，Kを含む担当者が過酷な長時間労働を強いられていること，プロジェクトマネージャーであるKに過大な心理的負荷がかかっていることを十分認識し，あるいは認識することが可能であったから，これによりKがうつ病にり患することについて予見可能であった。

したがって，Y₂社は，うつ病り患を防ぐために，必要な人員を配置したり，心理的負荷を軽減させるよう職務分担の見直しを図る等，適切な措置を構ずべき安全配慮義務を負っていたのであるが，必要かつ十分な措置を講じなかったため，うつ病を重篤化させて幻覚妄想亜昏迷状態で入院を要するまでにいたらしめたのであり，労働契約上の安全配慮義務に違反したというべきである。そして，Y₂社の安全配慮義務違反と，Kのうつ病のり患及び自殺との間には相当因果関係が認められる。

3　使用者は，安全配慮義務を負っており，在籍出向の出向元は，出向先及び出向労働者との間の合意により定められた権限と責任，労務提供，指揮監督関係等の具体的実態に応じた内容の安全配慮義務を負うと解するのが相当である。

本件でY₁社は，Kの賃金（割増賃金を含む）の支払，災害補償及び弔意に関する費用負担等の義務を負っていたものの，Kは，日常的にY₂社の指揮命令のもとで同社に対して労務を提供し，同社がKの人事評価や健康管理を実施していたのであり，Y₁社は，Kを直接管理監督する立場になく，日常的にKの労働環境，健康状態等を把握することは困難であった。

このような具体的な労務提供，指揮命令関係の実態によれば，Kに対する安全配慮義務は，一次的にはY₂社が負い，Y₁社は，人事考課表等の資料やKからの申告等により，長時間労働等の具体的な問題を認識し，又は認識し得た場合に，これに適切な措置を講ずるべき義務を負うと解するのが相当である。

しかし，本件において，Y₁社が，Kの過重な長時間労働及び過大な精神的負担等を認識し，又は認識し得た事情は認められないから，Y₁社が安全配慮義務を負っていたとはいえず，Y₁社に安全配慮義務違反及び損害賠償責任は存しない。

解　　説

1　在籍出向・転籍出向の法律関係

広義の出向には，在籍出向と転籍出向がある。本判決は在籍出向の例である。

在籍出向とは，労働者が出向元の企業に在籍のまま，他の企業等（出向先）に赴いて，当該出向先の指揮命令により労務提供をする法律関係をいい，在籍出向あるいは単に「出向」と呼んでいる（以下「出向」という）。通説・判例は，出向において，労働者の労働契約関係は，出向元及び出向先双方との間に存在するとしている。

一方，転籍出向は，元の企業との労働契約関係を終了させるものである。転籍出向には，2つの法律構成があり，①転籍元における労働契約関係を終了させて（つまり退職して），転籍先企業との間で新たに労働契約を締結する場合と，②転籍元と転籍先との間で労働契約上の使用者の地位を譲渡する場合の2つである。どちらに該当するかは，当事者がいずれの法律構成を選択したかによって決まることになる。

2　出向先の安全配慮義務

上記のとおり，出向先も，出向労働者との関係で，労働契約上の使用者であるから，労働契約法5条により安全配慮義務を負っている。同条は，安全配慮義務について，「労働者がその生命，身体等の安全を確保しつつ労働す

ることができるよう，必要な配慮をする」義務としており，そうであれば，現に労働させている（指揮命令下に置いて就労させている）出向先が，第一次的に安全配慮義務を負っていると解するのが相当である。この点，本件判旨は的確な判断である。

出向先が負う安全配慮義務の具体的な内容は，事案の内容に照らして，原因やいかなる防止策があったかという点で判断されることになる（労働者側で具体的な義務内容を特定し，主張・立証することになる。【本書判例25】）。

3　出向元の安全配慮義務

出向元も，労働契約上の使用者であるから，労働契約法5条の安全配慮義務を負う立場にあることは否定できない。ただし，指揮命令下で労働させているわけではないから，どのような場合に，いかなる内容の安全配慮義務を負うかが問題である。

本判決は，この点について，出向先及び出向労働者との間の合意により定められた権限と責任，労務提供，指揮監督関係等の具体的実態に応じた内容の安全配慮義務を負うとした上で，本件について義務違反はないとした。

結局のところ，ケースバイケースということであるが，例えば，出向中，出向元が給与を支払う形になっていて，その関係で時間外労働の極めて多いことや体調を崩して欠勤していることを把握している場合，あるいは労働者から直接相談があった場合など，過重労働や健康被害の事情を知りながら何らの措置をとらなかった場合には，出向元にも安全配慮義務違反ありとされる可能性は否定できないと考える（ただし，本判決は，割増賃金を支払っていたというだけでは具体的な問題を認識し得たとすることはできないとの立場のようであるが，この点はあくまで事案に照らした判断であり，労務提供の実態等，個別事情に照らして結論は左右されよう）。

また，仮に過重労働を認識し得たとしても，出向労働者に対する指揮命令権は，出向先にあり，基本的に，出向元が他社の業務運営，人事管理に容喙するわけにはいかない。協成建設工業ほか事件（札幌地判平10・7・16労判744号29頁）は，出向元は，出向中，当該労働者を休職扱いにしていること，出向先の業務について出向先企業等を指導する余地がなかったことなどから，出向先の安全配慮義務違反を肯定しつつ，出向元には責任はないとしている。

結局，具体的な義務内容としては，通常，出向先への改善申入れや協議等にとどまることになろう。就労環境が，到底看過できない状況の場合は，出向解除して出向元に復職させるといった対応もあり得るが，解除の可否・手続（事前予告など），企業間の出向契約にどのような定めがおかれているかによることになる。

　ちなみに，近年では「兼務出向」として，出向先のみならず，出向元でも一定の勤務をする例がある。このような場合は，出向元・出向先双方が時間管理や業務負荷をコントロールをする責任を負い，安全配慮義務違反について連帯して責任を負うこともあり得ると考える。なお，労働基準法38条１項は，「労働時間は，事業場を異にする場合においても，労働時間に関する規定の適用については通算する。」としており，これは別法人に属する事業場間にも適用があることに留意すべきである。

4　転籍出向

　1に述べたとおり，転籍の場合には，転籍元企業との労働契約関係は終了しているので，転籍先での心身の安全は，専ら転籍先が配慮義務を負うことになる。ただし，転籍にも様々な態様があり，一定期間後の復帰を予定している場合もある。そのような場合は，出向に準じて，企業間の転籍に関する取決めに基づき，転籍元として有している権限と責任，労務提供，指揮監督関係等の具体的実態に応じて判断されることになると解されるが，一般的には，安全配慮義務違反ありとされる場面は限られると考えられる。

❖実務上の留意点❖

　本件では，出向元・出向先の企業間の出向契約において，出向者の災害補償及び弔意の費用は，出向元の災害補償弔意規定に基づき出向元が負担することなどが定められていた。出向労働者の保護の観点から，出向中も，出向していない従業員と同水準の労災補償を与えるべく，このような内容の出向契約を定めることは多いと思われる。このような場合，出向元に安全配慮義務が存しないとしても，出向先との関係では，出向契約に定めた費用負担の義務の履行が必要となるが，出向先に安全配慮義務違反の責任がある場合の費用負担の扱い等についても規定しておくことが検討される。

【石井　妙子】

〔参考判例〕
- A鉄道（B工業C工場）事件（広島地判平16・3・9判タ1155号213頁）
- 協成建設工業ほか事件（札幌地判平10・7・16労判744号29頁）
- ネットワークインフォメーションセンターほか事件（東京地判平28・3・16判時2314号129頁）

〔掲載誌，評釈等〕
- 新谷祐子・平成22年度主要民事判例解説（別冊判タ32号）382頁

41 過労死と取締役の責任
―― 大庄ほか事件

大阪高判平成23年5月25日（平成22年(ネ)第1907号）
労働判例1033号24頁

概要

過重労働に起因して従業員が急性心不全で死亡したことに関し、会社の安全配慮義務違反の責任を認めるとともに、取締役個人にも労働者の生命・健康を損なわないような体制を構築していなかった責任があるとして、会社法429条1項に基づく損害賠償責任を認容した

〔問題点〕
1 従業員の過労死等について、取締役個人が責任を負う根拠
2 取締役の任務懈怠の具体的内容

判決の内容

■ 事案の概要

1　Y_1社は、全国展開する飲食店経営等を業とする会社であり、Xらの子であるKは、平成19年4月1日にY_1社に新卒で入社し、同社が運営する店舗で勤務していたところ、同年8月、急性心不全により死亡した。

2　Kの労働時間は、死亡前、毎月80時間を超える時間外労働が行われて、恒常的な長時間労働となっており、従事していた仕事は調理場での仕事であり、立仕事であったことから肉体的に負担が大きかった。

3　Xらは、Kの死亡の原因は長時間労働等にあると主張して、Y_1社に対しては不法行為又は債務不履行（安全配慮義務違反）に基づき、また、Y_1社の取締役であるY_2ないしY_5（代表取締役Y_2及びその他の取締役）に対しては不法行為又は会社法429条1項に基づき、損害賠償を請求して提訴した。

なお，労働基準監督署長もKの死亡について業務災害と認定している。

■ **判決要旨**

1 Y₁社では，労働者の労働時間の適切な把握をしておらず，長時間労働とならないよう休憩・休日等をとらせることもせず，何ら対策をとっていなかったのであるから，Y₁社は，Kの生命，健康を損なうことがないよう配慮すべき義務を怠ったことによる不法行為責任を負う。

2 取締役は，会社に対する善管注意義務として，会社が使用者としての安全配慮義務に反して，労働者の生命，健康を損なう事態を招くことのないよう注意する義務を負い，これを懈怠して労働者に損害を与えた場合には会社法429条1項の責任を負うと解するのが相当である。

3 Y₁社の給与体系では，基本給の中に時間外労働80時間分を組み込んでいたため，そのような給与体系の下で恒常的に1か月80時間を超える時間外労働に従事する者が多数出現しがちであり，また，恒常的に36協定を超える時間外労働がなされていた。そして，このような全社的な従業員の長時間労働について，Y₂～Y₅の取締役らは認識していたか，極めて容易に認識できたと考えられるが，過重労働を抑制するための措置は何ら講じられていないことから，取締役らは，悪意又は重大な過失により，会社が行うべき労働者の生命・健康を損なうことがないような体制の構築と長時間労働の是正方策の実行に関して任務懈怠があったことは明らかであり，会社法429条1項に基づく責任を負う。そして，同様の理由から，取締役らの不法行為責任も優に認めることができる。

4 Y₃～Y₅は，管理本部長，店舗本部長，支社長であって，業務執行全般を行う代表取締役ではないものの，勤務実態を容易に認識し得る立場にあるのであるから，労働者の生命・健康を損なうことがないような体制を構築し，過重労働を抑制する措置をとる義務があることは明らかであり，この点の義務懈怠において悪意又は重過失が認められる。そして，Y₂は代表取締役であり，自ら業務執行全般を担当する権限がある上，仮に過重労働の抑制等の事項については他の取締役らに任せていたとしても，それによって自らの注意義務を免れることができないことは明らかである。

以上の次第で、Y₁社及びY₂～Y₅は連帯してXらに対し損害賠償責任を負う。なお、本判決は上告棄却・不受理で確定している。

解　説

1　取締役の第三者に対する損害賠償責任

(1)　会社法429条の責任

　会社法429条１項は、取締役の対第三者責任について「役員等がその職務を行うについて悪意又は重大な過失があったときは、当該役員等は、これによって第三者に生じた損害を賠償する責任を負う。」としている。これは取締役の地位の重要性にかんがみ、第三者を保護するために、法律が取締役に特別に課した責任であるとされる。

　この「第三者」に、当該会社に勤務する従業員も含まれることは論をまたない。したがって、取締役に職務懈怠があって、従業員に損害を与えた場合には、取締役個人が損害賠償義務を負うことがあり得る。取締役と従業員の間に、直接の雇用契約関係があるわけではないので、雇用契約上の安全配慮義務違反の損害賠償責任など、雇用契約に基づく責任は雇用主である会社が負うが、それとは別に、任務懈怠を理由に会社法429条１項により、取締役が個人として損害賠償義務を負うことがあるのである。

(2)　取締役の任務

　次に取締役の任務とは何かという点が問題となる。取締役は、会社に対して善管注意義務（民644条）、忠実義務（会社355条）を負っており、また、そこから導かれるものとして、他の取締役の業務執行に対する監視・監督義務があり、さらに、健全な会社経営を行うため、会社が営む事業の規模、特性等に応じたリスク管理体制（いわゆる内部統制システム）を整備する義務があるとされる（労働事案ではないが、リーディングケースとして大和銀行事件・大阪地判平12・9・20判時1721号3頁）。

　大和銀行事件の判示のとおり、取締役の責任に関しては「会社の規模・特性に応じた管理体制構築」が任務であるとされる。小規模の会社で、役員が直接、労働者に指示・命令をしているような事案では、日常的な時間管理や

配慮のあり方が問われることになるので，安全配慮義務の履行がそのまま，取締役の会社に対する任務であるとの内容となる。

　例えば，おかざき事件（大阪高判平19・1・18労判940号58頁）は，役員3名と代表取締役の妻のほか従業員3名という規模・陣容の企業において，専務取締役（実態として労働者と認定）の過労死について，代表取締役に安全配慮義務に関する任務懈怠があるとして，会社のみならず役員個人の責任を認めている。南大阪マイホームサービス事件（大阪地堺支判平15・4・4労判854号64頁），名神タクシー事件（神戸地尼崎支判平20・7・29労判976号74頁）も，従業員の心不全や脳梗塞について，また，おきぎんビジネスサービス事件（那覇地判平18・4・20労判921号75頁）は腰痛の増悪について，代表取締役に責任ありとしているが，取締役の任務の内容について，安全配慮義務の履行そのものをいっている。

　しかし，本判決のように大規模の企業となると，役員が職場の労働者に日常的な指示・命令をするものではないので，安全配慮義務の履行に向けた「体制構築」が取締役の任務の内容となると解される。直接，指示・命令していなくても，また人事・労務担当の取締役でなくても，責任を負う可能性があるという点について，役員としては留意すべきである。

2　長時間労働以外の場面

　安全配慮義務の関係では，長時間労働以外の事情が問題となることもあり得る。取締役の責任が問われる場合は，任務懈怠の具体的内容について事案に応じて検討されることになる。

　サン・チャレンジほか事件（東京地判平26・11・4労判1109号34頁）は，長時間労働に加えパワハラの問題もあった自殺の事案である。取締役の会社法上の責任については，会社が安全配慮義務を遵守する体制を整えるべき注意義務を負っていたところ，長時間労働が一般化し，またパワハラに関する指導等を行っていないことから，業績向上を目指す余り，社員の長時間労働や上司によるパワハラ等を防止するための適切な労務管理ができる体制を何らとっていなかったというべきであり，長時間労働やパワハラの事実を認識し，又は容易に認識することができたにもかかわらず，何ら有効な対策をとらなかったとして，会社法429条1項による損害賠償責任を肯定している。

環境設備ほか事件（福岡地判平26・12・25労判1111号5頁）では、足場の板が割れて転落事故となったことについて、会社の不法行為責任は肯定されたが、代表取締役に、悪意又は重大な過失があったことを具体的に示す証拠はないとして、会社法429条1項の責任は否定されている。

✥実務上の留意点✥

　会社法429条の取締役の対第三者責任が問われる類型としては、小規模な会社が倒産した場合等に、会社から債権回収ができない債権者が役員個人から回収をするために、「取締役の責任」を利用するというものがある。従業員との関係で取締役の責任が問われる場合も、この類型があり、会社が倒産した場合のほか、会社よりむしろ役員個人に資産があるような場合は、会社のみならず、役員個人を訴えるということがあった。

　しかるに、本判決は東証一部上場企業における取締役の責任を問うものである。役員を訴えなくても、賠償能力という点では不安はないはずであり、企業経営への警鐘を鳴らすという運動論的な意味合いがあると思われる。

【石井　妙子】

〔参考文献〕
・　井上正範「使用者と代表者の責任」林豊＝山川隆一編『新・裁判実務大系(17)労働関係訴訟法(2)』362頁

〔参考判例〕
・　本判決の1審（京都地判平22・5・25判時2081号144頁）

〔掲載誌，評釈等〕
・　天野晋介「安全配慮義務違反と取締役に対する責任追及の可能性：大庄事件（大阪高判平成23年5月25日）を参考に」季刊労働法236号154頁

第5　過失相殺・素因減額等

42　労働者の健康保持義務
―――フォーカスシステムズ（控訴審）事件

東京高判平成24年3月22日（平成23年(ネ)第3957号）
最高裁判所民事判例集69巻2号246頁，労働経済判例速報2247号
12頁，労働判例1051号40頁

概　要

　労働者が長時間労働など業務に起因する心理的負荷等が過度に蓄積したために精神障害を発症し，正常な認識と行為の選択が著しく阻害された状態で過度の飲酒に及んだため急性アルコール中毒から心停止にいたり死亡した事案において，使用者には当該労働者に対する安全配慮の注意義務に違反したことによる不法行為が成立するが，当該労働者がブログやゲーム等自らの趣味のために睡眠不足を招いたことも心身の健康を損ねる大きな要因であるとして，損害額について3割の過失相殺を認めた例

〔問題点〕
　労働者の健康保持義務と過失相殺（民722条2項）

判決の内容

■　事案の概要

　本件は，Xらがその子であるKの使用者であったY社に対し，Kが死亡したのは，長時間の時間外労働や配置転換に伴う業務内容の高度化・業務量の増大により心理的負荷が過度に蓄積したことから精神障害を発症し，正常な判断能力を欠く状態で過度の飲酒をしたためであり，Kの使用者又は代理監

督者には，上記心理的負荷を軽減し，心身の健康を損なうことがないようにすべき注意義務があるのにこれを怠ったとして，債務不履行（安全配慮義務違反）ないし不法行為に基づき，それぞれKに生じた損害及びXら固有の損害のうち一部の支払を求めた事案であり，本判決は係る事案の控訴審判決である。

■ **判決要旨**

1 責任原因について

Kは，長時間労働，配置転換に伴う業務内容の変化・業務量の増加等の業務に起因する心理的負荷等が過度に蓄積したために精神障害（うつ病及び解離性遁走）を発症し，正常な認識と行為の選択が著しく阻害された状態で過度の飲酒行為に及んだため急性アルコール中毒から心停止にいたり死亡したものであり，使用者であるY社の代理監督者は，Kの従事していた業務が上記精神障害を発症するなど心身の健康を損ねるおそれのある状態にあることを認識し又は認識し得たにもかかわらず，心理的負荷等を軽減させる措置をとらなかったことから，従業員に対する安全配慮の義務に違反しているものと認められ，このような従業員の心身の健康に配慮すべき義務は，使用者として尽くすべき一般的注意義務になると解されるから，Y社は不法行為（使用者責任）に基づきこれにより発生した損害を賠償する責任がある。

2 過失相殺について

(1) Kの長時間労働は恒常的なものであり，必然的に睡眠時間の不足も日常的なものとなるから，就労後の時間を適切に使用し，できるだけ睡眠不足を解消するよう努めるべきであったところ，就寝前にブログやゲームに時間を費やしたのは，自ら精神障害の要因となる睡眠不足を増長させたことになり，その落ち度は軽視できないものである。

(2) 本件当時，Kの事実上の直属の上司が週に一度Kと面談しており，Kが希望すれば産業医の面談を受けることもできたが，Kは，それらを利用して自己の業務上の負荷が過大で精神的につらい状況にあることを申し出るなどしなかったものであり，そのような申出をすることには実際上困難な面がある等の事情を考慮しても，この点は過失相殺の対象とすることが相当であ

る。

(3) 以上の諸点のうち、Kにおいても、自らの趣味のために睡眠不足を招いたことは、それが心身の健康を損ねる大きな要因であることから、自己の意思によって健康管理に努めるべきであったと指摘することも可能であり、この点はXらの落ち度として相応の考慮をせざるを得ないのであり、その他本件に顕れた一切の事情を総合考慮すると、Xらに生じた損害のすべてについてY社にその責めを負わせるのは損害の分配における公平の観点からは相当でなく、Xらに3割の過失割合を認め、上記損害を減ずるのが相当である。

解　説

1　労働者の自己安全義務と健康保持義務（自己保健義務）

最高裁は、かつて、使用者は、「労働者が労務提供のため設置する場所、設備もしくは器具等を使用し又は使用者の指示のもとに労務を提供する過程において、労働者の生命及び身体等を危険から保護するよう配慮すべき義務（以下「安全配慮義務」という。）」を負う旨判示し（川義事件・最三小判昭59・4・10判時1116号33頁【本書判例25】）今日、使用者の安全配慮義務は労働契約法5条に明文化されている。もっとも、使用者が安全配慮を尽くしても、労働者自身がその生命及び身体等を危険から保護することを怠れば、労働者の生命及び身体等の安全を確保することは不可能ないし著しく困難である。したがって、労働災害の発生・拡大防止のためには、事業者による安全配慮が最も重要であるとはいえ、労働者自身もその防止に努め、自らの安全を確保しなければならないことは論をまたない。労働安全衛生法が、事業者等の責務（同3条）を定めるにとどまらず、4条に労働者の遵守義務を定めた上で、26条（罰則・120条1号）、32条（罰則・同120条1号）等を定めているのも、こうしたことを踏まえたものである。また、労働契約法5条が、使用者の安全配慮義務について、「労働者がその生命、身体等の安全を確保しつつ労働することができるよう」と定めているのも同様の趣旨であろう。そして、我が国の裁判例も労働者が「自らの安全を確保すべき注意義務」（自己安全義務）を負

うことを認めている（名古屋地判昭46・12・20判時661号70頁等）。

　また、人の健康は、人の人的・物的な環境（外部の状況）である「安全」とは異なり、人の内面的な心身の状況であるから、まずもって個々人において管理すべきものであり、このことが雇用契約においては、信義則上、労働者が債務の本旨に従った労務を提供するために自己の健康状態の維持を図っていく義務すなわち自己の健康保持義務（自己保健義務）として観念されることになるものと考える。こうした労働者の健康保持義務は、我が国の裁判例において従来から認められているところである（システムコンサルタント事件・東京高判平11・7・28判時1702号88頁、津山税務署事件・岡山地津山支判昭48・4・24判時757号100頁等）。

2　健康保持義務の内容

　労働者の健康保持義務の具体的な内容としては、現在、①健康診断受診義務（労安66条5項）、②使用者が実施する定期健康診断等における自覚症状等の申告義務、③私生活上の健康管理義務、④使用者の健康管理措置への協力義務、⑤療養専念義務などが挙げられている。

3　労働者の健康保持義務違反と過失相殺における被害者（又は債権者）の過失

　本判決は、使用者に安全配慮義務違反が認められるとし、使用者には不法行為（使用者責任・民715条）に基づく損害賠償責任があるとした労働者の死亡事故の損害賠償額の算定にあたり、労働者が自らの健康保持を怠ったことを過失相殺における「被害者の過失」（民722条2項）と認めて、これを斟酌した（本件の最高裁判決は、本判決が「Kにも過失があり、過失相殺をするにあたってのKの過失割合は3割である」とした点について、適法に確定した事実関係等として扱っている（フォーカスシステムズ事件・最大判平27・3・4労判1114号6頁【本書判例50】））。

　労働者が自己の安全及び健康の保持を怠れば、使用者が安全配慮を尽くしても、労働者の生命・身体の安全及び健康を害する結果が生じるおそれがあるのであるから、労働者が自らの健康保持を怠ったことをもって、過失相殺（民418条・722条2項）における被害者（又は債権者）の過失の1つと解し得ることは、当然のことである（なお、前掲・名古屋地判昭46・12・20は、労働者が自己安全義務を怠ったことを理由に、裁判所が、逸失利益の5割を減額した事案である）。

労働者の健康保持義務違反をもって過失相殺事由とした裁判例としては，本判決のほか，前掲システムコンサルタント事件東京高裁判決，東京地判平22・2・24（判タ1382号238頁），真備学園事件・岡山地判平6・12・20（労判672号42頁），康正産業事件・鹿児島地判平22・2・16（労経速2066号3頁）などがある。

　ところで，東芝（うつ病・解雇）事件・最二小判平26・3・24（労判1094号22頁）【本書判例46】は，原判決（東京高判平23・2・23労判1022号5頁）が，Y社が安全配慮義務違反等に基づく損害賠償としてXに対し賠償すべき額を定めるにあたって，Xが神経科の医院への通院，その診療に係る病名，神経症に適応のある薬剤の処方等の情報を上司や産業医等に申告しなかったことは，Y社においてXのうつ病の発症を回避したり発症後の増悪を防止する措置をとる機会を失わせる一因となったものであるから，Xの損害賠償請求については過失相殺をするのが相当である旨を判示した点について，係る判断を是認せず，過失相殺の規定の適用を否定している。しかし，同最高裁判決は，労働者のメンタルヘルスに関する情報の使用者への不申告が，およそ一般的に，過失相殺の対象とならない旨を判断したものではないと思われる。

　　　　　　　　　　　　　　　　　　　　　　　　　　　　【深野　和男】

43 業務の遂行の不十分及び健康保持に対する配慮の不十分を理由とする過失相殺
——広告代理店事件

大阪地判平成22年9月29日（平成19年(ワ)第16601号）
判例時報2133号131頁

概　要

損害賠償額の算定にあたって，従業員においても，自己に求められる業務の遂行にあたって不十分な面があるとともに，自らの健康保持に対する配慮も十分でなかったとして，損害額から2割の過失相殺を行った例

〔問題点〕
民法722条2項にいう「被害者」の「過失」として斟酌し得る事由

判決の内容

■ 事案の概要

K（昭和38年生まれ）が，印刷及び広告代理店業務を主たる事業とするY1社に平成5年7月に採用された後，平成13年2月20日に独立して自営するために同社を退職した後，平成14年4月に同社に再雇用され，クリエイティブ・ディレクター（以下「CD」という）として，Y1社の子会社であるY2社又はY1社の支店において広告物の作成の業務に従事していたところ，平成17年12月12日午前0時15分頃，赴任先住居近くのマンションの11階から飛び降り自殺をして脳挫傷により即死したことについて，Kの相続人であるXら2名（妻と子）が，Kは長時間労働によりうつ病を発症して自殺するにいたったものと主張し，Y1社及びY2社に対し，不法行為及び債務不履行（安全配慮義務違反）に基づく損害賠償を請求した事案である。

■ 判決要旨

1 Yらの不法行為責任又は債務不履行責任

　Kの本件自殺前6か月間の平均時間外労働時間は，おおむね80時間に近く，同4か月前には100時間を超える時間，同6か月前も100時間に近い時間に及んでいたことが認められ，また，この間における休日労働も少なくないことが認められる。……Kの業務は，時間外労働時間が多く，休日出勤も少なくないものであり，かつその内容も業務量が多く，心理的負荷もかかるものであって，過重なものであったと認められるところ，Kは過重な業務により，うつ病を発症し，これにより自殺にいたったものと認められ，Yらは，Kの労働時間を適切に管理せず，Kの労働時間，休憩時間，休日等を適正に確保することなく，長時間労働に従事させ，作業内容の軽減等適切な措置をとらなかった。

　Yらの安全配慮義務違反等とKの本件（うつ病）発症及び本件死亡との間には因果関係が認められ，YらはXらに対し，不法行為責任ないし債務不履行責任を負う。

2 過失相殺

　Kは，デザイナーとしての経歴，制作担当者としてCDを名乗ることの誇りないし仕事に対する責任感と信念に基づいて，顧客の希望する広告物のデザインを最大限表現させた仕事をしようと努力していたことはうかがえるものの，（大手の）広告代理店ではない印刷会社の一制作担当者としては，コピーライターやカメラマンと同等の目線，感覚，仕事振りで職務を遂行する訳にはいかず，その職務遂行にあたっては，あくまでも自己の立場を客観的に認識し，担当者の立場から，手持ちの案件数やその進捗状況等をも勘案し，打ち合わせの方法についても，支店長から指摘を受け，また外注業者に会社に来てもらうことを主とする等工夫したり，営業担当者と相談して納期を延期するなどして，自らの業務の効率化・軽減等を図ることもまた，職務上求められていたというべきである。これに加え，Yらでは，職場で原則として毎日行われる朝会等で，各制作担当者の状況等についての情報を共有し，業務軽減に向けて協議を行う機会もあったのであるから，Kとしては，仮に自

己の仕事のスタイルを変更しないまでも，少なくとも，このような機会等を利用して，Yらに対し，自己の業務の繁閑状況や，心身の状態等を訴え，必要に応じて業務軽減のための措置をとるよう求めることも，不可能であったとはいえない。

それにもかかわらず，Kは，上述した信念を有していたこともあって，結果として上記措置を求めることもなく，心身の状況が悪化する中で過重な業務に従事し，その結果本件自殺にいたったものである。そうすると，結果的には，Kにおいても，自己に求められる義務の遂行にあたって不十分な面があるとともに，自らの健康保持に対する配慮も十分でなかったと言わざるを得ない。

以上に照らせば，Kには，本件自殺及び本件死亡について，一定の過失があったというべきであり，本件に現れた諸般の事情を勘案するならば，その割合は2割と認めるのが相当である。

解　説

1　過失相殺

不法行為又は債務不履行（安全配慮義務違反）に基づく損害賠償請求事件のなかには，損害の発生・拡大について被害者（又は債権者）にも過失が認められる場合があり，そうした被害者（又は債権者）の過失を斟酌して被害者（又は債権者）の損害賠償額を算定することを過失相殺という（民418条・722条2項）。

ここにいう被害者（又は債権者）の過失とは，「被害者（又は債権者）と身分上ないしは生活関係上一体をなすとみられるような関係にある者」の過失すなわち「被害者側（又は債権者側）」の過失をいい（最三小判昭42・6・27判時490号47頁，最一小判昭51・3・25判時810号11頁），ここにいう「過失」とは，「被害者の受けた実損害額から公平の観念に基づいて減額したものを賠償額とすることが妥当視されるような，被害者（又は債権者）側の不注意」をいい（幾代通著＝徳本伸一補訂『不法行為法』324頁），被害者（又は債権者）に責任能力を有する必要はなく，事理弁識能力があれば足りる（最大判昭39・6・24判時376号10

頁）と解されている。

　本判決は，Kの自殺及び本件死亡について，Kにおいても，自己に求められる義務の遂行にあたって不十分な面があるとともに，自らの健康保持に対する配慮も十分でなかったものと認定し，この点においてKには民法722条2項にいう被害者の過失があった旨を認定しているが，上記の「被害者の過失」の意義に照らせば，本判決が「義務の遂行にあたって」「自己に求められる」こと及び「自らの健康保持に対する配慮」が不十分であったとは，「不注意によって自己に損害が発生することを助けた」という程度のものであると思料する。

2　性格的素因による素因減額を否定する判例との整合性

　本判決は，Kについて，自己に求められる業務の遂行にあたって不十分な面があるとともに，自らの健康保持に対する配慮も十分でなかったとして，Kの自殺・死亡について，Kに一定の過失を認め，2割の過失相殺を行っている。

　この点，本件と同様に，労働者が過重労働に基因してうつ病自殺した事案について，電通事件・最二小判平12・3・24（労判779号13頁）【本書判例36】は，心因的素因による素因競合事案における素因減額の可否に関し，労働者のうつ病親和性のある性格について，「ある業務に従事する特定の労働者の性格が同種の業務に従事する労働者の個性の多様さとして通常想定される範囲を外れるものでない限り，その性格及びこれに基づく業務遂行の態様等が業務の過重負担に起因して当該労働者に生じた損害の発生又は拡大に寄与したとしても，そのような事態は使用者として予想すべきものということができ」，「労働者の性格が前記の範囲を外れるものでない場合には，裁判所は，業務の負担が過重であることを原因とする損害賠償請求において使用者の賠償すべき額を決定するに当たり，その性格及びこれに基づく業務遂行の態様等を，心因的要因としてしんしゃくすることはできない」旨を判示している。

　しかし，本件は，Kの性格的素因が損害の発生・拡大に影響を与えたものと捉えているのではなく，上記のとおり，K自身に求められる義務の遂行に不十分な面があること及び自らの健康保持に対する配慮が不十分であったと

いうKの過失（不注意）が損害の発生・拡大に影響を与えたものと認定しているのであって，前掲電通事件とは事案を異にし，本判決は同最高裁判決に抵触しないものと考える。

3 他の類似の裁判例

本判決のほか，被災労働者の健康保持についての過失を理由に過失相殺をした裁判例として，東京地判平22・2・24（判タ1382号238頁。弁当屋の店長が恒常的に長時間労働を行っている一方で，健康診断により高血圧で治療が必要であることを知っていたにもかかわらず，通院や服薬を継続しなかったことから，勤務中に脳動脈瘤が破裂して倒れて死亡した事案につき，同人の健康保持の過失を理由として3割の過失相殺を行った例），また，過重労働にはあたらない事案において使用者の損害賠償責任の範囲を判断するにあたり，民法722条2項を類推適用して労働者の性格や素因からくる心因的要因を斟酌すべきとした裁判例として，三洋電機サービス事件・東京高判平14・7・23（労判852号73頁）【本書判例45】等がある。

【深野　和男】

〔参考文献〕
・　北岡大介「労災民訴（精神疾患）における業務過重性評価と過失相殺・素因減額の関係性」季刊労働法246号200頁

〔参考判例〕
・　フォーカスシステムズ（控訴審）事件（東京高判平24・3・22労判1051号40頁【本書判例42】）

44 基礎疾患と素因減額
―― NTT 東日本北海道支店（差戻審）事件

札幌高判平成21年1月30日（平成20年（ネ）第113号）
労働経済判例速報2030号13頁，労働判例976号5頁

概要

使用者は，業務上の過重負荷と本人が有していた基礎疾患とがともに原因となって従業員が死亡した事案においては，従業員の基礎疾患が自然的経過を超えて増悪する要因に応じて損害賠償責任を負うべきであるとして，会社の不法行為によって基礎疾患を自然的経過を超えて増悪させたことは，当該従業員の死亡原因のうち，30パーセントを占めるとするのが相当であり，会社は当該従業員の遺族らに対し，その限度で損害賠償責任を負うとされた例

〔問題点〕
労働者の基礎疾患を体質的素因とする素因競合事案における素因減額

I 判決の内容

■ 事案の概要

1 事実関係

(1) Y社の従業員であったK（当時58歳）は，平成5年5月に職場の定期健康診断で異常を指摘されて同年7月に精密検査を受けたところ，陳旧性心筋梗塞と診断された。その際，Kには，遺伝的に総コレステロールが高くなる疾患で，虚血性心疾患の危険因子となる家族性高コレステロール血症（ヘテロ型）が認められた。Kは，同年8月及び同年12月に経皮的経管的冠状動脈血管形成術の手術を受けるなどしたが，冠状動脈の2枝に障害のある状態は改善されず，その後は内服治療を続けた。

(2) Kは，Y社において平成14年4月24日付けで法人営業部門に配置換

えとなり，同日から約2か月間，法人営業に必要な技能等の習得を目的とする，札幌市内や東京都内での研修施設等での宿泊を伴う研修（以下「本件研修」という）への参加を命じられた。

(3) Kは，同年6月7日，札幌市内での研修終了後に旭川市内の自宅に帰宅し，同月9日（日曜日）の午前中，墓参りのため北海道樺戸郡所在の先祖の墓に1人で出かけたが，同日午後10時ころ，先祖の墓の前で死亡しているのを発見された。

(4) Kの直接の死因は急性心筋虚血であるが，これは，Y社における事業構造改革に伴う雇用形態及び処遇体系の選択の際の精神的ストレス並びに本件研修への参加に伴う精神的，肉体的ストレスが，前記のとおり基礎疾患を有していたKの冠状動脈を自然の経過を超えて増悪させ，心筋梗塞などの冠状動脈疾患等が発症したことによるものであった。

2 本件訴訟の概要

本件は，Kの相続人であるXら2名（妻と子）が，Kが急性心筋虚血で死亡したのは，Y社がKの健康状態に対して十分な注意を払わずにKをして宿泊を伴う研修に参加させたこと等が原因であるとして，Y社に対し，不法行為又は債務不履行に基づく損害賠償を請求した訴訟の差戻審である。

■ **判決要旨**

上告審判決は「家族性高コレステロール血症（ヘテロ型）にり患し，冠状動脈の2枝に障害があり，陳旧性心筋梗塞の合併症を有していたというKの基礎疾患の態様，程度，本件における不法行為の態様等に照らせば，Y社にKの死亡による損害の全部を賠償させることは，公平を失するものといわざるを得ない」と判示しているのであるから，当裁判所が損害賠償額の算定にあたり斟酌すべき事由は，単にKの基礎疾患の態様，程度にとどまらず，「本件における不法行為の態様等」も含まれる。

本件は，長期間にわたる出張の連続により，疲労の回復が不十分となり，Kの基礎疾患が自然的経過を超えて増悪して死亡するにいたったと考えられる事案である。したがって，Kの死亡について，Y社に全責任があるわけではなく，基礎疾患が自然的経過を超えて増悪する要因に応じて責任を負う。

1 基礎疾患の態様及び程度

Kが陳旧性心筋梗塞を発症するについては，家族性高コレステロール血症（ヘテロ型）という遺伝的素因が原因の大半を占めていると考えられ，基礎疾患へのり患についてY社が責任を負うべきものとはいえない。

2 不法行為の態様

基礎疾患が自然的経過を超えて増悪することに寄与した要因としては，①生活の本拠がある旭川で休養する機会が乏しく，疲労の回復が十分でないまま，宿泊を伴う出張が連続する形で本件研修を受けたこと，②雇用形態の選択について悩み，選択の結果として本件研修終了後に発令されるかもしれない異動への不安から精神的ストレスが増大したこと，である。

このうち，精神的ストレスについては，Y社において予見し，又は回避することが困難であったと認められるから，Y社に過失（債務不履行構成においては安全配慮義務違反）がなく，不法行為の内容として，精神的ストレスを増大させたことは含まれない。Y社の不法行為の態様は，Kの疲労回復が不十分になりやすい日程で宿泊を行う出張が連続する形の本件研修を受けさせたことである。

3 Y社の責任割合

家族性高コレステロール血症（ヘテロ型）を合併した陳旧性心筋梗塞という基礎疾患は，50歳台の男性を死亡にいたらせる確率が高い基礎疾患であるから，Kの死亡については，基礎疾患の存在が大半を占め，長期間にわたる出張の連続により，疲労の回復が不十分となり，基礎疾患を自然的経過を超えて増悪させたことは，Kの死亡の原因のうち30パーセントを占めるとするのが相当であり，Y社はこの限度で責任を負う。

解　説

1 本判決にいたる訴訟経過

(1) 第 1 審

第1審判決は，Y社の不法行為責任を認め，Y社に対し，Xら各自に損害賠償金を支払うよう命じた（札幌地判平17・3・9労判893号93頁）。なお，Y社

は過失相殺の主張をしない旨を釈明していた。

(2) 第2審（控訴審）

Y社は第1審判決を不服として控訴し、Kが家族性高コレステロール血症（ヘテロ型）にり患していたことを指摘し、また、予備的主張として、Kが陳旧性心筋梗塞の合併症を有する家族性高コレステロール血症（ヘテロ型）にり患していたことなどから、過失相殺に関する規定を類推適用してY社が賠償すべき金額を減額すべきである旨を控訴審において主張した。

しかし、控訴審判決は、Y社は第1審において過失相殺の主張をしない旨を釈明したのであるから控訴審において過失相殺規定の類推適用を主張することは訴訟上の信義則に反するものとして許されないとの理由で、過失相殺規定（民722条2項）を類推適用せず、Y社の控訴を棄却した（札幌高判平18・7・20労判922号5頁）。

(3) 最高裁

最高裁は、過失相殺の規定の類推適用を認めなかった原審（控訴審）の判断について、以下の理由から過失相殺に関する法令の解釈適用を誤った違法があると判断し、原判決を破棄して原審に差し戻した（最一小判平20・3・27労判958号5頁。以下「平成20年判決」という）。

(a) 過失相殺規定の類推適用の可否について

被害者に対する加害行為と加害行為前から存在した被害者の疾患とがともに原因となって損害が発生した場合において、当該疾患の態様、程度等に照らし、加害者に損害の全部を賠償させるのが公平を失するときは、裁判所は、損害賠償の額を定めるにあたり、民法722条2項の規定を類推適用して、被害者の疾患を斟酌することができる（最一小判平4・6・25民集46巻4号400頁（以下「平成4年判決」という）参照）。このことは、労災事故による損害賠償請求の場合においても、基本的に同様である。

Kが急性心筋虚血により死亡するにいたったことについては、業務上の過重負荷とKが有していた基礎疾患とがともに原因となったものということができるところ、家族性高コレステロール血症（ヘテロ型）にり患し、冠状動脈の2枝に障害があり、陳旧性心筋梗塞の合併症を有していたというKの基礎疾患の態様、程度、本件における不法行為の態様等に照らせば、Y社にK

の死亡による損害の全部を賠償させることは，公平を失する。

　(b)　過失相殺規定類推適用の主張責任及び訴訟上の信義則について

　民法722条2項による過失相殺については，賠償義務者から過失相殺の主張がなくとも，裁判所は訴訟にあらわれた資料に基づき被害者に過失があると認めるべき場合には，損害賠償の額を定めるにあたり，職権をもってこれを斟酌することができる（最三小判昭41・6・21民集20巻5号1078頁参照）。このことは，同項の規定を類推適用する場合においても，別異に解すべき理由はない。

　原審（控訴審）は，Y社が原審において過失相殺に関する規定の類推適用を主張することは訴訟上の信義則に反し許されないというが，そもそも，裁判所が過失相殺に関する規定の類推適用をするには賠償義務者によるその旨の主張を要しない。この点をおくとしても，本件訴訟の経過に鑑みれば，第1審の段階ではY社においてKが家族性高コレステロール血症（ヘテロ型）にり患していた事実を認識していなかったことが窺われるのであって，Y社の主張が訴訟上の信義則に反するものということもできない。

2　素因競合事案における素因減額の可否

　不法行為又は債務不履行（安全配慮義務違反）に基づく損害賠償請求事件のなかには加害者の加害行為と被害者が事故に遭遇する前から有していた素因（心因的素因，体質的（身体的）素因）とがともに原因となって被害者の損害が発生又は拡大している事案（素因競合事案）がある。こうした事案においては，損害の公平分担という見地から，加害者の損害賠償責任を判断するにあたって被害者の素因の寄与度に応じて損害賠償額を減額すること（素因減額）の可否が問題となる。

　まず，素因競合事案における素因減額の可否及びその理論構成（理論上の根拠）については，下級審裁判例及び学説をみると，割合的因果関係説，部分的因果関係説，寄与度減額説，確率的心証説，あるがまま説など様々な見解があるが，最高裁は，「裁判所は，損害賠償の額を決定するに当たり，民法722条2項の過失相殺の規定を類推適用して，その損害の発生又は拡大に寄与した被害者の」心因的素因及び体質的（身体的）素因を「斟酌することができる」という考え方（過失相殺類推適用説）をとっている（被害者に心因的素

因がある事案について最一小判昭63・4・21民集42巻4号243頁（以下「昭和63年判決」という），被害者に体質的素因のうち疾患がある事案について平成4年判決。なお，債務不履行（安全配慮義務違反）構成の場合には，民法418条の過失相殺規定を類推適用して素因を斟酌できるということになるものと解される）。

　次に，素因減額を裁判所がなし得る場合について，平成4年判決は，「当該疾患の態様，程度などに照らし，加害者に損害の全部を賠償させるのが公平を失するとき」という要件を示している。このことからすると，「当該疾患の態様，程度などに照らし，加害者に損害の全部を賠償させるのが公平を失する」とは言えない「とき」には，裁判所は素因減額をすることが「できない」ということになる。

　そこで，「公平を失するとき」にあたるか否かの判断基準が問題となるが，この点に関し，最高裁は，平成4年判決において「当該疾患の態様，程度」を例示した後，いわゆる首長事件において，被害者に「疾病に該当しない身体的特徴」が認められる事案において，「被害者が平均的な体格ないし通常の体質と異なる身体的特徴を有していたとしても，それが疾患に当たらない場合には，特段の事情の存しない限り，被害者の右身体的特徴を損害賠償の額を定めるに当たり斟酌することはできない」と判示し（最三小判平8・10・29民集50巻9号2474頁），体質的素因について「疾患」にあたるものは素因減額ができるが，「疾患」以外の身体的特徴（体質的素因）をもって素因減額することはできないという基準を示している。また，首長事件の判決と同日に言い渡した別事件の判決においては，平成4年判決が示す上記要件に該当する場合には，裁判所は損害賠償の額を定めるにあたり過失相殺の規定を類推適用して被害者の疾患を斟酌でき，「このことは，加害行為前に疾患に伴う症状が発現していたかどうか，疾患が難病であるかどうか，疾患に罹患するにつき被害者に責めに帰すべき事由があるかどうか，加害行為により被害者が被つた衝撃の強弱，損害拡大の素因を有しながら社会生活を営んでいる者の多寡等の事情によつて左右されるものではない」旨を判示している（最三小判平8・10・29交民29巻5号1272頁）。

　さらに，最高裁は，裁判所が民法722条2項を類推適用して損害賠償の額を定めるか否かを考慮する際に斟酌する要素として，平成4年判決では，被

害者側の要素である「当該疾患の態様，程度」のみを例示していたが，平成20年判決においては，上記のとおり，被害者の素因のほかに，加害者側の事情である「不法行為の態様」を例示した。そして，その差戻審である本判決は，平成20年判決に沿って，被害者であるKの素因だけでなく，上記のとおり，加害者であるY社の「不法行為の態様」をも検討している（平成20年判決は，労災民事損害賠償事件に関するものであるが，上記判示について，労災民事損害賠償事件に限定した考えと捉えるべき理由は特段見当たらず，その射程範囲は当然に民事損害賠償事件一般に及ぶものと解される）。この点，従来から学説の中には，「過失相殺」の方法に関し，被害者の過失を加害者の過失との関係でどのように評価すべきかについて，被害者の「過失」だけを単独に評価する（絶対説）のではなく，また，加害者の違法性ないし避難可能性の面からのみ過失相殺を考える（加害者違法性説）のでもなく，被害者の「過失」を加害者の帰責事由と対比することによって過失の分量を決定すべきである（相対説）とする考え（四宮和夫『現代法律学全集(10)不法行為（事務管理・不当利得・不法行為(中)(下)）』626頁）があるが，平成20年判決は被害者の「素因」と加害者の過失との関係についてもこれと同旨ないし類似の考えに立脚したものと思われる。

3 労災民事損害賠償事件における素因減額
(1) 素因減額の可否，心因的素因がある場合について

最高裁は，素因減額に関するこうした基本的な考え方を労災民事損害賠償事件にも及ぼしており，電通事件において，被害者に心因的要因がある素因競合事案に関する昭和63年判決について，「労働者の業務の負担が過重であることを原因とする損害賠償請求においても，基本的に同様に解すべきものである。」と判示している（電通事件：最二小判平12・3・24労判779号13頁【本書判例36】）。

もっとも，同事件において，最高裁は，労働者のうつ病親和性のある性格について，「ある業務に従事する特定の労働者の性格が同種の業務に従事する労働者の個性の多様さとして通常想定される範囲を外れるものでない限り，その性格及びこれに基づく業務遂行の態様等が業務の過重負担に起因して当該労働者に生じた損害の発生又は拡大に寄与したとしても，そのような事態は使用者として予想すべきものということができ」，「労働者の性格が前

記の範囲を外れるものでない場合には，裁判所は，業務の負担が過重であることを原因とする損害賠償請求において使用者の賠償すべき額を決定するに当たり，その性格及びこれに基づく業務遂行の態様等を，心因的要因としてしんしゃくすることはできない」旨を判示している（労働者の脆弱性などの特性等が素因である場合につき，東芝（うつ病・解雇）事件・最二小判平26・3・24労判1094号22頁【本書判例46】）。

(2) 労働者の疾患を体質的素因とする場合について

また，平成20年判決は，上記のとおり，労働者の疾患（基礎疾患）を体質的要因とする素因競合事案について，平成4年判決を引用しつつ，損害賠償の額を決めるにあたり過失相殺の規定を類推適用して被害者の疾患を斟酌し得ることは，労災民事損害賠償事件においても基本的に同様である旨を明確に判示している（差戻審である本判決は，平成20年判決を踏まえて，労働者の死亡について使用者に全責任があるわけではなく，使用者は，基礎疾患が自然的経過を超えて増悪する「要因に応じて」責任を負うものと判示している）。

4 労働者の疾患を体質的素因とする素因競合事案に関する下級審裁判例

(1) 関西医科大学研修医事件（大阪高判平16・7・15労判879号22頁）

Y医科大学（病院）が安全配慮義務の履行を怠って研修医Kに対する健康管理を実施しなかったことがKの素因としてのブルガダ症候群（突発性心室細動）を自然的経過を超えて急激増悪させ，同疾患の発症によってKが突然死したという事案において，民法418条（過失相殺）の規定を類推適用し，死亡逸失利益の算定額から1割5分を減額した。

(2) コミーチュア事件（東京地判平17・5・26判タ1200号207頁）

Y社の従業員Kが，長時間労働等の過重な業務によって基礎疾患である冠攣縮性狭心症をその自然的経過を超えて増悪させ，虚血性心疾患によって死亡したという事案において，Y社の損害賠償責任について，Y社の注意義務違反の内容・程度，従業員の有していたリスクファクター（病院通院後の喫煙，飲酒の継続など），K死亡時のY社の対応が不十分であったこと等の諸事情を総合的に考慮して，25パーセントを減ずるのが相当と判断した。

(3) 天辻鋼球製作所事件（大阪地判平20・4・28労判970号66頁）

Y社に勤務していたKが，Y社における長時間労働と連続勤務による業務

上の過重負荷と本人も自覚していなかった先天性の能動静脈奇形（AVM）とがともに原因となって小脳出血・水頭症を発症し，半昏睡及び全介護の状態となる後遺障害を負ったという事案において，民法722条2項を類推適用し，本件発症によって生じた損害の20パーセントを素因減額した。

【深野　和男】

〔参考文献〕
- 小賀野晶一「素因競合と割合的認定──日本不法行為法の課題」千葉大学法学論集25巻2号65頁以下所収
- 齋藤隆「過失相殺」林豊＝山川隆一編『新・裁判実務体系(17)労働関係訴訟法(2)』385頁以下所収
- 平野裕之『民法総合(6)不法行為法〔第3版〕』440頁以下

〔掲載誌，評釈等〕
- 中澤文彦「労災事故における被害者の既疾患が寄与した場合と民法722条2項の類推適用」季刊労働法226号219頁以下所収

45 労働者の自殺と生前の家族の対応
―― 三洋電機サービス事件

東京高判平成14年7月23日（平成13年(ネ)第1345号）
労働判例852号73頁

概　要

損害賠償額の算定にあたって、従業員の心因的要因の寄与、被害者側の落ち度を斟酌して民法722条2項の過失相殺及び同項の類推適用により、損害額から8割を控除し、残余の2割について会社及び上司に賠償させるのが相当とした例

〔問題点〕
1　過失相殺における被害者側の過失の態様
2　損害賠償額の算定にあたり、過失相殺及び素因減額を行う場合の取扱い

判決の内容

■　事案の概要

1　Y_1社の従業員Kは、昭和45年4月にY_1社に入社し、関東事業部電化課に配属され、昭和62年ころには部品管理課に配属されたが、従前と同様、電化製品の部品管理等の仕事に従事し、平成3年、関東事業部企画係長となった。

2　平成7年2月、Kは、部品部企画課長に昇進する旨の内示を受けたが、妻であるX_1に対し、課長としてやっていく自信がない、自分ではやっていけないから会社は辞めたいなどと述べ、休暇をとってY_1社に出勤しなくなったが、X_1から、Kの父親が脳梗塞を患い、嫁入り前の娘もおり、家のローンもあるから、何とか勤務を続けてほしいと頼まれ、退職を思いとどまった。しかし、その後も時折、会社を辞めたいと口にし、企画課長昇進の

辞令が交付される同月21日も勤務を休み，その後，同年6月に入り断続的に休暇をとり始めた。

　X_1は，同月6日，Y_1社の部品部管理課長でKの20年来の友人であるAに対し，Kが会社を辞めたいと言っていることを打ち明け，同月7日には，出勤しないKに対し，上司であるY_2に退職の希望をはっきりと言うように助言した。

　同月8日，Kは，出社してY_2と面談し，課長職が重く，辞めたいとか，辞めるしかないと述べた。これに対し，Y_2は，自分の過去の体験談を話すなどしてKを励ました。その際，Y_2は，自殺できるものならしてみろというような発言もし，Kは泣いていた。

　3　その後，Kは，Y_1社に出勤するようになり，愚痴をこぼすこともあまりなく生活し，Y_1社でも従前どおり職責を果たしていた。なお，Kの仕事は，企画課長昇進後も，課内の統率，部下に対する指導の点が加わったこと以外は係長時代とほとんど変わらず，格別過剰なものではなく，Kは通常8時に出勤し，午後6時30分頃帰宅していた。

　4　Kは，同年11月20日ころ，会社を早退してX_1とともに入院中の父親を見舞ったが，その途中の車内でX_1に対し，会社に行きたくないと言った。

　平成8年1月5日にKの実父が死亡し，それから3か月後の同年4月，Kは，同月15日から同月17日まで欠勤し，同月18日には出勤すると言って家を出たが出勤せず，同日夜，自動車内に排ガスを充満させる方法で自殺を図ったが未遂に終わり，X_1に発見された（なお，本判決は，遅くともこのころにはKは心因性うつ病にり患していたものと認定している）。

　同月19日，X_1は，Kが自殺未遂を起こした事実をAに告げるとともに，同日（金）と同月22日（月）はKに休暇をとらせてほしい旨を伝えた。

　同月20日，Kは退職願を書き，その際，Bの助言を受けた。

　同月21日，X_1はAの自宅を訪ね，Aに相談をしたところ，AはX_1に対し，このままKを辞めさせて良いのか，何とか会社に残ってやるのか，X_1や家族の意思が大切であると述べた。また，同月22日，X_1は，A及びY_2と面談した。その席上，X_1からY_2に対し，Kはもうやっていけない旨等

を述べたほか，Kを退職させたいとの希望を述べ，Kの降格，配置転換についても話題となったが，面談の結果としては，これまでどおりKが勤務を継続することができるような方向での解決策を探ることになった。

同月23日，Y_2は，Kが出社しないため，AとともにX_1ら方を訪問した。Kは，Y_2に対し，会社に迷惑をかけるからこれ以上勤められないとか，会社を辞めたいと述べた。Y_2は，Kを叱責するような口調で勤務を続けるように説得を続けたものの，Kは泣いてはいたが自分の説得を受け入れないため，ソファから立ち上がって大声を出したり，Kの胸倉を掴んだりした。そして，Y_2がAに対し，Y_1社の副事業部長らを呼ぶように言ったため，X_1は，Kが懲戒解雇されるかも知れないと心配し，Y_2に謝罪し，Kを説得すると約束した。

5 Kは，平成8年5月7日，上司であるY_2に対し，Kについて自律神経失調症により1か月の休養を必要とする旨が記載された医師Cの診断書を提示した。Y_2は同診断書を示したKに対し，この診断書を提出してY_1社を休むと気違いと思われる旨を伝えた。Kは，同診断書をすぐに撤回し，同診断書に記載されたような1か月の休養をとらなかった。

なお，KとX_1は，医師Cの問診の際，Kが仕事上の悩みがあり出社拒否をしたことなどの事情を話したが，Kが自殺未遂事故を起こしたことは伝えなかった。また，Y_2は，同月下旬ころまでに，Kの欠勤の理由が自殺未遂であることを知ったが，Kが自殺未遂をした事実をY_1社には報告しなかった。

6 Kは，その後は毎日出勤するようになった。また，Kは，関東事業本部長の推薦を受け，主事試験を受験し，第1次試験に合格して，第2次試験（実施の日は同年12月15日）に向けて通信教育を受けたほか，同年8月，同月31日提出期限のレポートの作成に取りかかっていたが，同月23日（金）に家を出た後，同月25日（日）夜まで帰宅しなかった。Kは，同月26日からは出勤し，同月30日に前記のレポートを提出した。

Kは，同年9月2日社内の健康診断を受け，頭痛を訴え，セデスの服用を勧められた。

同年9月17日にAに対し大阪本社への転勤が内示された。

同月19日，Kは出勤途中で引き返して帰宅し，気持ちが悪くて出勤できないとX₁に述べてY₁社への連絡を依頼した。

7 Kは，同月24日夜，自動車内に排気ガスを充満させる方法で自殺を図り，同午後8時ころ，一酸化炭素中毒で死亡した。

8 本件は，上記の事実経過の下，X₁とX₂が，Kが自殺した原因はKが従業員として勤務していたY₁社とKの直属の上司Y₂にあるとして，Y₁社に対して不法行為及び安全配慮義務違反に基づき，Y₂に対して不法行為に基づく損害賠償を請求し，また，Kの死亡が業務上の死亡であるとして，業務上の死亡の場合に支給されるKの退職金及び弔慰金から実際に支払われたKの退職金及び弔慰金を控除した残額を請求した事案の控訴審である。

■ 判決要旨

1 予見可能性の有無について

「Kについて医師から」「1か月の休養を要する旨の診断書が提出された」時点で，「Y₂としても，Kの精神状態が単なる一時的な気分の落ち込みではなく，自分の意志の力では克服できない内的な障害があって，医師の治療によらなければ回復できない病的状態にあること，そして，単にKの訴えがあるだけではなく，医学的見地からもKは相当期間の休養を要する状態であったことを知ることができ，このままKに勤務を継続させた場合にはKの心身にさらに深刻な影響が及び，状況によっては自殺などの最悪の事態が生じることもあるものと予見できたものというべきである。そして，Y₂が，Kが自殺未遂事故を起こしたことを知った平成8年5月下旬以降はより一層予見が可能であった」。

2 Y₁社らの注意義務違反の有無について

Y₂には，少なくとも課長職が重荷であると訴えて退職の希望までしていたKが，医師の診断書を提出して1か月の休養を申し出たときには，Y₁社に代わって部下であるY₁社の従業員について業務上の事由による心理的負荷のため精神面での健康が損なわれていないかどうかを把握し，適切な措置をとるべき注意義務に従って，Kの心身の状況について医学的見地に立った正確な知識や情報を収集し，Kの休養の要否について慎重な対応をすること

が要請されていたというべきであるから，Y₂にはそのような注意義務に違反した過失があり，また，Y₁社も同様に従業員の精神面での健康状態についても十分配慮し，使用者として適切な措置を講ずべき義務に違反したものというべきである。

3　因果関係の有無について

「Kにとって企画課長の職は精神的に負担にはなっていた」が，「課長昇進後のKの職務の具体的な内容は，」「格別過剰なものでなかった」。「Kは，もともと精神的な負荷に対する耐性に弱い面があったことが窺われ，Kは幼いころ母を亡くし，その後男手で自分を養育してくれた実父に対する愛情が深かったが，Kが課長に昇進したころ，実父の病状（痴呆）が悪化して勝手に徘徊したり，X₁では抑えきれないことがあり，Kは，実父に対する心配とX₁に苦労をかけたという思いがあって心労が重なっていたこと，その後実父を失ったことにより精神的に痛手を被ったこと，平成8年9月にそれまで親身に相談に乗ってくれていたAが大阪に転勤する旨の内示があり，Kは精神的な支えの1つを失うことになったこと，Kは，真面目で几帳面な性格であり，仕事については完璧を期そうとし，責任感が強く，自責傾向があって，悩みを他人に話すなどして発散させることを苦手とする性格であったこと，以上の事実が認められ，これらの様々な要因が重なってKは再度の自殺の企てに及んだものと認められる」。

しかし，「Y₂が同年5月7日にKから1か月の休暇願が出された際にこれに対し適切な対応をし，あるいは，Kが自殺を図ったことがあることを知った時点で，それまでのKに対する対応の仕方について再考し，Kの精神面での健康状態を調査して改めてKについて休養の必要性について検討していれば，Kが自殺により死亡することを防止し得る蓋然性はあった」。

「したがって，Y₁社らの注意義務違反とKの死亡との間には因果関係があるものというべきである」。

4　過失相殺等について

(1) 素因減額

「Kの再度の自殺の企ての原因は様々な事情が競合し，Kの自由な意思が介在している面も否定できず，K自身の性格や素因から来る心因的要因が寄

与しているものと認められ，Kの死亡による損害の全部をY₁社らに賠償させるのは公平を失するというべきであるから，Y₁社らの損害賠償責任の範囲を判断するにあたっては，民法722条を類推適用して，Kの性格や素因から来る心因的要因を斟酌すべき」である。

(2) 過失相殺

Kの勤務の継続や休暇願の撤回についてはY₂の説得等があったものであるけれども，それでもKやX₁が強く申し出れば，退職することや休暇をとることも可能であったと考えられ，主事試験についても受験するかどうかは本人の任意であるから，どうしても断ることができなかったというものではない。また，KやX₁が医師Cに対し，Kの自殺未遂の話を打ち明けていれば，同医師はKが将来再度自殺を図る危険性があると判断し，もっと強力に自殺を防止する措置をとったものと認められる。しかるに，X₁は結果的にはKの退職や休暇についてY₂の説得を受け入れる形になり，また，KやX₁が医師CにKの自殺未遂の話をしなかったのであるから，Kの自殺による死亡という結果が生じたことについて被害者側にも落ち度があったというべきである。したがって，民法722条により，本件不法行為による損害賠償額を算定するにあたってはこの事情も斟酌すべきである。

(3) 控除割合

そして，民法722条の過失相殺及び同条の類推適用により，上記(1)と(2)の事情を併せて損害額から8割を控除し，残余の2割についてY₁社らに賠償させるのが相当である（賠償額の合計は1550万5882円と弁護士費用各75万円の合計額）。

5 業務上死亡による退職金及び弔慰金の残額請求について

Kの企画課長としての職務内容は格別過剰なものではなかったのであり，Kと同程度の知的能力及び身体的能力を有する者がKのような経歴を経て企画課長に就任した場合，専らその課長の職にあることの心理的負荷が要因となって心身に変調を来しその結果自殺を意図するといった事態が起きることは通常は考えられないから，Kの自殺企図には本人の性格や素因が大きく関与していたものであって，Kの死亡は業務上の死亡にはあたらないものというべきである。

解　説

1　過失相殺等

　本判決は，損害賠償額の算定にあたって，K及びKの妻X_1の行動に落ち度があるとして被害者側の過失を認めて民法722条2項により過失相殺を行うとともに，同項の過失相殺規定の類推適用によりKの性格や素因からくる心因的要因を斟酌し，損害額から8割を控除している。

　民法722条2項の過失相殺については，同項にいう「被害者」の「過失」とは，「被害者と身分上ないしは生活関係上一体をなすとみられるような関係にある者の過失」すなわちいわゆる「被害者側の過失」を包含するものであり（最三小判昭42・6・27判時490号47頁，最一小判昭51・3・25判時810号11頁），ここにいう「過失」とは，民法709条の責任要件としての過失ではなく，単なる「不注意」を含む（被害者に事理弁識能力があれば足りるとした最大判昭39・6・24判時376号10頁）ので，本件においては，K本人の不注意のみならず，X_1ら家族の不注意も広く過失相殺の対象となる。

　また，被災労働者に心因的素因が認められる場合に裁判所が同項の過失相殺の規定を類推適用して素因減額をなし得ることは，電通事件・最二小判平12・3・24（労判779号13頁）【本書判例36】が認めるところである。なお，本件は業務の過重負担を原因とする労災民事損害賠償請求事案ではないので，同最高裁判決のいう労働者「の性格及びこれに基づく業務遂行の態様等を，心因的要因として斟酌することはできない」事案にはあたらない。

2　第1審判決における過失相殺等との違い

　本件の第1審判決（浦和地判平13・2・2労判800号5頁）は，「Yらの行為とKの自殺との間には因果関係が認められるものの，Kの昇進後の職務に対する労働が過剰な負担を課すものとはいえないこと，Kの置かれた状況において，誰もが自殺を選択するものとは言えず，本人の素因に基づく任意の選択であったという要素を否定できないことに鑑みると，Kの自殺という結果に対する寄与度については，K本人の固有のものが7割であって，Yらの行為によるものは3割であると見るのが相当である」としてYらの行為による損害を3割とした上，さらに，平成8年4月23日にX_1らがKに勤務を継続さ

せるべくKを説得したこと，KとX₁が自殺未遂や診断書を撤回したことを医師Cに報告せず，定期的な通院をしなかったこと，Kは自己の悩みを他人に率直に相談することはなかったことなどの諸事実を挙げ，「以上の事実を直ちに過失といえるかは問題があるが，以上の事実はXらの領域で生じたことであり，自殺者本人を支える家庭の重要性を考慮すると，過失相殺類似のものとして，信義則上相殺すべきであり，その割合は5割と認めるのが相当である」として5割の控除を行い，結果として弁護士費用を除く全損害から8割5分を控除している（0.3×0.5＝0.15）。

このように，第1審判決が，被災労働者の心因的素因について，民法722条2項の類推適用ではなく，結果に対する寄与度に応じた因果関係の割合的判断を過失相殺（類似の信義則上の相殺）を行う前に行っているのに対し，本判決は，素因については最高裁判例と同じく過失相殺規定の類推適用を行い，被害者側の過失（落ち度）については過失相殺の規定を適用するが，控除割合については両者を合わせ考慮して認定している。

なお，最高裁判例における素因減額についての考え方は【本書判例44】において述べたとおりである。

3　減額割合

いずれにしても，過失相殺及び素因減額として，損害賠償額を算定するにあたって，損害額から8割以上の減額を行うことを相当とする事例は，行為者に注意義務違反が認められるとはいえ，結果の発生に対する当該不法行為者の寄与度が極めて小さく，被害者側が些細な注意を払えば結果の発生を十分に防止し得た場合や被害者の素因が結果の発生に重大な影響を及ぼしている蓋然性が高い場合であろう。

4　その他の裁判例

川崎市水道局事件（東京高判平15・3・25労判849号87頁）は，川崎市の水道局職員が上司3名の種々の言動による執ようないじめによって精神疾患（心因反応）にり患し，これにより自殺したと認められる事案について，市の安全配慮義務違反を認めつつ，同人の資質ないし心因的要素が加わって自殺への契機になったものと認められるとして，過失相殺の規定の類推適用により損害額の7割を減額するのを相当としている。

【深野　和男】

46 メンタルヘルス情報の不申告及び労働者の脆弱性
―― 東芝（うつ病・解雇）事件

最二小判平成26年3月24日（平成23年(受)第1259号）
裁判所時報1600号1頁，労働判例1094号22頁

概要

　安全配慮義務違反等を理由とする損害賠償額の算定にあたって，労働者が使用者に対して自らの精神的健康（いわゆるメンタルヘルス）に関する情報を申告していなかったことをもって，民法418条又は722条2項による過失相殺をすることはできないとした例

　安全配慮義務違反等を理由とする損害賠償額の算定にあたって，労働者について同種の業務に従事する労働者の個性の多様さとして通常想定される範囲を外れる脆弱性などの特性等を有していたことをうかがわせるに足りる事情があるとはいえないとして，過失相殺に関する上記各規定の類推適用を否定した例

〔問題点〕
1　メンタルヘルス情報の不申告と過失相殺規定の適用の可否
2　労働者の脆弱性と過失相殺規定の類推適用の可否

判決の内容

■ 事案の概要

　1　Xは，昭和41年生まれの女性であり，平成2年3月に大学理工学部を卒業し，同年4月にY社に入社した。Xは，社内において，与えられた仕事に関して真面目に取り組む努力家であるとされていた。Xは，平成10年1月に液晶ディスプレイ等を製造する工場に異動となり，Y社の液晶生産事業部

の1つの技術部門を担当する課に配属され，遅くとも平成12年11月頃から，液晶ディスプレイの製造ラインを構築するプロジェクト（以下「本件プロジェクト」という）の1つの工程においてプロジェクトリーダーに任命された。Xは，本件プロジェクトに従事中，休日出勤も多く，帰宅が午後11時を過ぎることも増えた。

　Xは，入社5年目くらいから不眠の症状が現れ，平成9年及び平成11年の定期健康診断では生理痛を訴え，平成12年5月の健康診断で不眠を訴え，同年6月には不眠症と診断され，同月の定期健康診断で易疲労，首の痛み，生理痛等を訴え，経過観察とされた。同年7月には慢性頭痛，同年12月には神経症の診断を受け，筋収縮性頭痛，抑うつ及び睡眠障害に適応のある薬剤，神経症における抑うつに適応のある薬剤等を処方された。

　本件プロジェクトは，短期間での成功を目指すものであったが，平成13年1月，様々なトラブルが発生して遅れが生じ，Xが担当する作業も遅れ，Xはその対応に追われ，業務の日程や内容について，Xが配属されている課の上司である課長（以下「課長」という）から厳しい督促や指示を受けた。

　Xは，本件プロジェクト立上げ後，平成12年12月から平成13年4月までの間に，1か月に約60時間〜約85時間の時間外労働を行った。

　Y社は，Xが担当する工程において，平成13年3月末日までに製造ラインを稼働させる計画が変更されて業務量も減少していたことなどから，同年5月，技術担当者を1名減員したが，Xには減員の理由を説明しなかった。他方，課長は，同月中旬から，Xに対し，本件プロジェクトに加え，異種の液晶ディスプレイの開発業務及び液晶ディスプレイにおける特定の技術上の支障に関する問題の対策業務を担当するように命じた。

　Xは，平成13年6月の定期健康診断の問診時に13項目の欄に印をつけて自覚症状を申告したほか，時間外超過者健康診断の際に，産業医に対して，頭痛，めまい，不眠等の自覚症状を訴えたが，特段の対応はなされなかった。Xは，同年4月，同年6月に神経科の医院を受診し，同年6月から定期的に通院を始めたほか，抑うつ等に適応のある内服薬等も処方されるようになっていった。

　Xの症状は悪化し，平成13年5月頃から，同僚がXの体調不良を認識でき

る程度になり，Xは，同月下旬以降，課長に体調不良を伝えた上で，相当日数の欠勤を繰り返し，予定されていた重要な会議も欠席した。また，その前後においては，課長に対して，新たに命じられた業務の担当を断ったり，担当業務の範囲の限定を求めるなどしていた。また，同年7月頃，Xが休暇明けに出勤した際には，同僚及び課長によって，放心状態であるなど普段とは異なるXの様子が確認された。

Xは，課長に勧められて同年8月10日にメンタルヘルス相談を受診し，同月11日から同月15日まで夏季休暇を利用して療養した後，通院している神経科病院の医師の助言を受けて，同医師作成の診断書をY社に提出して同年9月3日から同月末まで休暇をとった。同年10月1日から1週間にわたり出勤したが，頭痛が生じたため再び静養することとし，同年9月以降，抑うつ状態で1か月の休養を要するなどと記載した同医師作成の診断書をほぼ毎月提出して，療養目的での休暇・欠勤を続けた。Y社は，Xに対し，平成15年1月10日，休職を発令し，平成16年8月6日，休職期間満了を理由とする同年9月9日付け解雇の意思表示をした。

2 他方，Xは，平成16年9月8日，うつ病について，所轄の労働基準監督署長に労働者災害補償保険法（以下「労災保険法」という）に基づき休業補償給付等の支給を請求したところ，平成18年1月23日に不支給処分を受け，Xはこれを不服として審査請求を行ったが，同年12月22日，同請求は棄却された。その後，Xは，平成19年7月19日，同処分の取消しを求める訴えを東京地方裁判所に提起した。同裁判所は，平成21年5月18日，うつ病には業務起因性が認められるとして，上記不支給処分（受給権が時効により消滅した平成14年9月7日以前の休業補償給付を不支給とした部分を除く）を取り消す旨を判決し，同判決は控訴されずに確定した。

なお，上記の支給に係る請求の審査手続において作成された意見書において，うつ病の発症時期は平成13年4月頃とされている。

3 Xは，Y社に対し，平成16年11月，雇用契約上の権利を有する地位確認及び賃金支払請求のほか，安全配慮義務違反による債務不履行又は不法行為に基づく損害賠償請求の訴え等を提起した。1審及び控訴審ともXの地位確認請求を認め，賃金支払請求及び損害賠償請求についてもXの一部勝訴と

なったが，控訴審判決は，損害賠償額の算定にあたって，過失相殺に関する民法418条又は722条2項を適用ないし類推適用し，損害額の2割を減額した。本判決は係る事件の上告審判決である。

　なお，本件では，損害賠償の額から健康保険法の傷病手当金及び労災保険法の休業補償給付を損益相殺して控除することの可否も争点とされたが，これについては，別に述べる（【本書判例48】）。

■　判決要旨

1　過失相殺規定の適用の可否について

　(1)　Xの業務の負担は相当過重なものであり，係る業務の過程において，XがY社に申告しなかった自らの精神的健康（いわゆるメンタルヘルス）に関する情報は，神経科の医院への通院，その診断に係る病名，神経症の適応のある薬剤の処方等を内容とするもので，労働者にとって，自己のプライバシーに属する情報であり，人事考課等に影響し得る事柄として通常は職場において知られることなく就労を継続しようとすることが想定される性質の情報であったといえる。使用者は，必ずしも労働者からの申告がなくても，その健康に関わる労働環境等に十分な注意を払うべき安全配慮義務を負っているところ，労働者にとって過重な業務が続く中でその体調の悪化が看取される場合には，上記のような情報については労働者本人からの積極的な申告が期待し難いことを前提とした上で必要に応じてその業務を軽減するなど労働者の心身の健康への配慮に努める必要があるものというべきである。

　また，過重な業務が続く中で，Xは，体調が不良であることをY社に伝えて相当の日数の欠勤を繰り返し，業務の軽減の申出をするなどしていたものであるから，Y社としては，そのような状態が過重な業務によって生じていることを認識し得る状況にあり，その状態の悪化を防ぐためにXの業務の軽減をするなどの措置をとることは可能であったというべきである。

　これらの諸事情に鑑みると，Y社がXに対し上記の措置をとらずに本件うつ病が発症し増悪したことについて，XがY社に対して上記の情報を申告しなかったことを重視するのは相当でなく，これをXの責めに帰すべきものということはできない。

(2) 以上によれば、Y社が安全配慮義務違反等に基づく損害賠償としてXに対し賠償すべき額を定めるにあたっては、Xが上記の情報をY社に申告しなかったことをもって、民法418条又は722条2項の規定による過失相殺をすることはできないというべきである。

2 過失相殺の規定の類推適用の可否について

本件うつ病は過重な業務により発症し増悪したものであるところ、Xはそれ以前は入社以来長年にわたり特段の支障なく勤務を継続していたものであり、また、上記の業務を離れた後もその業務起因性や損害賠償責任等が争われて複数の争訟等が長期にわたり続いたため、その対応に心理的な負担を負い、争訟等の帰すうへの不安等を抱えていたことがうかがわれる。

これらの事情に鑑みれば、Xについて、同種の業務に従事する労働者の個性の多様さとして通常想定される範囲を外れる脆弱性などの特性等を有していたことをうかがわせるに足りる事情があるということはできない（電通事件・最二小判平12・3・24民集54巻3号1155頁【本書判例36】参照）。

3 まとめ

以上によれば、Y社の安全配慮義務違反等を理由とするXに対する損害賠償の額を定めるにあたり過失相殺に関する民法418条又は722条2項の規定の適用ないし類推適用によりその額を減額した原審の判断には、法令の解釈適用を誤った違法があるというべきである。

解　説

1 メンタルヘルスに関する情報の不申告を理由とする過失相殺の可否

本判決は、原判決（東京高判平23・2・23労判1022号5頁）が、Y社が安全配慮義務違反等に基づく損害賠償としてXに対し賠償すべき額を定めるにあたって、Xが神経科の医院への通院、その診療に係る病名、神経症に適応のある薬剤の処方等の情報を上司や産業医等に申告しなかったことは、Y社においてXのうつ病の発症を回避したり発症後の増悪を防止する措置をとる機会を失わせる一因となったものであるから、Xの損害賠償請求については過失相殺をするのが相当である旨を判示した点について、係る判断を是認せず、

上記のとおり過失相殺の規定の適用を否定している。

　もっとも，本判決は，労働者のメンタルヘルスに関する情報の使用者への不申告がおよそ一般的に過失相殺の対象となる「債権者の過失」(民418条)又は「被害者の過失」(同法722条2項)にあたらないという旨を判断したものではないと思われる。というのは，本判決によると，Xは過重な業務が続く中で，体調が不良であることをY社に伝えて相当の日数の欠勤を繰り返し，業務の軽減の申出をするなどしており，Y社としては，Xのそのような状態が過重な業務によって生じていることを認識し得る状況にあり，その状態の悪化を防ぐためにXの業務の軽減をするなどの措置をとることができたというのであって，そうである限り，Xのメンタルヘルスに関する情報のY社への不申告は，そもそもXの損害の発生・程度に何らの影響も与えていないといって過言ではないからである。本判決は係る事実を踏まえて，「Y社がXに対し上記の措置を執らずに本件鬱病が発症し増悪したことについて，XがY社に対して上記の情報を申告しなかったことを重視するのは相当でなく，これをXの責めに帰すべきものということはできない。」と判示しているものと思われる。

　この点，下級審の裁判例には，労働者の健康に関する情報を使用者に申告していなかったことについて過失相殺の規定の適用を肯定したもの（三洋電機サービス事件・東京高判平14・7・23労判852号73頁【本書判例45】，JFEスチール（JFEシステムズ）事件・東京地判平20・12・8労判981号76頁【本書判例40】，南大阪マイホームサービス事件・大阪地堺支判平15・4・4労判854号64頁等）と否定したもの（山田製作所事件・福岡高判平19・10・25労判955号59頁，ニューメディア総研事件・福岡地判平24・10・11労判1065号51頁，メディスコーポレーション事件・東京高判平23・10・18労判1037号82頁等）がある。それぞれの裁判例をみると，過失相殺の規定の適用を否定している理由は様々であるのに対し，過失相殺の規定の適用を肯定している裁判例は，いずれも概ね，使用者が事前にその情報を知っていれば，それ相応の配慮をすることが可能であり，それによって労働者における損害の発生を防ぐことができたという旨を認定している。この点からすると，こうした過失相殺の規定の適用を肯定した下級審の裁判例は，必ずしも本判決に矛盾するものではないと思われる。

2　労働者の脆弱性を理由とする過失相殺規定の類推適用の可否

　本判決は，原判決が，Ｘは入社後慢性的に生理痛を抱え，また，慢性頭痛及び神経症と診断されて抑うつや睡眠障害に適応のある薬剤の処方を受けており，業務を離れて治療を続けながら９年を超えてもなお寛解にいたらないことを併せ考慮すれば，Ｘには個体としての脆弱性が存在したと推認され，Ｘの損害賠償請求については素因減額をするのが相当である旨を判示した点について，係る判断を是認せず，上記のとおり，電通事件最高裁判決を引用して素因減額による過失相殺の規定の類推適用を否定している。

　この点，電通事件最高裁判決及び本判決にいう「同種の業務に従事する労働者の個性の多様さとして通常想定される範囲」とは具体的にどの範囲を意味するのか明確ではないが，本判決は，かかる「範囲を外れるぜい弱性などの特性等」を有していたことをうかがわせるに足りる事情があるということはできないとして，素因減額を否定している。この点，本判決が，係る結論にいたる理由として，「本件鬱病は……過重な業務によって発症し増悪したものである」という前提の下，「Ｘは，それ以前は入社以来長年にわたり特段の支障なく勤務を継続していたものであり，また，上記の業務を離れた後もその業務起因性や損害賠償責任等が争われて複数の争訟等が長期にわたり続いたため，その対応に心理的な負担を負い，争訟等の帰すうへの不安等を抱えていたことがうかがわれる。」と判示しているのは，原判決が素因減額をするにあたって示した上記の事情は，Ｙ社の不法行為に由来するものであり，素因減額の対象として斟酌する素因にはあたらないということを述べたものではないかと思われる（この点に関し，ＮＴＴ東日本北海道支店事件最高裁判決（最一小判平20・3・27労判958号5頁）は，不法行為に基づく損害賠償請求事案における損害賠償額の算定にあたっては，被害者の素因のほかに，「不法行為の態様等」も考慮の対象とする旨を判示している。【本書判例44】参照)。

　なお，電通事件最高裁判決は，労働者の「性格」を素因とする素因減額の可否が争われたものであって，労働者の「脆弱性」を素因とする事案ではない。原判決は，係る点を捉えて，Ｘの「性格」を素因として取り上げているわけではないからＸの脆弱性を素因とする素因減額を行っても同最高裁判決には矛盾しないという趣旨の判断をしていたのであるが，本判決がその判決

文に同最高裁判決を引用したことによって，同最高裁判決が労働者の「脆弱性などの特性等」を素因とする素因減額をも射程範囲とするものであることが明確となった。

【深野　和男】

〔参考文献〕
- 川田琢之「精神疾患に関する労災民事事案における過失相殺・素因減額のあり方——東芝（うつ病・解雇）事件」ジュリ1476号107頁
- 石村智「労災民事訴訟に関する諸問題について——過労自殺に関する注意義務違反，安全配慮義務違反と相当因果関係を中心として」判タ1425号30頁
- 北岡大介「労災民訴（精神疾患）における業務過重性評価と過失相殺・素因減額の関係性」季刊労働法246号200頁
- 石﨑由希子「安全配慮義務違反に基づく損害賠償と過失相殺・素因減額」日本労働法学会誌125号145頁

〔参考判例〕
- フォーカスシステムズ（控訴審）事件（東京高判平24・3・22労判1051号40頁【本書判例42】）

47 割合的因果関係
──横河電機（うつ病り患）事件

東京高判平成25年11月27日（平成24年(ネ)第2621号）
労働判例1091号42頁

概　要

　元従業員のうつ病の症状が遷延化し，元従業員が長期間にわたり休職を継続したことについては，個人の素質，ぜい弱性，生活の自己管理能力が少なからず寄与しているとみるべきであるとし，うつ病の発症から寛解状態が4か月以上継続した平成18年11月1日から，動揺傾向があるとされつつも寛解状態がさらに1年間継続した平成19年10月末日までの損害については，50％の限度において会社の安全配慮義務違反との間に相当因果関係を認めた例

〔問題点〕
　いわゆる割合的因果関係論をとることの当否

判決の内容

■ 事案の概要

　本件は，Y$_2$社の従業員であったXが，上司であったY$_1$から，長時間の残業を強いられた上，Xの人格を否定するような非難，罵倒，叱責等を受けたことから，肉体的，精神的に疲労困ぱいし，うつ病等にり患して休職し，休職期間の満了を余儀なくされたと主張して，Y$_1$に対しては不法行為に基づき，Y$_2$社に対しては主位的にY$_1$の不法行為についての使用者責任，予備的に労働契約上の安全配慮義務違反等による損害賠償責任に基づき，損害賠償（原審における請求額2685万7984円，控訴審における請求額4199万6999円）及び遅延損害金の連帯支払等を求めた訴訟である。

　なお，本判決は控訴審判決であり，原判決は，Y$_1$の不法行為の成立及び

Y₂社の使用者責任又は安全配慮義務違反等をいずれも否定し、Xの請求を全部棄却している（東京地判平24・3・15労判1091号60頁）。

■ 判決要旨

1 Xの病歴、今回の病態等

Xは、うつ病の既往があり、大学院に通っていた27歳の頃、研究がうまくいかず、約1年間閉居して無為自閉徒食生活を過ごしたこと、精神科クリニックでカウンセリングを受けたこと、過量服薬による自殺を図ったことがあった。今回の病態は「反復性鬱病性障害」であり、その発症時期は平成17年下旬である。

2 Y₁の不法行為及びY₂社の使用者責任の成否

Y₁において、Xに対する罵倒、誹謗中傷、責任転嫁、残業の強制、その他業務上の指示・指導の範囲を逸脱した違法な行為があったとは認められず、Y₁に対する不法行為に基づく損害賠償請求及びY₂社に対する使用者責任に基づく損害賠償請求は、いずれも理由がない。

3 休職までの経緯に係るY₂社の安全配慮義務違反の有無

(1) Xは、長時間労働による肉体的・精神的疲労の蓄積と、Y₁の業務上の指示・指導による精神的ストレスの蓄積が重なって、平成17年11月下旬頃うつ病を発症した上、Xの所属するチームが担当するPICS（プラント操作監視装置）開発業務の納期が次々と到来する状況で過重な業務を継続する中、その業務の成果が認められないという出来事も発生し、さらに病状が悪化したものと認められ、当時の状況等からすれば、Y₂社は、Xの精神障害の発症を予見することが可能であった。

(2) Xは、今回のうつ病発症の7年以上前にうつ病の既往歴を有するが、平成12年9月にY₂社のグループ会社に入社して以来、平成15年10月にY₂社に移籍した後も含めて5年以上の間、うつ病を再発することなく就労していた。

そして、今回のうつ病発症の頃、XがY₂社における業務により受けた心理的負荷の程度は、①時間外労働時間が1か月90時間程度に及んでいたこと、②当時直属の上司であったY₁から、強い口調による注意や指導を受

け，また，他の上司による指示との間に食い違いが生ずるなどして困惑させられていたこと，さらに，③納期を遵守することができず，次々と到来する納期の達成も困難な状況となっていたことなど，中等度に強い負荷が重なっていたということができる。

　これらに照らせば，Xが平均的な従業員に比較して精神的にぜい弱な傾向にあったことを考慮しても，上記心理的負荷とXのうつ病の発症及びその悪化との間には，条件関係のみならず，相当因果関係があるというべきである。

4　休職までの経緯に係るY₂社の安全配慮義務違反との間に相当因果関係のある損害

　(1)　Xは，Y₂社の業務による過度の心理的負荷が原因となって，うつ病を発症し悪化させたものと認められるところ，①Xの症状は，平成18年1月半ばから同年4月頃まで寛解状態となっていたが，同年5月から6月にかけて症状の再燃（寛解の途中で十分な回復にいたっていない時期における症状の増悪）があったこと，②しかし，同年7月以降，Xの抑うつ症状の増悪はなく，寛解状態が4か月継続した（通常4～5か月以上の相当期間，寛解が持続した状態が「回復」と呼ばれる）同年10月26日，病気を理由にY₂社を休職することにしたこと，③その際の症状は，「軽快傾向にあるも，動揺傾向にあり，加療継続を要する」とされたこと，④Xは，さらに1年間寛解状態が継続した平成19年10月26日，Y₂社の一般社員就業規程に定められた休職期間の満了がなお1年先であることを考慮して，休職の継続を希望したこと，⑤Xは，その後も平成20年11月の仮復職まで寛解状態が継続したが，平成21年1月に「抑鬱状態，適応障害」と診断され，医師から，個人の素質やぜい弱性，ストレス対処能力，生活の自己管理能力等の問題であると指摘されたことが認められる。

　(2)　Xのうつ病の症状が遷延化し，Xが長期間にわたり休職を継続したことについては，個人の素質，ぜい弱性，生活の自己管理能力が少なからず寄与しているとみるべきであり，うつ病の発症から寛解状態が4か月以上継続した平成18年10月末日までの症状に基づく損害については，すべてY₂社の安全配慮義務違反と相当因果関係があると認められるが，その後，動揺傾向

があるとされつつも寛解状態がさらに1年間継続した平成19年10月末日までの損害については，50％の限度において会社の安全配慮義務違反との間に相当因果関係が認められ，それ以降の損害については，上記相当因果関係は認められないというべきである。

5 過失相殺

Xが5年以上の間，Y₂社で何ら問題なく一般的な従業員と同等の業務に従事していたこと，うつ病が発症し悪化した平成17年11月から12月にかけての業務による心理的負荷の程度が相当強度なものであったといえることに照らせば，うつ病の発症，悪化自体について，Xに公平上考慮すべき過失は認められないというべきである。

解　説

〔いわゆる割合的因果関係について〕

(1) 素因競合事案における割合的解決の方法

不法行為又は債務不履行（安全配慮義務違反）に基づく損害賠償請求事案のなかには加害者の加害行為と被害者が事故に遭遇する前から有していた素因（心因的素因，身体的素因，疾病等）とがともに原因となって被害者の損害が発生又は拡大している場合（素因競合の場合）がある。こうした場合においては，損害の公平分担の見地から，加害者の損害賠償責任を判断するにあたり，被害者の素因を考慮すること（素因減額）の可否が問題となる。

この点について，従来から最高裁は，原則として民法722条2項を類推適用して素因を斟酌することができるという立場（過失相殺類推適用説）をとり，このことは労災民事損害賠償事件においても基本的に同様であるとしている（例えば，心因的要因の素因がある場合について電通事件最高裁判決（最二小判平12・3・24労判779号13頁【本書判例36】），また，被害者に基礎疾患の素因がある場合についてNTT東日本北海道支店事件・最一小判平20・3・27労判958号5頁【本書判例44】参照））。もっとも，労災民事損害賠償事件においては，最高裁が，業務の過重負担に基因する事案については，素因減額の対象となり得る労働者の素因を「ある業務に従事する特定の労働者の性格が，同種の業務に従事する労働

者の個性の多様さとして通常想定される範囲を外れるもの」に該当するものに限っている（心因的要因を素因とする事案について，前掲電通事件最高裁判決，東芝（うつ病・解雇）事件・最二小判平26・3・24労判1094号22頁【本書判例46】）こともあって，心因的素因による賠償額の減額は認められにくい傾向にあるようである。

他方，学説をみると，割合的因果関係論，部分的因果関係論，寄与度減責論など因果関係の問題として処理する見解がある。

(2) 本判決が過失相殺を認めなかったことについて

本判決は，過失相殺は認められないとしつつ，Xが長期間にわたり休職を継続したことについて，X個人の素質，ぜい弱性，生活の自己管理能力が寄与しているものとして，平成18年11月から平成19年10月までの損害については，50％の限度において会社の安全配慮義務違反との間に相当因果関係が認められる旨を判示している。

本判決が過失相殺を認めなかった理由は，Xは今回のうつ病発症の7年以上前にうつ病の既往歴を有するが，過去5年以上の間，うつ病を再発することなく，Y_2社で何ら問題なく一般的な従業員と同等の業務に従事してきたこと，うつ病が発症し悪化した平成17年11月から12月にかけての業務による心理的負荷の程度が相当強度なものであったといえることにある。

しかし，Xの素質やぜい弱性等は，Xの不注意とみるべきものではないから，そもそも過失相殺の規定の適用の可否の問題ではなく，素因減額の可否の問題（最高裁判例でいえば，上記の過失相殺規定の類推適用の可否の問題）であるように思われる。

(3) 本判決における割合的解決の方法

本判決は，平成18年11月から平成19年10月までの損害について，50％の限度において会社の安全配慮義務違反との間に相当因果関係が認められる旨を判示している。これは，いわゆる割合的因果関係を認めたものと思われる。

そして，本判決が「鬱病の発症から寛解状態が4か月以上継続した平成18年10月末日までの症状に基づく損害については，全てY_2社の安全配慮義務違反と相当因果関係があると認められるが，その後，動揺傾向があるとされつつも寛解状態が更に1年間継続した平成19年10月末日までの損害について

は，50％の限度において（Y₂社の安全配慮義務違反との間に）相当因果関係が認められ，それ以降の損害については，上記相当因果関係は認められない」としているのは，Y₂社の安全配慮義務違反の影響が時の経過とともに段階的に減少していく一方で，逆に「個人の素質，ぜい弱性，生活の自己管理能力」の寄与度が相対的に大きくなっていくという考え方をしているものと思われる。

　本判決は，このように素因競合事案の割合的解決の方法として，最高裁がとる過失相殺類推適用説をとらず，因果関係の割合的認定の方法をとっている。最高裁が過失相殺類推適用説をとることを明らかにして以来，下級審裁判例も同説をとるものが主流になったといわれているが，本判決のように因果関係の割合的認定の方法をとる下級審裁判例も少なくないといわれている。こうした法律構成の差異は当事者の主張の仕方によって生じているのではないかという見解もある。

　理論的な問題はあるが，実務的には，過失相殺類推適用説を基本としつつ，事案に応じて因果関係の割合的認定を認めるといった柔軟な解決の方法をとることが損害の公平分担という観点に適うように思われる。

【深野　和男】

〔参考文献〕
- 齊藤顕「素因（身体的素因・心因的要因）減額の諸問題」森冨義明＝村主隆行編著『裁判実務シリーズ(9)交通関係訴訟の実務』329頁以下
- 天野智子「素因減額の考慮要素」判タ1181号74頁
- 中武由紀「交通損害賠償事件における非器質性精神障害をめぐる問題(1)～(3)」判タ1377号10頁以下，同1378号14頁以下，同1379号11頁以下

第6 損益相殺

48 損益相殺の対象
——コック食品事件

最二小判平成8年2月23日（平成6年(オ)第992号）
最高裁判所民事判例集50巻2号249頁，最高裁判所裁判集民事178号485頁，判例時報1560号91頁，労働判例695号13頁

概　要

　労働者災害補償保険特別支給金支給規則による特別支給金は，被災労働者の福祉の増進を図るためのものであり，損害賠償義務の履行と特別支給金の支給との関係を調整する規定もないことに照らすと，被災労働者の損害をてん補する性質を有するということはできず，したがって，これを損害賠償の額から控除することはできないとした例

〔問題点〕
　安全配慮義務違反による損害賠償債務について，労災保険給付との損益相殺的な調整をするにあたり，労働者災害補償保険法（以下「労災保険法」という）に基づく労働者災害補償保険特別支給金支給規則に定める特別支給金も損益相殺的な調整をする対象となるのか

判決の内容

■ 事案の概要

　Xは，給食弁当の製造販売会社であるY社に勤務していたが，弁当箱洗浄機を使って作業中，右手指を挟まれて負傷し，右手示指・中指の用廃等の後遺障害を負った。そこで，Xは，Y社には機械に事故防止のための装置を設

置しなかったこと等について安全配慮義務違反があるとして，Y社に対し，休業損害，後遺障害による逸失利益等の損害賠償を求めた。これに対し，Y社は，Y社に安全配慮義務違反はなく，本件事故はXの不注意による自損事故であると主張するとともに，仮にY社に安全配慮義務違反があるとしても，過失相殺がなされるべきであると主張した。

係る事案について，第1審判決は本件事故についてY社の安全配慮義務違反を認めつつ，損害賠償額の算定にあたっては，3割を過失相殺として控除し，さらに過失相殺後の損害額からXが労災保険から給付を受けた休業補償給付金及び障害補償給付金を控除した（大阪地判平4・12・24労判695号13頁）。

Y社は同判決を不服として控訴したが，控訴審においては，Xは労災保険から上記各給付金の給付を受けているだけではなく，休業特別支給金及び障害特別支給金についても給付を受けているから，この金額も損益相殺されるべきであると主張した。これに対し，控訴審判決（原判決）は，第1審判決と同じくY社の安全配慮義務違反を認めつつ，損害額の4割を過失相殺として控除することを認めたが，休業特別支給金及び障害特別支給金については，災害補償そのものではなく，災害労働者の福祉の増進を図ったものであることを理由に損益相殺の対象にはならないとして，損害額からの控除を認めなかった（大阪高判平6・1・28労判695号14頁）。本件は係る事件の上告審である。

■ 判決要旨

労災保険法による保険給付は，使用者の労働基準法上の災害補償義務を政府が労災保険によって保険給付の形式で行うものであり，業務災害又は通勤災害による労働者の損害をてん補する性質を有するから，保険給付の原因となる事故が使用者の行為によって生じた場合につき，政府が保険給付をしたときは，労働基準法84条2項の類推適用により，使用者はその給付の価額の限度で労働者に対する損害賠償の責めを免れると解され（最三小判昭52・10・25民集31巻6号836頁参照），使用者の損害賠償義務の履行と年金給付との調整に関する規定（労災附則64条，平成2年法律第40号による改正前の労災附則67条）も設けられている。また，保険給付の原因となる事故が第三者の行為によって

生じた場合につき，政府が保険給付をしたときは，その給付の価額の限度で，保険給付を受けた者の第三者に対する損害賠償請求権を取得し，保険給付を受けるべき者が当該第三者から同一の事由について損害賠償を受けたときは，政府はその価額の限度で保険給付をしないことができる旨定められている（労災12条の4）。

他方，政府は，労災保険により，被災労働者に対し，休業特別支給金，障害特別支給金等の特別支給金を支給する（労働者災害補償保険特別支給金支給規則（昭和49年労働省令第30号））が，右特別支給金の支給は，労働福祉事業の一環として，被災労働者の療養生活の援護等によりその福祉の増進を図るために行われるものであり（平成7年法律第35号による改正前の労災23条1項2号，同規則1条），使用者又は第三者の損害賠償義務の履行と特別支給金の支給との関係について，保険給付の場合における前記各規定と同趣旨の定めはない。

このような保険給付と特別支給金との差異を考慮すると，特別支給金が被災労働者の損害をてん補する性質を有するということはできず，したがって，被災労働者が労災保険から受領した特別支給金をその損害額から控除することはできないというべきである。

解説

1 損益相殺

労災事故による被災労働者（被災労働者が死亡している場合にはその相続人）が使用者に対し安全配慮義務違反を理由として債務不履行又は不法行為による損害賠償を求める事案において，損害賠償額を算定するにあたり，既にその損害賠償金の一部の支払（一部弁済）がなされている場合には，係る支払分は損害額から控除されなければならない。

また，損害賠償金以外にも，当該事故に関して被災労働者（又はその相続人）に対し何らかの給付がなされている場合には，公平の見地から，損益相殺的な調整がなされるべきことがある。

2 既支給の労災保険給付・特別支給金について

本件では，損害賠償額の算定にあたって，被災労働者が既に給付を受けた

労災保険法による休業補償給付金及び障害補償給付金を損益相殺の対象として損害額から控除しているが，本判決が判示するとおり，これらの労災保険給付は損害のてん補の性質を有するものであり，同法に代位についての定めもあり，既に支給された同給付が損害額から控除する対象となることについては最高裁判例において積極の判断が既に示されているところである（仁田原・中村事件・最三小判昭52・5・27判時857号73頁，前掲・最三小判昭52・10・25，東芝（うつ病・解雇）事件（差戻審）・東京高判平28・8・31労判1147号62頁）。

これに対し，本件で争点となった同法に基づく労働者災害補償保険特別支給金支給規則に定める特別支給金については，損害額から控除する対象となるか否かを判断した最高裁判例は本判決以前にはなく，本判決以前の下級審の裁判例は消極説が多数であったが，学説は消極・積極の両説があった。

こうした中，本判決は，休業特別支給金及び障害特別支給金は労働福祉事業の一環として，被災労働者の療養生活の援護等によりその福祉の増進を図るために行われるものであり（なお，現在の労災29条1項2号，労働者災害補償保険特別支給金支給規則1条），損害をてん補する性質を有するものではないこと及び代位についての定めもないことを理由に，それらの特別支給金について損害額から控除することはできない旨を最高裁として初めて判示したものである。最高裁は，従来から，損益相殺の対象となる給付であるか否かの判断にあたって，損害のてん補の性質を有する給付であるか否かを1つのメルクマールとしており，本判決もそうした流れに沿ったものということができる。

なお，こうした最高裁判例に照らすと，労災保険法に定める業務災害及び通勤災害に関する労災保険給付（労災12条の8・21条：療養補償給付・療養給付，休業補償給付・休業給付，障害補償給付・障害給付，遺族補償給付・遺族給付，葬祭料・葬祭給付，傷病補償年金・傷病年金，介護補償給付・介護給付）については，損害のてん補の性質を有し，代位についての定めもあることから，損害額から控除できると解される。これに対し，本件で争いとなった休業特別支給金及び障害特別支給金のほか，同規則に基づく特別支給金（同規則2条：遺族特別年金・遺族特別一時金・遺族特別支給金・傷病特別年金・傷病特別支給金・障害特別年金・障害特別一時金，昭和52年3月改正同規則附則6条：傷病差額特別支給金，昭和56年10月改正

同規則附則6条:障害特別年金差額一時金)については,本判決が判示する理由と同じ理由で,損害額から控除することはできないものと解される。

3 本判決について

本判決以降,現在の実務は,損害賠償額の算定にあたり,特別支給金は控除の対象としないという取扱いがなされている(改進社事件・最三小判平9・1・28判時1598号78頁)。もっとも,学説の中には,特別支給金が実際には労災保険給付の上積みとして機能していることを重視して,本判決の判旨の妥当性を疑問とする有力な見解がある(東京大学労働法研究会編『注釈労働基準法(下)』934頁〔岩村正彦〕,菅野和夫『労働法〔第11版補正版〕』644頁)。使用者の損害賠償義務の履行と年金給付との調整に関して定めている労災保険法附則64条が特別支給金を文言上除外している点(ただし,この点については,本判決の妥当性を疑問とする見解からは決め手にはならないという批判がある)等から現行法の解釈としてはハードルが高いのではないかと思うが,妥当性のある見解であり,立法的な解決がなされるべきであると考える。

4 将来支給されることが予定されている労災保険給付について

将来支給されることが予定されている労災保険給付を損益相殺の対象とすることについて,最高裁はいわゆる非控除説をとる。例えば,第三者行為災害の事案において前掲仁田原・中村事件最高裁判決は,「政府が保険給付又は災害補償をしたことによって,受給権者の第三者に対する損害賠償請求権が国に移転し,受給権者がこれを失うのは,政府が現実に保険金を給付して損害を填補したときに限られ,いまだ現実の給付がない以上,たとえ将来にわたり継続して給付されることが確定していても,受給権者は第三者に対し損害賠償の請求をするにあたり,このような将来の給付額を損害額から控除することを要しない」と判示している(東芝(うつ病・解雇)事件・最二小判平26・3・24労判1094号22頁【本書判例46】も非控除説をとる)。

5 損益相殺の対象(損害額から控除する対象)となるものとならないもの
(労災保険給付・特別支給金を除く)

(1) 損益相殺の対象となるか否かのポイント

労災事故に関して何らかの給付がなされている場合,それが損害のてん補そのものであるならば,当然に損益相殺の対象となる(例えば,損害賠償義務

を負う使用者による損害賠償金の弁済）。また，損害のてん補そのものではなくとも，損害のてん補の性質を有するものであれば，損益相殺の対象となる。

以下においては，判例を中心に，損益相殺の対象として認められるものと認められないものの各具体例（労災保険給付を除く）を概観する。

(2) **損益相殺の対象となる給付**

① 支払済みの自賠責保険金　自賠責保険会社による自賠責保険金の支払及び自賠法に基づく政府の自動車損害賠償保障事業による損害のてん補は，いずれも損害のてん補であるから（自賠16条3項・72条参照），損益相殺の対象となる（大阪地判平5・3・17交民26巻2号359頁等）。

② 使用者が締結していた損害賠償保険契約に基づく任意保険金　損害賠償義務を負う使用者が締結していた任意の損害賠償保険契約（対人賠償保険，対物賠償保険）に基づいて任意保険会社から支払われた任意保険金は，損害のてん補であるから，損益相殺の対象となる（前掲大阪地判平5・3・17等）。

③ 既に支給された国民年金，厚生年金　既に支給された国民年金法に基づく遺族基礎年金及び障害基礎年金並びに厚生年金保険法に基づく遺族厚生年金及び障害厚生年金については，代位についての定めがあるので，いずれも損益相殺の対象となる（遺族基礎年金・遺族厚生年金について沖縄医療生活協同組合事件・最二小判平11・10・22判時1692号50頁，遺族厚生年金について最二小判平16・12・20判時1886号46頁）。

なお，死亡した被災労働者の相続人である受給権者に既に支給されることが確定した遺族年金については，現実に履行された場合と同視し得る程度にその存続が確実であるので，損益相殺の対象となるものと解される（後述の地方公務員等共済組合法に基づく遺族年金について最大判平5・3・24判時1499号51頁）。

④ 被災労働者が締結していた保険契約に基づく人身傷害補償保険金，無保険車傷害保険金など　損害賠償請求権を有する被災労働者側が締結していた保険契約のうち，人身傷害補償保険に基づく人身傷害補償保険金，無保険車傷害保険に基づく無保険車傷害保険金及び車両保険に基づく車両保険金については，代位についての定めがあり，その支払がなさ

れた場合には損害賠償請求権が任意保険会社に移転するので，損益相殺の対象となる（人身傷害補償保険金について最一小判平24・2・20判時2145号103頁。なお，過失相殺がなされる場合に上記各保険金を損害額から控除する際の計算方法は，他の金銭給付を損害額から控除する際の計算方法とは異なる）。

⑤　企業の遺族年金規定に基づいて支給された遺族年金　企業の遺族年金規定に基づいて，在職中に死亡した従業員の遺族の生活安定と遺児の育英に資することを目的とし，死亡従業員の一定の遺族を対象に支給する遺族年金は，厚生年金保険法に基づく遺族厚生年金と同じ性質を有するものと解されるので，係る遺族年金規定に基づいて相続人である遺族に支給された遺族年金は，損益相殺の対象となる（肥後銀行事件・熊本地判平26・10・17労判1108号5頁）。

⑥　国家公務員等共済組合又は地方公務員等共済組合から支給されることが確定した遺族年金，遺族補償金　既に支給した又は既に支給されることが確定した国家公務員等共済組合法又は地方公務員等共済組合法に基づく遺族年金及び遺族補償金は，損益相殺の対象となる（地方公務員等共済組合法に基づく遺族年金について前掲最大判平5・3・24）。

(3) 損益相殺の対象とならない給付

①　損害賠償義務を負う使用者が支払った見舞金，香典　損害賠償義務を負う使用者が支払った見舞金や香典は，通常は損害のてん補を目的とするものではないので，損益相殺の対象とならない。ただし，金額が社会的儀礼の範囲を超えるものである等，場合によっては損害のてん補と解されることもある（なお，前掲大阪地判平5・3・17は，見舞金・香典の趣旨で交付した「7万円」について，社会儀礼上相当であるから，損益相殺の対象とはならないとした）。

②　生命保険金，生命保険の付加給付（傷害給付金，入院給付金）　生命保険契約に基づいて支給される保険金は，保険料の対価としての性質を有し，不法行為又は債務不履行の原因や損害額とは関係なく定額が支給されるものであり，損害のてん補を目的とするものではないから，損益相殺の対象とすることはできない（不法行為事案おける生命保険金について最二小判昭39・9・25判時385号51頁）。

③　総合福祉団体定期保険契約に基づいて遺族に支給された弔慰金　従業員が死亡した場合に，使用者と生命保険会社との間の総合福祉団体定期保険契約に基づいて当該従業員の遺族に支給される保険金は，生命保険契約に基づく保険金の性質を有するものと解されるので，損益相殺の対象とすることはできない（前掲肥後銀行事件熊本地裁判決）。

④　健康保険組合から支給を受けた健康保険法に基づく傷病手当金等
健康保険法に基づく傷病手当金（同法99条1項）等は，「業務外の事由による疾病等に関する保険給付として支給されるものであるから（健康保険法1条，55条1項）」，被災労働者の保有分は，「不当利得として……健康保険組合に返還されるべきものであ」り，損益対象の対象とはならず，「損害賠償の額から控除することはできない」（前掲東芝（うつ病・解雇）事件最高裁判決）。

⑤　独立行政法人自動車事故対策機構法に基づく介護料　自動車事故対策センター法に基づく自動車事故対策センターが支給した介護料について，同センター法の掲げる目的，介護料の支給対象，代位規定の不存在等の諸点を考慮して，民事損害賠償制度の中での損害のてん補として扱うことは相当でないとした裁判例がある（東京地判平12・3・31交民33巻2号681頁）。この裁判例からすると，同センターが特殊法人等改革の一環として解散した後を受けて独立行政法人自動車事故対策機構法に基づいて設立された独立行政法人自動車事故対策機構が支給する介護料についても同様に損益相殺の対象とはならないものと解される。

【深野　和男】

〔参考文献〕
- 中園浩一郎「特別支給金の損害額からの控除の可否」林豊＝山川隆一編『新・裁判実務体系(17)労働関係訴訟法Ⅱ』426頁
- 山下郁夫・最高裁判所判例解説民事篇〔平成8年度(上)〕88頁以下

〔掲載誌，評釈等〕
- 岩村正彦「労災保険特別支給金の損害賠償からの控除の可否——コック食品事件」ジュリ1109号131頁以下

49 損害項目と労災保険給付等の項目との関係（「同一の事由」の意義）
——青木鉛鉄事件

最二小判昭和62年7月10日（昭和58年(オ)第128号）
最高裁判所民事判例集41巻5号1202頁，最高裁判所裁判集民事151号357頁，判例時報1263号15頁，労働判例507号6頁

概　要

労災保険の休業補償給付及び傷病補償年金並びに厚生年金保険の障害年金は，消極損害（逸失利益）のみから控除することができ，これらを財産的損害のうちの積極損害及び精神的損害（慰謝料）から控除することはできないとされた例

〔問題点〕

労働基準法84条2項，労働者災害補償保険法（以下「労災保険法」という）12条の4第2項，厚生年金保険法40条2項等にいう「同一の事由」の意義

判決の内容

■ 事案の概要

Y₁社の社員であるXは，Y₁社における業務の執行の過程において，同僚社員であるY₂と口論となった挙句に暴行を受け，頸部捻挫，左胸部挫傷の傷害を負った（以下「本件事故」という）。

そこで，Xは，Y₁社及びY₂に対し，入院雑費，付添看護費，休業補償費及び慰藉料（慰謝料）について損害賠償を請求した。

他方，Xは，本件事故による傷害を原因として，労災保険法による休業補償給付，同法による傷病補償年金及び厚生年金保険法に基づく障害年金（現在の障害厚生年金に相当する）等について，その合計額が損害賠償額の合計額を

上回る給付を受けていた。

係る事案において，本判決の原判決（東京高判昭57・10・27判時1059号71頁）は，Xが被った損害の費目は，本件事故によりXに生じた同一の身体傷害を原因とする損害の費目にすぎず，これらの各費目について計上される金額は，Xが被った右の損害を金銭的に評価するための資料となるにすぎないから，労災保険法ないし厚生年金保険法に基づく保険給付は，給付名義の費目を問わず，積極損害，慰藉料を含む全損害をてん補するものとして，全給付額について損益相殺をすべきであると判示し，Xの請求を棄却した。

本判決は，係る事件の上告審判決であり，原判決を一部破棄し，事件を原審に差し戻した。

■ 判決要旨

1 労災保険法又は厚生年金保険法に基づく保険給付の原因となる事故が被用者の行為により惹起され，右被用者及びその使用者が右行為によって生じた損害につき賠償責任を負うべき場合において，政府が被害者に対し労災保険法又は厚生年金保険法に基づく保険給付をしたときは，被害者が被用者及び使用者に対して取得した各損害賠償請求権は，右保険給付と同一の事由（労基84条2項，労災12条の4第2項，厚生年金保険法40条2項参照）については損害のてん補がされたものとして，その給付の価額の限度において減縮するものと解される（仁田原・中村事件・最三小判昭52・5・27判時857号73頁，三共自動車事件・最三小判昭52・10・25判時870号63頁参照）。

2 右にいう保険給付と損害賠償とが「同一の事由」の関係にあるとは，保険給付の趣旨目的と民事上の損害賠償のそれとが一致すること，すなわち，保険給付の対象となる損害と民事上の損害賠償の対象となる損害とが同性質であり，保険給付と損害賠償とが相互補完性を有する関係にある場合をいうものと解すべきであって，単に同一の事故から生じた損害であることをいうものではない。

3 民事上の損害賠償の対象となる損害のうち，労災保険法による休業補償給付及び傷病補償年金並びに厚生年金保険法による障害年金が対象とする損害と同性質であり，したがって，その間で前示の同一の事由の関係にある

ことを肯定することができるのは，財産的損害のうちの消極損害（いわゆる逸失利益）のみであって，財産的損害のうちの積極損害（入院雑費，付添看護費はこれに含まれる）及び精神的損害（慰藉料）は右の保険給付が対象とする損害とは同性質であるとはいえない。

 したがって，右の保険給付が現に認定された消極損害の額を上回るとしても，当該超過分を財産的損害のうちの積極損害や精神的損害（慰藉料）をてん補するものとして，右給付額をこれらとの関係で控除することは許されない。

 4 労災保険法による保険給付を慰藉料から控除することは許されないとする当裁判所の判例（山崎鉱業所百々浦炭鉱事件・最一小判昭37・4・26民集16巻4号975頁，東都観光バス事件・最三小判昭58・4・19判時1078号78頁。なお，伸栄製機事件・最一小判昭41・12・1判時470号58頁参照）は，この趣旨を明らかにするものである。

解　説

1　労災民事損害賠償と労災保険給付

 最高裁は，使用者が業務上災害の被災労働者又はその遺族に対し，民法415条に基づく債務不履行（安全配慮義務違反・労契5条）又は民法709条に基づく不法行為（民715条に基づく使用者責任を含む。以下同じ）を理由とする損害賠償責任を負う場合，当該被災労働者又はその遺族に対して労災保険法による労災保険給付がなされたときには，使用者の行為による場合には労働基準法84条2項類推適用（第三者の行為による場合は労災12条の4第2項の適用）により，同一の事由については，その価額の限度で損害賠償の義務を免れると解している（前掲三共自動車事件最高裁判決等。なお，コック食品事件・最二小判平8・2・23判時1560号91頁【本書判例48】）。

2　「同一の事由」の意義

 そして，ここにいう「同一の事由」に該当するか否かについて，最高裁は，労働者に対する災害補償は，労働者の被った財産上の損害のてん補のためにのみなされるものであって，精神上の損害のてん補の目的を含むもので

はないとの理由で，労災保険法に基づく「遺族補償給付及び葬祭料」（労災保険法の事案として前掲山崎鉱業所百々浦炭鉱事件最高裁判決），同法に基づく「障害補償一時金及び休業補償金」（前掲東都観光バス事件最高裁判決）について，「精神的損害」をてん補すべきものとして認められた「慰謝料（慰藉料）」から控除することはできない旨を判示していた（なお，前掲伸栄製機事件最高裁判決は，使用者に対して労働基準法に基づく「災害補償」を請求した事案であり，同様の理由から，加害者が支払った慰謝料を使用者が支払うべき災害補償から控除することはできない旨を判示している）。

　最高裁は，本判決において，「同一の事由」についてのそれまでの最高裁の解釈を踏襲しつつ，労災保険法及び健康保険法に基づく「保険給付の対象となる損害と民事上の損害賠償の対象となる損害とが同性質であり，保険給付と損害賠償とが相互補完性を有する関係にある場合」という基準を明示した。なお，伸栄製機事件最高裁判決をも引用しているのは，本判決の判旨が，労働基準法84条２項が直接に適用される同法に定める災害補償と民事上の損害賠償との関係でも当然に妥当するものであることを念のため明らかにしたものであろう。なお，本判決が明示した基準については，従来から下級審判決及び学説に異論はなく，本判決の判旨からすると，最高裁としても係る基準を前提にして判断をしていたものと考えられる。

　本判決が明示した基準は，換言すると，使用者の損害賠償義務を免除する範囲を「補償項目ごと」の補償の価額の限度に限定し，「同一の損害項目の間における控除のみ」を認める（補償項目間の流用を認めない）ということにほかならない。そもそも労働基準法84条２項については，同法上の災害補償と民事上の損害賠償とは異なる点が多く，同一の災害に起因したものであっても，労働者は両者の請求を同時に行うことが理論上可能であるが，災害補償制度の趣旨からして，同一の災害について使用者に二重の賠償義務を課することは妥当でないので，本法の補償の価額の限度で民法上の責任を免除したものと解されており（厚生労働省労働基準局編『労働法コンメンタール(3)労働基準法〔平成22年版〕(下)』858頁以下参照。この点は，労災保険給付と民事上の損害賠償請求権との関係を定めた労災12条の４第２項及び厚生年金保険給付と民事上の損害賠償請求権との関係について定めた厚生年金保険法40条２項も同様に解されている），最高裁の「同一

の事由」についての上記基準は，同条のこうした趣旨から導かれたものであろう。

3 具体例

本判決は，上記のとおり，労災保険給付である休業補償及び傷病補償年金並びに厚生年金保険の障害年金（現在は障害厚生年金がこれに相当する）は，財産的損害のうち消極損害（逸失利益）のみから控除することができるという旨を判示した。

その後，最高裁は，沖縄医療生活協同組合事件・最二小判平11・10・22（判時1692号50頁）において，国民年金法に基づく遺族基礎年金及び厚生年金保険法に基づく遺族厚生年金は，財産的損害のうちの逸失利益のみから控除することができる旨を判示し，最二小判平16・12・20（判タ1173号154頁）において，遺族厚生年金は，給与収入などを含めた逸失利益全般のみから控除することができる旨を判示している。

また，近時，最高裁は，最一小判平22・9・13（判時2099号20頁）において，労災保険の療養（補償）給付は逸失利益のうちの治療費などの療養に要する費用と，同じく休業（補償）給付は逸失利益のうちの休業損害と，同じく障害（補償）年金，国民年金の障害基礎年金及び厚生年金保険の障害厚生年金は後遺障害による逸失利益と対応する旨を判示し，さらに，最二小判平22・10・15（裁判集民235号65頁）においては，労災保険の休業給付及び障害一時金は休業損害及び後遺障害による逸失利益に対応する旨を判示している。

4 死亡した被災労働者の遺族に支給された各給付

ところで，本判決は，被災労働者に労災保険給付及び厚生年金保険給付がなされた事案であるが，前掲山崎鉱業所百々浦炭鉱事件最高裁判決は，被災労働者が死亡し，遺族に労災保険給付がなされた事案である。

この点，労働基準法79条に定める遺族補償は，業務上死亡（死亡について業務上の事故による場合及び業務上の傷病と因果関係がある場合）した労働者の遺族の被扶養利益の喪失をてん補するものであり，他方，遺族が相続した被災労働者の死亡による財産上の逸失利益についての損害賠償請求権も遺族にとって同様の機能を有するものであるので，同法84条2項にいう「同一の事由」に該当するといえるが，精神的損害についての損害賠償である慰謝料について

は，被扶養利益の喪失をてん補するものではないので，「同一の事由」には該当しない。この理は，労災保険法に基づく遺族補償給付並びに国民年金法に基づく遺族基礎年金及び厚生年金保険法に基づく遺族厚生年金も同様であると解される（前掲山崎鉱業所百々浦炭鉱事件最高裁判決，寒川・森島事件・最大判平5・3・24判時1499号51頁，前掲沖縄医療生活協同組合事件最高裁判決）。

　もっとも，この場合には，被災労働者が業務上死亡した場合，労働基準法に基づく遺族補償又は労災保険法に基づく遺族補償給付の受給権者である遺族（労基規42条～45条，労災16条の2）ではないが，死亡した被災労働者から損害賠償請求権を相続した相続人について，その者の損害賠償額のうちの逸失利益から他の遺族に支給された遺族補償給付を控除することができるか否かという問題がある。この点については，学説の中には，労働基準法84条2項が，同一の事由について使用者を免責していることを根拠に，財産上の損害合計額から遺族補償を控除した残額を相続債権として相続分に応じて分配するのが法文の文字に忠実な解釈であろうと解する見解もあるが（有泉亨「労災補償と労災保険」日本労働法学会誌36号25頁），最高裁は，以下にみるように，係る見解をとっていない。

　例えば，前掲山崎鉱業所百々浦炭鉱事件最高裁判決は，労災保険法の事案について，遺族補償費はこれを受けた者（死亡した被災労働者の妻）の損害賠償額にのみあてられるべきものであって，遺族補償費の受給権者ではない，死亡した被災労働者の相続人である子の損害賠償額にまで及ぶべきではないとの理由で，遺族補償給付の受給権者ではない相続人が取得する損害賠償請求額からその遺族補償給付を控除することはできないと解している。

　また，最二小判昭50・10・24（判時798号16頁）も，同様に，国家公務員等退職手当法に基づく退職手当，国家公務員共済組合法に基づく公務遺族年金及び国家公務員災害補償法に基づく遺族補償年金をそれらの受給権者ではない相続人である子の損害賠償額から控除することはできない旨を判示している。

　さらに，最二小判平16・12・20（判時1886号46頁）も，同様に，不法行為の被害者の相続人が受給権を取得した遺族厚生年金等を損害賠償額から控除するにあたっては，現にその支給を受ける受給権者についてのみこれを行うべ

きものであって，その支給を受けない相続人の損害賠償額から控除することはできないとし，第2審判決（東京高判平15・12・17交民37巻6号1514頁）が，被相続人の被った損害の額から遺族年金に係る控除をし，控除後の被相続人の損害賠償請求権を相続人らが相続分の割合で取得すると判断したことについて，遺族年金の受給権者ではない相続人の損害賠償額についても当該遺族年金に係る控除をした結果となっている点で原審には法令の解釈適用の誤りがあると判示し，同判決を破棄し事件を原審に差し戻している。

5 消極損害の各損害項目との対応関係

最後に，損害賠償額のうち消極損害（逸失利益）の各損害項目から控除することができる労災保険給付及び国民年金給付・厚生年金保険給付の各項目は，最高裁判例等によると，以下のとおりである。

(1) 消極損害の損害項目と労災保険給付による補償項目との対応

損害項目	補償項目
治療関係費	療養（補償）給付
休業損害＋後遺障害による逸失利益	休業給付・障害（補償）給付・傷病（補償）年金
死亡による逸失利益	遺族（補償）給付
葬儀費用	葬祭料・葬祭給付
介護費・将来介護費	介護（補償）給付

(2) 消極損害の損害項目と国民年金給付・厚生年金保険給付による各給付との対応

損害項目	給付内容	
	国民年金法	厚生年金保険法
休業損害＋後遺障害による逸失利益	障害基礎年金	障害厚生年金
死亡による逸失利益	遺族基礎年金	遺族厚生年金

【深野　和男】

〔参考文献〕
・　田中壮太・最高裁判所判例解説民事篇〔昭和62年度〕424頁以下

50 遺族補償年金との損益相殺的な調整
—— フォーカスシステムズ事件

最大判平成27年3月4日（平成24年(受)第1478号）
最高裁判所民事判例集69巻2号178頁，判例時報2264号46頁，労働判例1114号6頁

概　要

被害者が不法行為によって死亡した場合において，その損害賠償請求権を取得した相続人が労働者災害補償保険法（以下「労災保険法」という）による遺族補償年金の支給を受け，又は支給を受けることが確定したときは，制度の予定するところと異なってその支給が著しく遅延するなどの特段の事情がない限り，そのてん補の対象となる損害は不法行為時にてん補されたものと法的に評価して損益相殺的な調整をすることが公平の見地からみて相当であるとされた例

〔問題点〕

不法行為による損害賠償債務について，遺族補償年金との損益相殺的な調整をするにあたり，その対象となるのは，損害賠償債務の遅延損害金と元本のいずれであると解すべきか

判決の内容

■ 事案の概要

Kの相続人Xらは，Kを雇用していたY社に対し，Kが過度の飲酒による急性アルコール中毒から心停止にいたり死亡したのは，長時間の時間外労働等による心理的負荷の蓄積によって精神障害を発症し，正常な判断能力を欠く状態で飲酒したためであると主張して，不法行為又は債務不履行に基づいて安全配慮義務違反による損害賠償を求めた。

本判決は係る事案の上告審であり，Y社の安全配慮義務違反を認め，損害賠償額を算定するにあたって過失相殺を行った点については下級審の判断が確定しており，上告審においては，労災保険法に基づく遺族補償年金に対する損益相殺的な調整について，損害賠償債務の遅延損害金と元本のいずれが対象となるのかが争われた。

■ 判決要旨

　1　労災保険法に基づく保険給付は，その制度の趣旨目的に従い，特定の損害について必要額をてん補するために支給されるものであり，遺族補償年金は，労働者の死亡による遺族の被扶養利益の喪失をてん補することを目的とするものであって（労災1条・16条の2から16条の4まで），そのてん補の対象とする損害は，被害者の死亡による逸失利益等の消極損害と同性質であり，かつ，相互補完性があるものと解される。他方，損害の元本に対する遅延損害金に係る債権は，飽くまでも債務者の履行遅滞を理由とする損害賠償債権であるから，遅延損害金を債務者に支払わせることとしている目的は，遺族補償年金の目的とは明らかに異なるものであって，遺族補償年金によるてん補の対象となる損害が，遅延損害金と同性質であるということも，相互補完性があるということもできない。

　したがって，被害者が不法行為によって死亡した場合において，その損害賠償請求権を取得した相続人が遺族補償年金の支給を受け，又は支給を受けることが確定したときは，損害賠償額を算定するにあたり，上記の遺族補償年金につき，そのてん補の対象となる被扶養利益の喪失による損害と同性質であり，かつ，相互補完性を有する逸失利益等の消極損害の元本との間で，損益相殺的な調整を行うべきものと解するのが相当である。

　2　不法行為による損害賠償債務は，不法行為の時に発生し，かつ，何らの催告を要することなく遅滞に陥るものと解されており（最三小判昭37・9・4民集16巻9号1834頁），被害者が不法行為によって死亡した場合において，不法行為の時から相当な時間が経過した後に得られたはずの利益を喪失したという損害についても，不法行為の時に発生したものとしてその額を算定する必要が生ずる。しかし，この算定は，事柄の性質上，不確実，不確定

な要素に関する蓋然性に基づく将来予測や犠牲の下に行わざるを得ないもので，中間利息の控除等も含め，法的安定性を維持しつつ公平かつ迅速な損害賠償額の算定の仕組みを確保するという観点からの要請等をも考慮した上で行うことが相当である。

　遺族補償年金は，労働者の死亡による遺族の被扶養利益の喪失のてん補を目的とする保険給付であり，その目的に従い，法令に基づき，定められた額が定められた時期に定期的に支給されるものとされているが（労災9条3項・16条の3第1項参照），これは，遺族の被扶養利益の喪失が現実化する都度ないし現実化するのに対応して，その支給を行うことを制度上予定しているものと解されるのであって，制度の趣旨に沿った支給がされる限り，その支給分については当該遺族に被扶養利益の喪失が生じなかったとみることが相当である。そして，上記の支給に係る損害が被害者の逸失利益等の消極損害と同性質であり，かつ，相互補完性を有することは，上記のとおりである。

　上述した損害の算定の在り方と上記のような遺族補償年金の給付の意義等に照らせば，不法行為により死亡した被害者の相続人が遺族補償年金の支給を受け，又は支給を受けることが確定することにより，上記相続人が喪失した被扶養利益がてん補されたことになる場合には，その限度で，被害者の逸失利益等の消極損害は現実にはないものと評価できる。

　以上によれば，被害者が不法行為によって死亡した場合において，その損害賠償請求権を取得した相続人が遺族補償年金の支給を受け，又は支給を受けることが確定したときは，制度の予定するところと異なってその支給が著しく遅滞するなどの特段の事情のない限り，そのてん補の対象となる損害は不法行為の時にてん補されたものと法的に評価して損益相殺的な調整をすることが公平の見地からみて相当であるというべきである（最一小判平22・9・13民集64巻6号1626頁等参照）。

　本件においてXらが支給を受け，又は支給を受けることが確定していた遺族補償年金は，その制度の予定するところに従って支給され，又は支給されることが確定したものということができ，その他上記特段の事情もうかがわれないから，そのてん補の対象となる損害は不法行為の時にてん補されたものと法的に評価して損益相殺的な調整をすることが相当である。

解　説

1　問題の所在

　最高裁は，被害者が不法行為によって死亡し，その損害賠償請求権を取得した相続人が不法行為と同一の原因によって利益を受ける場合について，損害と利益との間に同質性がある限り，公平の見地から，その利益の額を相続人が加害者に対して賠償を求める損害額から控除することによって損益相殺的な調整を図ることが必要な時があり得る（最大判平5・3・24（昭63（オ）第1749号）民集47巻4号3039頁）と解し，係る相続人が受ける利益が，被害者の死亡に関する労災保険法に基づく保険給付であるときには，民事上の損害賠償の対象となる損害のうち，当該保険給付によるてん補の対象となる損害と同性質であり，かつ，相互補完性を有するものについて，損益相殺的な調整を図るべきものと解している（青木鉛鉄事件・最二小判昭62・7・10民集41巻5号1202頁【本書判例49】，前掲最一小判平22・9・13（以下「平成22年9月判決」という），最二小判平22・10・15裁判集民235号65頁（以下「平成22年10月判決」という））。そして，不法行為による損害賠償債務は，不法行為の時に発生し，かつ，何らの催告を要することなく遅滞に陥るものと解されている（前掲最三小判昭37・9・4）。したがって，労働災害による損害賠償債務についても，事故発生の時から弁護士費用を含むすべての損害について同債務の履行遅滞となり，遅延損害金が発生することになる。

　この点，被害者が不法行為によって死亡した場合において，不法行為の時から相当な時間が経過した後に得られたはずの利益を喪失したという損害についても，不法行為の時に発生したものとしてその額を算定する必要が生ずるが，損害額の算定は，事柄の性質上，不確実，不確定な要素に関する蓋然性に基づく将来予測や犠牲の下に行わざるを得ないもので，中間利息の控除等も含め，法的安定性を維持しつつ公平かつ迅速な損害賠償額の算定の仕組みを確保するという観点からの要請等をも考慮した上で行うことが相当である。

　係る損害賠償債務について，遅延損害金を含む全部を消滅させるに足りない弁済すなわち一部弁済がなされた場合には，遅延損害金，元本の順に充当

されなければならない（民491条1項，改正民489条1項）。そこで，労働災害によって死亡した労働者から安全配慮義務違反による損害賠償請求権を相続した相続人である遺族に対して既に支給され又は支給されることが確定した労災保険法に基づく遺族補償年金があり，係る年金をもって係る損害賠償債務についての損益相殺的な調整をする場合においても，係る年金額を損害賠償債務の遅延損害金，元本の順に充当することになるのかということが問題となる。

2　従前の最高裁判例

この点に関し，最高裁は，かつて，交通事故による損害賠償請求の事案（事故の当日に被害者が死亡した事案）において，自賠責保険金及び遺族補償年金等が支払時における損害金の元本及び遅延損害金の全部を消滅させるに足りないときは，遅延損害金の支払債務にまず充当されるべきものであることは明らかである旨を判示していた（最二小判平16・12・20判時1886号46頁。以下「平成16年判決」という）。

しかし，その後，最高裁は，平成16年判決と同様に交通事故による損害賠償請求の事案（ただし，事故後に後遺障害が残った被害者に労災保険法に基づく給付がなされた事案）に関する平成22年9月判決において，不法行為によって損害を受け，その後に後遺障害が残った被害者が，労災保険法に基づく保険給付（障害給付，休業給付）や公的年金制度に基づく年金給付（国民年金法に基づく障害基礎年金，厚生年金保険法に基づく障害厚生年金）を受けたときは，これらの各社会保険給付については，これらによるてん補の対象となる特定の損害と同性質であり，かつ，相互補完性を有する損害の元本との間で，損益相殺的な調整を行うべきであり，このような被害者に社会保険給付の支給がなされ，又は支給されることが確定したときには，それぞれの制度の予定するところと異なってその支給が著しく停滞するなどの特段の事情がない限り，てん補の対象となる損害は，不法行為の時にてん補されたものと法的に評価して，損益相殺的な調整を行うべきである旨を判示した。

また，最高裁は，平成22年9月判決と同種事案（事故後に後遺障害が残った被害者に労災保険法に基づく給付がなされた事案）に関する平成22年10月判決において，裁判官全員一致で，平成22年9月判決と同旨の見解をとった。そして，

平成22年10月判決には，要旨，平成16年判決と平成22年10月判決とは「前提となる事実関係に違いがある」こと，及び「本件休業給付等は，労働することができなかったために受けることができない賃金のてん補や，労働能力が喪失ないし制限されることによる逸失利益のてん補を目的とするものである」が，平成16年判決の事案において被害者に生じた損害との間で損益相殺的な調整をすべきものとされた「遺族年金給付は，そこまでの費目拘束があるとはいえない」ことにかんがみると，平成22年10月判決は平成16年判決に反するものではないものの，「損益相殺的な調整の対象となる損害に被害者の逸失利益に係る元本のほか遅延損害金をも含む」とする平成16年判決の判断を改め，「被害者が不法行為により長期の療養を経ることなく死亡した場合にあっても，労災保険法に基づく保険給付や公的年金制度に基づく年金給付については，それぞれの制度の趣旨目的に照らし，逸失利益の元本との間で損益相殺的な調整をすべきであり，また，上記の各給付が制度の予定するところと異なってその支給が著しく遅滞するなどの特段の事情のない限り，これらが支給され，又は支給されることが確定することにより，そのてん補の対象となる損害が不法行為の時にてん補されたものと法的に評価するのが相当であるとも考えられる」という旨の補足意見が付されていた。

3　本件における下級審の判断と本判決

こうした状況の下，本件においては，平成16年判決同様に，遺族補償年金による損害賠償債務についての損益相殺的な調整の仕方等が争点の1つとなった。本件の第1審判決（東京地判平23・3・7労判1051号50頁）は，労働災害により死亡した労働者の相続人であるXらは「葬祭料及び遺族補償年金の支給を受けているところ，これにより，各給付の対象となる損害と同一の事由に当たる葬儀費用及び死亡逸失利益について損害の填補がなされたと認められるから，それぞれ不法行為に基づく損害賠償請求権の遅延損害金から充当すると……」と判示し，特に理由を示していないが，損害賠償債務について遅延損害金，元本の順に充当されるべきものとして平成16年判決と同旨の解釈をした。これに対し，本件の控訴審判決（東京高判平24・3・22労判1051号40頁【本書判例42】）は，平成22年9月判決に従った判断をした（平成22年9月判決からすると，損害賠償債務の遅延損害金に充当することはできず，その元本に充当しなけ

ればならないことになる)。

このように，第1審判決と控訴審判決で解釈が分かれたが，最高裁は，大法廷の裁判官の全員一致の意見により，平成22年9月判決の考えに解釈を統一し，係る判断と抵触する限度において平成16年判決を変更し，本件について，控訴審判決を維持した。

4 本判決について

平成16年判決は，たしかに平成22年9月判決及び平成22年10月判決とは前提とする事案を異にすること等の点で判断に矛盾・抵触があるとまではいえず，本件の第1審判決の解釈が最高裁判例に反するわけではない。しかし，平成16年判決の考え方については，社会保険給付は，法が定める目的のために給付されるのであって，損害賠償の支払とは制度の趣旨・目的が異なる上，損害賠償債務のうち各給付と同一の事由の関係にある特定の損害費目のみをてん補するものであることからすれば，遅延損害金をてん補する性質を有するとはいえず，民法491条1項（改正民489条1項）による処理を行う基礎があるとは言い難いこと，そもそも不法行為日に全損害が発生しそれについて遅延損害金が発生するというのは法的な擬制にすぎないこと等の難点があることからすれば，本判決が解釈を平成22年9月判決及び平成22年10月判決と同一の内容に統一したことは首肯できる。

なお，本判決は，労災保険法の遺族補償年金について，平成22年9月判決を引用して，労災保険給付「制度の予定するところと異なってその支給が著しく遅滞するなどの特段の事情のない限り，その填補の対象となる損害は不法行為の時に填補されたものと法的に評価して損益相殺的な調整をすることが公平の見地からみて相当である」と判示しているが，ここにいう特段の事情として，「制度の予定するところと異なって遺族補償年金の支給が著しく遅滞する」場合以外に具体的にいかなる場合があるのかについては，今後の判例の集積と研究をまつほかない。

5 最高裁判決の整理

最後に，不法行為による損害賠償債務について損益相殺的な調整を行う場合において損害賠償債務の遅延損害金又は元本のいずれに該当するのかという問題について，現在の最高裁判例の考え方を整理すると，次のとおりとな

る。

(1) 遺族補償年金その他の社会保険給付

　労災保険法に基づく遺族補償年金については，本判決によって，損害賠償債務の遅延損害金には充当されず，支給が著しく遅れるなどの特段の事情がない限り，事故発生日に損害賠償債務の元本に充当されるという考え方に最高裁判例が統一された。そして，係る判決の内容からすると，遺族補償年金に限らず，その他の社会保険給付についても，すべて事故発生日における損害賠償債務の元本にてん補されるものと解される（東芝（うつ病・解雇）（差戻審）事件・東京高判平28・8・31労判1147号62頁は，休業補償給付と遅延損害金との間で損益相殺的な調整をすることは相当でないとしつつ，休業補償給付は，……制度の予定するところと異なってその支給が著しく遅滞するなどの特段の事情がない限り，そのてん補の対象となる損害はそれが発生したときにてん補されたものと法的に評価して損益相殺的な調整をすることが公平の見地からみて妥当であると判示している）。

(2) 自賠責保険金

　自賠責保険金については，平成16年判決のうち，支払がなされた時点において，まず損害賠償債務の遅延賠償金に充当される（残額があれば損害賠償債務の元本に充当される）旨の判断は，同判決以降，何ら変更されていない。したがって，自賠責保険金については，同判断が現時点における最高裁判例であると解される（なお，民491条1項，改正民489条1項）。

(3) 任意保険金

　平成22年9月判決からすると，特段の事情がない限り，被害者と加害者との間において，任意保険金については損害賠償債務の遅延損害金には充当されず，事故発生日に損害賠償債務の元本に充当される一方，これによって消滅する損害賠償債務の元本に対する事故発生日から支払日までの遅延損害金については，支払債務を免除するという旨の黙示の合意があると解することになると思われる。

【深野　和男】

〔参考文献〕
- 高取真理子「公的年金による損益相殺」判タ1183号65頁

51 過失相殺と損益相殺の関係
―― 高田建設事件

最三小判平成元年4月11日（昭和63年（オ）第462号）
最高裁判所民事判例集43巻4号209頁，最高裁判所裁判集民事
156号481頁，判例時報1312号97頁，労働判例546号16頁

概　要

いわゆる第三者行為災害によって生じた損害についての損害賠償額の算定にあたって，被災労働者にも過失がある場合には，係る損害の額から過失割合による減額を行い，その残額から労働者災害補償保険法（以下「労災保険法」という）に基づく保険給付の価格を控除する方法によって損害賠償額を算定するのが相当であるとされた例

〔問題点〕

損害賠償額の算定を行うにあたって，過失相殺による損害賠償額の減額と損益相殺による控除はいかなる順序で行うべきか

判決の内容

■ 事案の概要

本件は，雇用先の業務として自動車を運転中に追突事故に遭遇した被害者Xが，追突した車両の運転手Y_1とその車両の所有者であるY_2社に対し，治療費，休業損害，慰謝料等の損害賠償を請求した事件であり，Xには，損害賠償額の算定にあたって過失相殺をなすべき過失が認められるとともに，既に，損害賠償額から控除すべき労災保険法に基づく労災保険給付（休業給付）の支給がなされていたという事案である。

係る事案において，第1審判決（奈良地判昭61・12・12労判546号24頁）は，本件事故による損害額を2349万0231円と認定した上で，労災保険給付額1046万

2829円を控除し，その残額からXについて3割の過失を減額し，さらに既に支払われている損害賠償額270万円を控除して，384万5220円の支払を命じた。

これに対し，Xのみが控訴したところ，控訴審判決（大阪高判昭62・12・16労判546号22頁）は，Xについて6割の過失を認め，まず損害額から係る過失割合による減額をして，休業損害を799万0706円，その他の損害を156万5385円と算定し，休業損害は労災保険給付により，その他の損害は自賠責保険及びY₂社からの270万円の支払によっていずれも全額補てんされたものというべきであり，Xの本訴請求はこの点において理由がなく，本訴請求は棄却されるべきものであるが，Xのみが控訴した本件において第1審判決をXに不利益に変更することは許されないとしてXによる本件控訴を棄却した。

係る控訴審判決に対し，Xはこれを不服として上告し，損害賠償額の算定にあたっては休業損害の額から労災保険給付の額を控除した後に過失相殺をすべきである旨を主張した。

本判決は係る事件の上告審判決である。

■ 判決要旨

　労災保険法に基づく保険給付の原因となった事故が第三者の行為により惹起され，第三者が右行為によって生じた損害につき賠償責任を負う場合において，右事故により被害を受けた労働者に過失があるため損害賠償額を定めるにつきこれを一定の割合で斟酌すべきときは，保険給付の原因となった事由と同一の事由による損害の賠償額を算定するには，右損害の額から過失割合による減額をし，その残額から右保険給付の価額を控除する方法によるのが相当である（最一小判昭55・12・18民集34巻7号888頁参照）。けだし，労災保険法12条の4は，事故が第三者の行為によって生じた場合において，受給権者に対し，政府が先に保険給付をしたときは，受給権者の第三者に対する損害賠償請求権は右給付の価額の限度で当然国に移転し（1項），第三者が先に損害賠償をしたときは，政府はその価額の限度で保険給付をしないことができると定め（2項），受給権者に対する第三者の損害賠償義務と政府の保険給付義務とが相互補完の関係にあり，同一の事由による損害の二重てん補を認め

るものではない趣旨を明らかにしているのであって，政府が保険給付をしたときは，右保険給付の原因となった事由と同一の事由については，受給権者が第三者に対して取得した損害賠償請求権は，右給付の価額の限度において国に移転する結果減縮すると解されるところ（最三小判昭52・5・27民集31巻3号427頁，最三小判昭52・10・25民集31巻6号836頁参照），損害賠償額を定めるにつき労働者の過失を斟酌すべき場合には，受給権者は第三者に対し右過失を斟酌して定められた額の損害賠償請求権を有するにすぎないので，同条1項により国に移転するとされる損害賠償請求権も過失を斟酌した後のそれを意味すると解するのが，文理上自然であり，右規定の趣旨にそうものといえる。

解　説

1　過失相殺と損益相殺との順序

被災労働者が労災事故を契機として損害賠償金以外の給付を受けた場合には，公平の見地から係る給付額を損害賠償額から控除すべきであると解されている。このように損害賠償額の算定にあたって損害賠償額から被害者が受ける利益を控除することを損益相殺といい，わが国では，損害賠償額の調整（減額又は控除）の事由として，民法に定める過失相殺（民418条・722条2項）のほか，法解釈によって，民法の過失相殺の規定の類推適用が認められ，また，法令上明文の定めはないが損益相殺が認められている。

もっとも，過失相殺事由と損益相殺事由がともに認められる事案においては，損害賠償額の算定にあたって，過失相殺と損益相殺による控除の計算との順序が問題となるが，過失相殺と損益相殺による控除の計算との順序は，必ずしも一律に解さなければならないというものではなく，個々の損益相殺事由の性質等によって取扱いを異にする解釈も可能であり，後述するとおり，現在の裁判例もこの点について必ずしも一律に解しているわけではない。

2　本判決について

この点，本件において，第1審と控訴審・上告審で判断が分かれた「過失相殺と労災給付額の控除との順序」については，従来から下級審判例及び学

説が分かれており，大別すると，過失相殺は労災保険給付額の控除後になすべきであるという本件の第1審判決の考え方（いわゆる「控除後相殺説」），過失相殺は労災保険給付額を控除する前になすべきであるという本件の控訴審判決の考え方（いわゆる「控除前相殺説」），損害総額から給付額を差し引いた差額について被害者に優先権を認める（過失相殺の結果得られた損害額から被害者が右の差額を優先的に取得し，その残額について国が加害者である第三者に対して求償権を取得する）という考え方（いわゆる「差額説」）があった。

　こうした中，最高裁は，本判決において控訴審判決を支持し，鹿島建設・大石塗装事件最高裁判決（前掲最一小判昭55・12・18民集34巻7号888頁，判時992号44頁）を引用しつつ，控除前相殺説をとることをその理由を示して明らかにした（本判決には，伊藤正巳裁判官による「労災保険制度が社会保障的性格を有し，できるだけ労働者の損害を補償しようとしていることは，法12条の4第1項の解釈にも反映させてしかるべきである。」「本件において，国は，休業給付のうち，上告人Xの過失によつて生じた損害に相当する部分については損害賠償請求権を取得する余地がなく，第三者である被上告人Y1の過失によつて生じた損害に相当する部分について損害賠償請求権を取得するにすぎないから，上告人の休業損害の額から減縮すべき額は後者に相当する部分にとどまるというべきである。」とする反対意見がある）。本判決によって，「過失相殺と労災給付額の控除との順序」については控除前相殺説をとることで実務の取扱いは確立したといえる。

　もっとも，そもそも本件の「労災給付額の控除」を損益相殺の事例として捉えることについては，労働災害が第三者の故意又は過失によって発生したものであるときは，同一の損害について，労災保険給付の限度で，国（労災保険者）と加害者（第三者）がいわゆる不真正連帯債務者の関係に立つ場合である（倉澤康一郎「労災保険金給付と損害賠償額の算定」平成元年度重要判例解説（ジュリ臨増957号）115頁参照）と理解し，これを前提にして，「労災保険給付を債権の満足事由として，その額について損害賠償義務も消滅するというのが正確な理解であり，損益相殺の問題というべきではない」という旨（平野裕之『民法総合(6)不法行為法〔第3版〕』414頁）の指摘がある。

3　過失相殺と労災保険給付以外の給付の損益相殺との順序

　以下においては，労災保険給付以外の金銭給付がなされたことによる控除

（損益相殺）と過失相殺との順序について，裁判例を中心にして具体例を概観する。

　総じていえば，加害者が弁済しなければならない損害賠償の額は過失相殺を経た後の金額であることからすると，金銭給付が純粋に損害のてん補の性格を有する場合には，損害をてん補した額は加害者が弁済しなければならない損害賠償の額，すなわち過失相殺を経た額から控除（控除前相殺）されるものと解される。

　ところで，損益相殺を前述のように「損害賠償額の算定にあたって損害賠償額から被害者が受ける利益を控除すること」と捉える場合には，金銭の給付だけではなく，例えば被害者の死亡による逸失利益の算定にあたっての生活費の控除や将来所得を一時金として受け取る場合の中間利息の控除なども損益相殺の一場面ということになる。もっとも，これらは「損害」の金銭評価の問題であって，損害賠償をすべき金額の調整の問題ではなく，もとより損害のてん補の性質を有するものでもないから，これらについての控除は過失相殺を行う前に行うことになる。

(1) **自賠責保険，任意保険金等**

　加害者による損害賠償金の支払が過失相殺を行った後の損害賠償額に充当されるものであることは当然であるが，被害者に既に支給された自賠責保険や任意保険金についても，損害のてん補であるから，過失相殺を行った後に控除することになる。

(2) **既に支給された健康保険給付，国民年金，厚生年金**

　既に支給された国民年金法に基づく遺族基礎年金及び障害基礎年金並びに厚生年金保険法に基づく遺族厚生年金及び障害厚生年金については，学説及び下級審裁判例は，概ね，それらの給付について損害のてん補の性質を有しているものと解するか否かによって，控除後相殺説と控除前相殺説に分かれている。

　例えば，『民事交通事故訴訟・損害賠償額算定基準㊤基準編〔2017年（平成29年）版〕』250頁以下は，過失相殺の方法として，健康保険，国民年金，厚生年金については「損害額から保険給付額を引いた残額に対して過失相殺をする」とし，控除後相殺説をとる。

また，横浜地判平25・3・26（交民46巻2号445頁）は「障害基礎年金は，年金の受給権者が疾病にかかり又は負傷等し障害がある場合に支給されるものである（国民年金法30条）から，その給付は，すべての損害の賠償を目的とするものではなく，支給額全額が受給権者に生じた障害に対する給付であると解される。そして，このような給付を損害額から控除するのは，国民年金法22条において，給付事由が第三者の行為によって生じた場合に，政府は，保険給付を受ける権利を有する者が当該第三者に対して有する損害賠償請求権を，『同一の事由』に係る部分につき，給付の限度で取得すると定められていることによるのであって，給付それ自体が損害のてん補となる性質を有するからではない。そうすると，障害基礎年金は過失相殺前に控除すべきである」と判示し，控除後相殺説をとっているほか，東京高判平25・3・13（自保ジャーナル1899号1頁）は障害基礎年金について，東京地判平20・5・12（交民41巻3号576頁）は健康保険の高額医療費及び国民年金法の障害基礎年金について，いずれも控除後相殺説をとっている。

　他方，名古屋地判平23・12・9（交民44巻6号1549頁）は，障害基礎年金及び障害厚生年金について，社会保障の面を有しているものの，損害のてん補という面も有していると解し，控除前相殺説をとっている。

(3) 被災労働者が締結していた保険契約に基づく人身傷害補償保険金，無保険車傷害保険金など

　被災労働者に過失があり過失相殺がなされる場合において，被災労働者が締結していた保険契約のうち，既に支給された人身傷害補償保険に基づく人身傷害補償保険金を損害額から控除するにあたっての計算方法について，最高裁は，いわゆる裁判基準差額説をとり，要旨，「保険金を支払った保険会社は，保険金請求権者に裁判基準損害額（民法上認められるべき過失相殺前の損害額）に相当する額が確保されるように，保険金の額と被害者の加害者に対する過失相殺後の損害賠償請求権の額との合計額が裁判基準損害額を上回る場合に限り，その上回る部分に相当する額の範囲で保険金請求権者の加害者に対する損害賠償請求権を代位取得する」旨を判示している（最一小判平24・2・20判時2145号103頁）。この考え方によると，被保険者である被害者（被災労働者）の過失割合に相当する部分に充当した後，その残額を加害者の過失割

合に相当する部分に充当することになる。この理は，無保険車傷害保険に基づく無保険車傷害保険金等についても及ぼし得るものと解される。

【深野　和男】

〔参考文献〕
・　瀬戸正義・最高裁判所判例解説民事篇〔平成元年度〕131頁以下

第7　消滅時効等

52 損害賠償請求権の消滅時効の起算点
—— 日鉄鉱業（長崎じん肺訴訟）事件

最三小判平成6年2月22日（平成元年(オ)第1667号）
最高裁判所民事判例集48巻2号441頁，最高裁判所裁判集民事
171号497頁，判例タイムズ853号73頁，労働判例646号7頁

概　要

　雇用者の安全配慮義務違反によるじん肺り患を理由とする損害賠償請求権の消滅時効は，じん肺法所定の管理区分についての最終の行政上の決定を受けた時から進行するとされた例

〔問題点〕
　安全配慮義務違反による傷病を理由とする損害賠償請求権の消滅時効の起算点

判決の内容

■ 事案の概要

　1　被上告人Y社は昭和14年に設立された株式会社であり，同年8月北松鉱業所を設け，鹿町，矢岳，神田，御橋などの各炭鉱を開発経営し，また同29年から伊王島鉱業所も経営するようになったが，各炭鉱の終掘により，同40年北松鉱業所を廃止し，同47年伊王島鉱業所を閉山した。
　上告人Xら元従業員は，Y社と雇用契約を締結し，それぞれ右各炭鉱のいずれかにおいて，炭鉱労務に従事した。
　2　Xら元従業員63名は，いずれも，じん肺（けい肺）の所見がある旨の行政上の決定（（旧）けい肺及び外傷性せき髄障害に関する特別保護法に基づくけい肺

の症度の決定，昭和52年7月1日改正前のじん肺法に基づく管理二以上の健康管理の区分の決定又はじん肺法に基づく管理二以上のじん肺管理区分の決定）を受けており，その最終の行政上の決定をみると，58名が管理四とされ，その余の2名は管理三に，また3名は管理二にとどまっている。

　そして，右63名のうちの20名については，最終の行政上の決定（最も重い行政上の決定）を受けた日から本訴提起の日までに10年を超える期間が経過している。その余の43名については，最終の行政上の決定を受けた日から10年未満のうちに本訴が提起されているが，このうち10名については，最初の行政上の決定を受けた日から本訴提起の日までに10年を超える期間が経過している。右10名の中には，昭和41年にじん肺の所見がある旨の最初の行政上の決定を受け，その4年後である同45年に管理四の決定を受けた者もあれば，同30年にじん肺の所見がある旨の最初の行政上の決定を受け，その21年後である同51年に管理三の，次いで同53年に管理四の決定を受けた者もあった。

　3　Y社は，本訴において，民法167条1項の10年の消滅時効を援用した。

　第1審は，Xら元従業員が最終の行政上の決定を受けた時から消滅時効が進行するとして，20名に係る損害賠償請求権は時効により消滅したと判断し，右20名の本人又は相続人の請求を棄却した。

　これに対し，原審は，Xら元従業員が最初の行政上の決定を受けた時から消滅時効が進行するとして，右20名及び10名に係る損害賠償請求権は時効により消滅したと判断し，Xらの控訴を棄却するとともに，右10名の本人又は相続人の請求をも棄却した。

　4　本判決は，係る事件の上告審判決である。

■　判決要旨

　雇用契約上の付随義務としての安全配慮義務の不履行に基づく損害賠償請求権の消滅時効期間は，民法167条1項により10年と解され（最三小判昭50・2・25民集29巻2号143頁参照），右10年の消滅時効は，同法166条1項により，右損害賠償請求権を行使し得る時から進行するものと解される。そして，一般に，安全配慮義務違反による損害賠償請求権は，その損害が発生した時に

成立し、同時にその権利を行使することが法律上可能となるというべきところ、じん肺にり患した事実は、その旨の行政上の決定がなければ通常認め難いから、本件においては、じん肺の所見がある旨の最初の行政上の決定を受けた時に少なくとも損害の一端が発生したものということができる。

　しかし、このことから、じん肺にり患した患者の病状が進行し、より重い行政上の決定を受けた場合においても、重い決定に相当する病状に基づく損害を含む全損害が、最初の行政上の決定を受けた時点で発生していたものとみることはできない。……じん肺の病変の特質にかんがみると、管理二、管理三、管理四の各行政上の決定に相当する病状に基づく各損害には、質的に異なるものがあるといわざるを得ず、したがって、重い決定に相当する病状に基づく損害は、その決定を受けた時に発生し、その時点からその損害賠償請求権を行使することが法律上可能となるものというべきであり、最初の軽い行政上の決定を受けた時点で、その後の重い決定に相当する病状に基づく損害を含む全損害が発生していたとみることは、じん肺という疾病の実態に反するものとして是認し得ない。これを要するに、雇用者の安全配慮義務違反によりじん肺にり患したことを理由とする損害賠償請求権の消滅時効は、最終の行政上の決定を受けた時から進行するものと解するのが相当である。

解　　説

1　損害賠償請求権の消滅時効とその起算点

　業務上災害の被災労働者（被災労働者が死亡している場合にはその相続人）が被災したことによって生じた損害の賠償を使用者に対して請求する場合の法的構成としては、雇用契約上の付随義務としての使用者の安全配慮義務（労契5条）の不履行（安全配慮義務違反）という債務不履行責任（民415条）を主張する方法と使用者の不法行為責任（同709条）又は使用者責任（同715条）を主張する方法の2つが考えられる。

　もっとも、係る損害賠償請求権は、現行の民法の下においては、①債務不履行責任を根拠とする場合には「権利を行使することができる時」から「10年」を経過した時に時効によって消滅し（民166条1項・167条1項。前掲最三小

判昭50・2・25），②不法行為責任（又は使用者責任）を根拠とする場合には，「損害及び加害者を知った時から3年」を経過した時に時効により消滅し（同724条前段。短期消滅時効），また，「不法行為の時から20年」の経過により消滅する（民724条後段。係る期間を除斥期間と解することにつき，最一小判平元・12・21判時1379号76頁）。

2　債務不履行に基づく損害賠償請求権の消滅時効の起算点

　本判決は，労働災害の被災労働者Xらがかつての使用者（雇用主）であるY社に対し，使用者の安全配慮義務違反を理由として損害賠償を請求した事案についての最高裁判決であり，じん肺という遅発性・進行性の特異な業務上疾病において，消滅時効の起算点である「権利を行使することができる時」（民166条1項）とは具体的にいつなのかが争点の1つとなった。

　元来，最高裁は，民法166条1項にいう「権利を行使することができる時」の意味について，権利を行使する上で法律上の障害（例えば，履行期未到来等）がないことを意味し，権利を行使し得ることを権利者が知らなかった等の事実上の障害は時効の進行を妨げないと解している（最二小判昭49・12・20判時766号41頁，ただし，供託物取戻請求権の消滅時効の起算点について例外的な解釈をすることにつき，最大判昭45・7・15判時597号55頁）。

　安全配慮義務違反を理由とする損害賠償請求権については，権利として成立すればこれを行使する上で法律上の障害はないので，損害が発生した時が係る損害賠償請求権が成立する時であり，かつ，消滅時効が進行を開始する時（消滅時効の起算点）であるということになる。なお，在職中に損害が発生して進行・拡大し，退職後もその損害が進行・拡大したという場合には，債務不履行が退職時まで継続しているので，退職時が消滅時効の進行を開始する時（消滅時効の起算点）である。

　しかしながら，「じん肺」については，事後的に行政上の決定がなされなければ，損害が発生したことを通常は認定し難いので，最初に行政上の決定（「管理二」以上の決定）を受けた時（被災労働者が行政上の決定を受けずに死亡した場合には，当該労働者の死亡時）に「損害が発生した」ものとみざるを得ない。その結果，「じん肺」については，最初に行政上の「管理二」以上の決定を受けた時点で，安全配慮義務違反による損害賠償請求権が成立するものと解す

ることになる。

　ところで，損害賠償請求権について，係る権利（損害賠償請求権）が成立した時から消滅時効が開始するという解釈は，損害賠償請求権は最初に権利（損害賠償請求権）が成立した時点において将来の損害を含む全損害（「牽連一体をなす損害」，換言すると「相当因果関係の範囲内にある全損害」）が発生し，その時点で将来にわたっての全損害を含む1個の損害賠償請求権が成立しているという考え方（不法行為に基づく損害賠償請求権の消滅時効に関し，最三小判昭42・7・18判時493号22頁）を当然の前提としている。

　そこで，じん肺においても，係る考え方をとり，最初に「管理二」以上の行政上の決定を受けた時点で成立した損害賠償請求権が将来の全損害を含むもの（換言すると，最初に係る行政上の決定を受けた時点で損害賠償請求権が成立し，かつ，将来の損害を含む全損害が発生している）とみることを肯定すれば，係る損害賠償請求権の消滅時効の起算点は「最初に管理二以上の行政上の決定を受けた時」と解することになる。これが本件の第2審判決がとった考え方である。

　しかし，本判決は，本件において係る考え方をとることを「じん肺という疾病の実態に反するものとして是認し得ない」と明確に否定し，上記のとおり，「じん肺の病変の特質にかんがみると，管理二，管理三，管理四の各行政上の決定に相当する病状に基づく各損害には，質的に異なるものがあるといわざるを得ず，したがって，重い決定に相当する病状に基づく損害は，その決定を受けた時に発生し，その時点からその損害賠償請求権を行使することが法律上可能となる」と解し，そう解することによって，じん肺における安全配慮義務違反を理由とする損害賠償請求権については，「最終の行政上の決定を受けた時」が民法166条1項にいう「権利を行使することができる時」にあたると解釈したものと考えられる。

　もっとも，本判決が従来の判例を変更することなく，わざわざ一般論をも判示していることからすると，本判決が「損害賠償請求権が成立した時点で将来の損害を含む全損害が発生している」という考え方自体を否定したものとは到底解し得ない。本判決は，あくまでも係る考え方を原則としつつ，本件について，じん肺が遅発性・進行性の特異な疾病であることを考慮して特

に例外的な解釈をしたものと思われる。そして，このように本判決は極めて特殊な事例において例外的な解釈を行ったものであることが，その理由中の判断から明確に読み取れるのであるから，本判決がとった例外的な解釈が妥当する事例ないし範囲は，おのずから極めて限られているものと考えられる。

なお，最高裁は，じん肺によって死亡した被災労働者の相続人が被災労働者のかつての使用者に対し，安全配慮義務違反を理由とする損害賠償を請求した事案において，本判決を引用して「雇用者の安全配慮義務違反によりじん肺にかかったことを理由とする損害賠償請求権の消滅時効は，じん肺法所定の管理区分についての最終の行政上の決定を受けた時から進行すると解すべきである」としつつ，「じん肺によって死亡した場合の損害については，死亡の時から損害賠償請求権の消滅時効が進行すると解するのが相当である。なぜなら，その者が，じん肺法所定の管理区分についての行政上の決定を受けている場合であっても，その後，じん肺を原因として死亡するか否か，その蓋然性は医学的にみて不明である上，その損害は，管理二〜四に相当する病状に基づく各損害とは質的に異なるものと解されるからである。」と判示している（筑豊じん肺訴訟（日鉄鉱業関係）事件・最三小判平16・4・27判時1860号152頁）。

3 不法行為に基づく損害賠償請求権の消滅時効（民724条前段）の起算点について

最高裁は，民法724条前段にいう被害者が「損害及び加害者を知った時」について，被害者において，加害者に対する賠償請求をすることが事実上可能な状況の下に，それが可能な程度に損害及び加害者を知った時を意味し，同条にいう被害者が損害を知った時とは，被害者が損害の発生を現実に認識した時をいうものと解している（最二小判昭48・11・16民集27巻10号1374頁，最三小判平14・1・29判時1778号66頁，最二小判平16・12・24判時1887号52頁）。

もっとも，最高裁がいう「損害及び加害者」を「加害者に対する賠償請求をすることが可能な程度に知る」とは，不法行為についてすべての事実を知ることではなく，加害者に対して損害賠償請求権を行使することが期待できる程度の事実を知ることであると解される。

例えば、自動車保険料率算定会（自算会）に後遺障害等級の事前認定を申請したところ非該当の認定を受け、その後の異議申立てによって等級認定がなされたという事情のある自動車事故における不法行為を理由とする損害賠償請求の事案において、第2審判決（大阪高判平14・5・30交民37巻6号1537頁）は、自算会による後遺障害等級表12級12号の認定を受けるまでは「（本件）後遺障害に基づく損害賠償請求権を行使することが事実上可能な状況の下にその可能な程度にこれを知っていたということはできない」として消滅時効の完成を認めなかったが、これに対し、前掲最二小判平16・12・24は、「被上告人は、本件後遺障害につき、平成9年5月22日に症状固定という診断を受け、これに基づき後遺障害等級の事前認定を申請したというのであるから、被上告人は、遅くとも上記症状固定の診断を受けた時には、本件後遺障害の存在を現実に認識し、加害者に対する賠償請求をすることが事実上可能な状況の下に、それが可能な程度に損害の発生を知ったものというべきである」とし、「そうすると、被上告人の本件後遺障害に基づく損害賠償請求権の消滅時効は、遅くとも平成9年5月22日から進行すると解されるから、本件訴訟提起時には、上記損害賠償請求権について3年の消滅時効期間が経過していることが明らかである。」と判示している（第2審判決を破棄し、消滅時効の援用が権利濫用にあたるか否かの審理を尽くさせるため、事件を差し戻している）。

　前述の「損害賠償請求権が成立した時点で将来の損害を含む全損害が発生している」という考え方からすれば、不法行為における損害賠償請求権の消滅時効の起算点について、被害者が不法行為について将来の損害を含むすべての事実を知ることを必要としないことは自明であるといえる。

4　不法行為に基づく損害賠償請求権の除斥期間（民724条後段）の起算点について

　最高裁は、じん肺にり患し発症した者らが国に対し、不法行為を理由として国家賠償を請求した事案において、民法724条後段の「不法行為の時から」の意味について、「民法724条後段所定の除斥期間の起算点は、『不法行為ノ時』と規定されており、加害行為が行われた時に損害が発生する不法行為の場合には、加害行為の時がその起算点となると考えられる。しかし、身体に蓄積した場合に人の健康を害することとなる物質による損害や、一定の

潜伏期間が経過した後に症状が現れる損害のように，当該不法行為により発生する損害の性質上，加害行為が終了してから相当の期間が経過した後に損害が発生する場合には，当該損害の全部又は一部が発生した時が除斥期間の起算点となる」と解し，「じん肺は，肺胞内に取り込まれた粉じんが，長期間にわたり線維増殖性変化を進行させ，じん肺結節等の病変を生じさせるものであって，粉じんへの暴露が終わった後，相当長期間経過後に発症することも少なくないのであるから，じん肺被害を理由とする損害賠償請求権については，その損害発生の時が除斥期間の起算点となるというべきである」と判示している（筑豊じん肺訴訟（国賠関係）事件・最三小判平16・4・27判時1860号34頁）。

その後も，最高裁は，潜伏期間のある遅発性水俣病患者が，国らが水俣病の発生及び被害拡大の防止のために規制権限を行使することを怠ったとして国家賠償を請求するなどした事案（水俣病関西訴訟事件・最二小判平16・10・15判時1876号3頁）及び乳幼児期の集団予防接種等によってＢ型肝炎ウィルスに感染しその後Ｂ型肝炎を発症したことについて国家賠償等を請求した事案（Ｂ型肝炎訴訟事件・最二小判平18・6・16判時1941号28頁）おいても，民法724条後段の除斥期間の起算点について，同最高裁判決と同趣旨の解釈をしている。

ところで，民法724条後段の除斥期間の起算点について，このように「当該不法行為により発生する損害の性質上，加害行為が終了してから相当の期間が経過した後に損害が発生する場合には，当該損害の全部又は一部が発生した時」と解することと，前述の「損害賠償請求権が成立した時点で将来の損害を含む全損害が発生している」という考え方とは，いかなる関係にあるのか。

この点については，前掲筑豊じん肺訴訟（国賠関係）事件の第２審判決（福岡高判平13・7・19判時1785号89頁）は，本判決と同様に，各行政上の「各決定あるいは死亡の時点において，それぞれの損害が発生した」とみるべきであると判示しており，同判決は当該事件においては前述の「損害賠償請求権が成立した時点で将来の損害を含む全損害が発生している」という考え方をとっていないと考えられるところ，同事件最高裁判決は同判決を正当と判断している。そうすると，最高裁は，じん肺等の遅発性・進行性の特異な疾患に

ついては，不法行為を理由とする損害賠償請求においても，前述の「損害賠償請求権が成立した時点で将来の損害を含む全損害が発生している」という考え方をとらないという考えであるように思われる。

もっとも，前掲筑豊じん肺訴訟（国賠関係）事件最高裁判決等が従来の判例を変更していないことからすると，やはり，それらの最高裁判決が不法行為について「損害賠償請求権が成立した時点で将来の損害を含む全損害が発生している」という考え方自体を否定したものとは到底解し得ないのであって，これらの最高裁判決は，あくまでも係る考え方を原則としつつ特に例外的な解釈をしたものであり，その例外的な解釈が妥当する事例ないし範囲は，おのずから極めて限られているものと考えられる。

なお，じん肺によって死亡した被災労働者の相続人が被災労働者のかつての使用者に対し，不法行為を理由とする損害賠償を請求した場合の「じん肺によって死亡したことによる損害」についての損害賠償請求権の除斥期間の起算点については，前掲の筑豊じん肺訴訟（国賠関係）事件最高裁判決及び前掲筑豊じん肺訴訟（日鉄鉱業関係）事件最高裁判決の考え方からすると，やはり，当該被災労働者の「死亡の時」から進行すると解することになるであろう。

5 改正民法における損害賠償請求権の消滅時効に関する規定について
(1) 改正民法及び整備法

第193回国会において，「民法の一部を改正する法律」（以下同法による改正後の民法を「改正民法」という）及び「民法の一部を改正する法律の施行に伴う関係法律の整備等に関する法律」（本稿では「整備法」という）が成立した（以下，総称して「改正法」という）。

そこで，以下においては，改正法のうち，労災民事損害賠償請求を巡る消滅時効に関係する事項に限り，その主たる点について，ごく簡単に触れておくこととする。

(2) 不法行為に基づく損害賠償請求権の除斥期間構成の不採用について

最高裁は，民法724条後段に定める「20年」の期間について，これは除斥期間であり，適用するについて援用を要せず，したがって援用についての信義則違反や権利濫用を論じる余地はないと解している（前掲最一小判平元・

12・21）ほか，時効の中断や停止も認められないと解している。

　この点について，改正民法は，最高裁判例の解釈を踏襲せず，この20年の期間を消滅時効の期間として明示した（改正民724条2号）。これによって，同法施行後は，この「20年」という期間を適用するためには消滅時効の援用を必要とするものと解される一方，この期間についても，改正民法にいう時効の「完成猶予」及び「更新」（改正民147条〜161条）（民法にいう時効の「停止」及び「中断」）があり得るほか，解釈論として，その援用について信義則違反又は権利濫用を論じ得るものと思われる。

(3)　生命・身体への侵害に対する損害賠償請求権の消滅時効について

　改正法は，民法170条から174条まで（職業別の短期消滅時効）及び商法522条（商事消滅時効）を廃止して，債権の消滅時効の期間と起算点を単純化・統一化し，主観的な起算点として「債権者が権利を行使することができることを知った時から5年間行使しないとき」（改正民166条1項1号），客観的な起算点として「権利を行使することができる時から10年間行使しないとき」（同項2号）を定めている。

　なお，改正民法は，不法行為による損害賠償請求権の消滅時効・除斥期間（民724条）の「期間の長さ」は変更していない（ただし，短期（3年・5年）・長期（20年）いずれも消滅時効としている（改正民724条，なお同法724条の2））。

　改正民法は，上記を消滅時効の期間の原則としつつ，「生命・身体への侵害による損害賠償請求権の消滅時効」については，特則を設け，債務不履行及び不法行為のいずれの場合であっても，前述の主観的な起算点から「5年」（不法行為による場合について改正民724条の2），前述の客観的な起算点から「20年」となるように定めている（債務不履行による場合について改正民167条）。

　なお，自動車損害賠償保障法（自賠法）に基づく被害者の保険会社に対する損害賠償額の支払請求権（自賠16条1項）及び仮渡金支払請求権（同法17条1項）の各消滅時効は，現行法（自賠19条）と同じく「3年」である。

(4)　経過措置

　労災民事損害賠償請求の消滅時効に関連する範囲でいうと，改正民法は，附則において，時効に関する経過措置（改正民附則10条）を定めるとともに，不法行為等に関する経過措置（同附則35条）を定めている。なお，改正民法の

施行期日は，同法附則1条各号に定める例外を除き，公布の日から起算して3年を超えない範囲内において政令で定める日（同法附則1条）と定めている。

それによると，民事損害賠償請求権の消滅時効に関して改正民法が適用されるのは，同法の施行日以後に債権が生じた場合（ただし，施行日以後に債権が生じた場合であって，その原因である法律行為が施行日前になされたときを除く）が原則である（改正民附則10条1項〜4項）。

もっとも，不法行為による損害賠償請求権の消滅時効については，改正民法の施行の際に当該債権の除斥期間を経過又は消滅時効が完成していない場合に限り，改正民法の規定（改正民724条及び724条の2）が適用され，それ以外については従前の民法の規定（民724条）が適用される。

したがって，改正民法724条2号に定める不法行為による損害賠償請求権の「20年」の時効期間については，当該債権が改正民法の施行日前に生じた場合であっても，改正民法の施行日において当該債権に関する従前の民法724条後段の「20年」の除斥期間が経過していないときには，従前の民法の除斥期間の定め（724条後段）は適用されず，改正民法の消滅時効の定め（改正民724条2号）が適用される（改正民附則35条1項）。また，改正民法724条の2に定める生命・身体への侵害に対する損害賠償請求権については，当該債権が改正民法の施行日前に生じた場合であっても，施行日において当該債権の消滅時効に関する従前の民法724条前段の「3年」の期間が経過していないときには，その消滅時効については従前の民法の規定（民724条前段）は適用されず，改正民法724条1号及び724条の2が適用され，消滅時効の期間は「5年」となる（改正民附則35条2項）。

✤実務上の留意点✤
——協議を行う旨の合意による時効の完成猶予について——
「協議を行う旨の合意による時効の完成猶予」の制度（改正民151条）は改正民法において新たに定められた制度であり，改正民法は，権利についての協議を行う旨の合意が書面（又は電磁的記録）によってなされたときは，次に掲げる時のいずれか早い時までの間は，時効は完成しない旨（同条1項・4項・5

項）を定めている。
　① その合意があった時から１年を経過した時
　② その合意において当事者が協議を行う期間（１年に満たないものに限る）を定めたときは，その期間を経過した時
　③ 当事者の一方から相手方に対して協議の続行を拒絶する旨の通知が書面（又は電磁的記録）でなされたときは，その通知の時から６か月を経過した時

　また，改正民法は，上記の合意による時効の完成が猶予されている間に再度同旨の合意をした場合の効力（同条２項。時効の完成が猶予されなかったとすれば，時効が完成すべき時から通じて５年を超えることはできない），上記の合意による時効の完成猶予と催告による時効の完成猶予（改正民150条）とが重ねてなされた場合の効力関係（同法151条３項）についても定めている。

　なお，この制度は，施行日以後に係る合意が書面（又は電磁式記録）でなされた場合にのみ適用される（同法附則10条３項）。

　労働災害を巡る損害賠償等の事案においては，使用者と労働者の双方又は一方が裁判外で円満に解決することを欲しても，労働者が主張する損害賠償請求権の消滅時効の完成時期が切迫している場合には，労働者としては，主張している権利の消滅時効の完成を懸念して裁判外での交渉を行わず（又は交渉中に），民事訴訟を提起せざるを得ないということがあるようである。改正民法が新設した上記制度をもってこうした事態すべてを解決できるわけではないが，使用者側及び労働者側の双方が労働審判制度について積極の評価をしている現状をみると，改正民法が新設した上記制度が，個別労働紛争事件の民事訴訟手続外での自主的円満解決に寄与する点は少なくないように思われる。

【深野　和男】

〔参考文献〕
- 倉吉敬・最高裁判所判例解説民事篇〔平成６年度〕224頁以下
- 片田信宏「時効」林豊＝山川隆一編『新・裁判実務体系(17)労働関係訴訟法Ⅱ』79頁以下所収
- 宮坂昌利・最高裁判所判例解説民事篇〔平成16年度(上)〕303頁以下
- 高橋眞・判評553号（判時1879号）119頁以下
- 潮見佳男『民法（債権関係）改正法案の概要』

判例索引

【大審院】

〔大正〕

大判大15・5・22民集5巻386頁···201

【最高裁判所】

〔昭和〕

最一小判昭37・4・26民集16巻4号975頁···292
最三小判昭37・9・4民集16巻9号1834頁···298
最大判昭39・6・24判時376号10頁··248, 266
最二小判昭39・9・25判時385号51頁··288
最三小判昭41・6・21民集20巻5号1078頁··255
最一小判昭41・12・1判時470号58頁··292
最三小判昭42・6・27判時490号47頁··248, 266
最三小判昭42・7・18判時493号22頁··316
最大判昭45・7・15判時597号55頁···315
最二小判昭48・11・16民集27巻10号1374頁···317
最一小判昭49・9・2判時756号109頁··82
最二小判昭49・12・20判時766号41頁··315
最一小判昭50・2・25民集29巻2号143頁··149, 220, 313
最三小判昭50・10・24判時798号16頁··295
最一小判昭51・3・25判時810号11頁···248, 266
最二小判昭51・11・12裁判集民119号189頁··40, 74, 117
最三小判昭52・5・27民集31巻3号427頁, 判時857号73頁······················285, 291, 307
最三小判昭52・10・25民集31巻6号836頁, 判時870号63頁····················283, 291, 307
最一小判昭55・12・18民集34巻7号888頁, 判時992号44頁·······················306, 308
最二小判昭56・2・16民集35巻1号56頁··150
最三小判昭58・4・19判時1078号78頁···292
最三小判昭59・4・10（昭58（オ）152号）民集38巻6号557頁, 裁判集民141号537頁, 判時1116号33頁, 判タ526号117頁·····························147, 167, 233, 243
最二小判昭62・7・10（昭58（オ）128号）民集41巻5号1202頁, 裁判集民151号357頁, 判時1263号15頁, 労判507号6頁·····························82, 290, 300
最一小判昭63・4・21民集42巻4号243頁··256

〔平成〕

最三小判平元・4・11（昭63(オ)462号）民集43巻4号209頁，裁判集民156号481頁，判時1312号97頁，労判546号16頁 …………………………………………… *305*
最一小判平元・12・21判時1379号76頁 ………………………………………… *315*
最二小判平2・4・20（昭60(オ)10号）裁判集民159号485頁，訟務月報37巻3号443頁，労経速1391号3頁，労判561号6頁 ……………………………………… *170*
最一小判平2・11・8裁判集民161号191頁，判時1370号52頁 ……………… *223*
最一小判平3・4・11（平元(オ)516号，同1495号）裁判集民162号295頁，判時1391号3頁，判タ759号95頁 ………………………………………………… *218, 227*
最一小判平4・6・25民集46巻4号400頁 ………………………………………… *254*
最大判平5・3・24（昭63(オ)1749号）民集47巻4号3039頁，判時1499号51頁
……………………………………………………………………… *287, 295, 300*
最三小判平6・2・22（平元(オ)1667号）民集48巻2号441頁，裁判集民171号497頁，判タ853号73頁，労判646号7頁 …………………………………… *312*
最三小判平8・1・23（平6(行ツ)24号）裁判集民178号83頁，判時1557号58頁，判タ901号100頁，労判687号16頁 ……………………………………… *54, 74, 115*
最二小判平8・2・23（平6(オ)992号）民集50巻2号249頁，裁判集民178号485頁，判時1560号91頁，労判695号13頁 ………………………… *271, 282, 292*
最三小判平8・3・5（平4(行ツ)70号）裁判集民178号621頁，労判689号16頁
……………………………………………………………………… *55, 74, 118*
最三小判平8・10・29民集50巻9号2474頁 ……………………………………… *256*
最三小判平8・10・29交民29巻5号1272頁 ……………………………………… *256*
最一小判平8・11・28（平7(行ツ)65号）裁判集民180号857頁，判時1589号136頁，労判714号14頁 ………………………………………………………… *3*
最一小判平9・1・23裁判集民181号25頁 ………………………………………… *18*
最二小判平11・10・22判時1692号50頁 ……………………………………… *287, 294*
最一小判平12・3・9民集54巻3号801頁，労判778号11頁 ……………… *124, 129*
最二小判平12・3・24（平10(オ)217号，同218号）民集54巻3号1155頁，裁判集民197号757頁，裁時1264号7頁，判時1707号87頁，判タ1028号80頁，労経速1725号10頁，労判779号13頁 …………………… *150, 152, 162, 205, 249, 257, 266, 272, 279*
最一小判平12・7・17（平7(行ツ)156号）裁判集民198号461頁，判時1723号132頁，労判785号6頁 …………………………………………………………… *38, 53*
最三小判平14・1・29判時1778号66頁 …………………………………………… *317*
最三小判平16・4・27判時1860号34頁 …………………………………………… *319*
最三小判平16・4・27判時1860号152頁 ………………………………………… *317*
最二小判平16・10・15判時1876号3頁 …………………………………………… *319*
最二小判平16・12・20判時1886号46頁，判タ1173号154頁 ……… *287, 294, 295, 301*
最二小判平16・12・24判時1887号52頁 ………………………………………… *317*

最二小判平18・6・16判時1941号28頁 ·· 319
最一小判平19・6・28裁判集民224号701頁 ··· 10
最一小判平20・3・27労判958号5頁 ·································· 254, 274, 279
最一小判平22・9・13民集64巻6号1626頁, 判時2099号20頁 ········· 294, 299
最二小判平22・10・15裁判集民235号65頁 ································ 294, 300
最一小判平24・2・20判時2145号103頁 ···································· 288, 310
最二小判平26・3・24（平23（受）1259号）裁時1600号1頁, 労判1094号22頁
 ·· 150, 152, 211, 245, 258, 268, 280, 286
最大判平27・3・4（平24（受）1478号）民集69巻2号178頁, 判時2264号46頁, 労判1114号6頁 ·· 244, 297
最二小判平28・7・8裁時1655号8頁, 労経速2290号3頁 ················· 137, 143

【高等裁判所】

〔昭和〕

東京高判昭45・6・30判時608号132頁 ·· 118
東京高判昭57・10・27判時1059号71頁 ··· 291
東京高判昭60・3・25労判451号23頁 ·· 82
大阪高判昭62・12・16労判546号22頁 ·· 306
名古屋高判昭63・10・31労判529号15頁 ·· 118

〔平成〕

東京高判平5・9・30判時1478号155頁 ·· 116
東京高判平5・12・21（平3（行コ）3号, 同2号）労民44巻6号835頁, 労判646号14頁
 ··· 11, 185
大阪高判平6・1・28労判695号14頁 ·· 283
大阪高判平8・11・28判タ958号197頁 ·· 203
名古屋高判平10・3・31労判739号71頁 ·· 118
大阪高判平10・8・27労判744号17頁 ·· 89
大阪高判平11・3・30労判771号62頁 ·· 173
東京高判平11・7・28判時1702号88頁 ··· 244
東京高判平12・8・9労判797号41頁 ··· 119
大阪高判平12・11・21労判800号15頁 ·· 119
福岡高判平13・7・19判時1785号89頁 ··· 319
東京高判平13・11・29判時1778号154頁 ·· 26
東京高判平14・3・26（平13（行コ）198号）労判828号51頁 ············· 49
大阪高判平14・5・30交民37巻6号1537頁 ···································· 318
東京高判平14・7・11労判832号13頁 ·· 8, 10
東京高判平14・7・23（平13（ネ）1345号）労判852号73頁 ··········· 250, 260, 273
東京高判平15・3・25労判849号87頁 ·· 157, 267

東京高判平15・12・17交民37巻6号1514頁 …………………………………… *296*
大阪高判平16・7・15労判879号22頁 …………………………………………… *258*
札幌高判平18・7・20労判922号5頁 ……………………………………………… *254*
大阪高判平18・11・24労判931号51頁 …………………………………………… *157*
大阪高判平19・1・18労判940号58頁 …………………………………………… *239*
福岡高那覇支判平19・5・17労判945号24頁 ………………………………… *221*
福岡高判平19・10・25判時2012号129頁，判タ1273号189頁，労判955号59頁
　　…………………………………………………………………… *163, 168, 212, 273*
東京高判平20・2・28（平19（行コ）42号）判時2076号153頁 ……………… *109*
東京高判平20・5・22（平19（行コ）149号）判時2021号116頁，労判968号58頁 ……*121, 137*
東京高判平20・6・25（平19（行コ）150号）判時2019号122頁，労判964号16頁 ……*136, 138*
東京高判平20・10・22（平19（ネ）2615号）労経速2023号7頁
　　……………………………………………………………… *163, 164, 179, 184, 209, 216*
東京高判平20・11・12労経速2022号13頁 ……………………………………… *71*
札幌高判平21・1・30（平20（ネ）113号）労経速2030号13頁，労判976号5頁
　　……………………………………………………………………………… *251, 267, 274*
高松高判平21・4・23（平20（ネ）258号）判時2067号52頁，労判990号134頁 ………… *153*
福岡高判平21・5・19（平20（行コ）21号）労判993号76頁 ………………… *59, 76*
東京高判平21・7・28（平17（ネ）2265号）労経速2050号3頁，労判990号50頁 …… *212, 224*
名古屋高判平22・4・16労判1006号5頁 ………………………………………… *31*
名古屋高判平22・5・21労判1013号102頁 ……………………………………… *71*
大阪高判平23・1・25（平22（行コ）24号）労判1024号17頁 ……………… *97*
東京高判平23・2・23労判1022号5頁 …………………………………………… *245, 272*
大阪高判平23・5・25（平22（ネ）1907号）労判1033号24頁 ……………… *236*
東京高判平23・10・18労判1037号82頁 ………………………………………… *212, 273*
東京高判平24・3・22（平23（ネ）3957号）民集69巻2号246頁，労経速2247号12頁，労判1051号40頁 …………………………………………………………………… *241, 250, 275, 302*
大阪高判平24・6・8労判1061号71頁 …………………………………………… *88, 89*
東京高判平25・3・13自保ジャーナル1899号1頁 ……………………………… *310*
大阪高判平25・3・14労判1075号48頁 …………………………………………… *124*
札幌高判平25・11・21労判1086号22頁 ………………………………………… *212*
東京高判平25・11・21労判1086号52頁 ………………………………………… *131*
東京高判平25・11・27（平24（ネ）2621号）労判1091号42頁 ……………… *276*
東京高判平26・4・23労判1096号19頁 …………………………………………… *157*
仙台高判平26・6・27労判1100号26頁 …………………………………………… *184, 210*
大阪高判平26・7・17（平25（ネ）1133号）判時2235号27頁，労判1108号13頁 ………… *213*
東京高判平26・8・29労判1111号31頁 …………………………………………… *42*
大阪高判平26・9・25（平25（行コ）141号）LEX/DB25504829 ……………… *22*

大阪高判平27・1・16労判1125号57頁··· *112, 114*
東京高判平27・2・26労判1117号5頁··· *229*
仙台高判平27・3・20判時2256号30頁··· *194*
仙台高判平27・4・22（平26(ネ)92号）判時2258号68頁，労判1123号48頁
·· *191, 227, 229*
東京高判平27・5・21労経速2253号6頁··· *222*
東京高判平28・4・27労経速2284号3頁··· *21*
東京高判平28・8・31判判1147号62頁··· *285, 304*

【地方裁判所】

〔昭和〕

東京地判昭32・5・6判時118号17頁··· *106, 108*
名古屋地判昭46・12・20判時661号70頁··· *244*
岡山地津山支判昭48・4・24判時757号100頁··· *244*
横浜地川崎支判昭49・1・26労民25巻1＝2号12頁··································· *124*
静岡地判昭51・12・7訟務月報22巻13号2934頁······································· *82*
京都地判昭57・10・7判タ485号159頁，労判404号72頁······························ *199*
奈良地判昭61・12・12労判546号24頁··· *305*

〔平成〕

札幌地判平2・1・29労判560号54頁·· *82*
東京地判平3・3・22判時1381号129頁·· *116*
大阪地判平4・12・24労判695号13頁··· *283*
大阪地判平5・3・17交民26巻2号359頁·· *287*
東京地判平5・12・17労判649号47頁·· *15*
岡山地判平6・12・20労判672号42頁··· *245*
神戸地姫路支判平7・7・31判タ958号200頁·· *203*
東京地判平8・3・27労判693号62頁·· *15*
仙台地判平9・2・25労判714号35頁··· *144*
神戸地判平9・5・26労判744号22頁·· *89*
大阪地判平10・5・27労判746号28頁··· *120*
札幌地判平10・7・16労判744号29頁··· *233, 235*
横浜地判平11・4・20判タ1046号148頁·· *21*
東京地判平12・3・31交民33巻2号681頁·· *289*
大阪地判平12・9・20判時1721号3頁··· *238*
浦和地判平13・2・2労判800号5頁·· *266*
名古屋地判平13・6・18判時1769号117頁··· *30*
岐阜地判平13・11・1（平11(行ウ)12号）労判818号17頁···························· *33*
徳島地判平14・1・25（平12(行ウ)20号）判タ1111号146頁·························· *43*

大阪地堺支判平15・4・4労判854号64頁……………………………………………… *239, 273*
新潟地判平15・7・25（平14(行ウ)8号）労判858号170頁……………………………… *78*
広島地判平16・3・9判タ1155号213頁……………………………………………………… *235*
鳥取地判平16・3・30（平15(ワ)23号，同(行ウ)1号）労判877号74頁，裁判所ウェブサイト…………………………………………………………………………………………… *200*
東京地判平16・7・12判時1884号81頁……………………………………………………… *189*
札幌地判平17・3・9労判893号93頁………………………………………………………… *253*
東京地判平17・3・31労判894号21頁……………………………………………………… *226*
東京地判平17・5・26判タ1200号207頁…………………………………………………… *258*
名古屋地判平18・1・18労判918号65頁…………………………………………………… *202*
札幌地判平18・2・28（平15(行ウ)24号）労判914号11頁……………………………… *127*
那覇地判平18・4・20労判921号75頁……………………………………………………… *239*
東京地判平19・3・14労判941号57頁……………………………………………………… *32*
東京地判平19・3・28判時1971号152頁…………………………………………………… *136*
東京地判平19・10・15（平18(行ウ)143号）判タ1271号136頁，労判950号5頁……… *32, 66*
名古屋地判平19・11・30労判951号11頁…………………………………………………… *129*
東京地判平20・1・17労判961号68頁……………………………………………………… *130*
東京地判平20・2・13判時2004号110頁…………………………………………………… *221, 222*
大阪地判平20・4・28労判970号66頁……………………………………………………… *258*
東京地判平20・5・12交民41巻3号576頁………………………………………………… *310*
大阪地判平20・5・26（平16(ワ)11732号）判時2032号90頁…………………………… *175*
松山地判平20・7・1労判968号37頁……………………………………………………… *157*
神戸地尼崎支判平20・7・29労判976号74頁……………………………………………… *239*
名古屋地判平20・9・16（平19(行ウ)78号）労判972号93頁…………………………… *103*
名古屋地判平20・10・30（平18(ワ)1736号）労判978号16頁…………………………… *180*
東京地判平20・12・8（平17(ワ)3123号）労判981号76頁，判タ1319号120頁……… *230, 273*
大阪地判平21・1・14労判990号214頁…………………………………………………… *71*
大阪地判平21・4・20労判984号35頁……………………………………………………… *130*
鳥取地米子支判平21・10・21労判996号28頁…………………………………………… *77*
札幌地判平21・11・12労判994号5頁……………………………………………………… *31*
鹿児島地判平22・2・16労経速2066号3頁……………………………………………… *245*
東京地判平22・2・24判タ1382号238頁…………………………………………………… *245, 250*
東京地判平22・3・11労判1007号83頁…………………………………………………… *63, 65, 77*
大阪地判平22・4・23労判1009号31頁…………………………………………………… *130*
京都地判平22・5・25判時2081号144頁…………………………………………………… *240*
大阪地判平22・6・23労判1019号75頁…………………………………………………… *77*
神戸地判平22・9・3（平20(行ウ)20号）労判1021号70頁，判タ1338号85頁………… *90*
大阪地判平22・9・29（平19(ワ)16601号）判時2133号131頁…………………………… *246*

高松地判平23・1・31（平18(行ウ)12号）労判1028号67頁 ·· *16*
神戸地姫路支判平23・2・28（平20(ワ)475号）労判1026号64頁 ·························· *158, 168*
東京地判平23・3・7労判1051号50頁 ·· *302*
東京地判平23・4・18（平20(行ウ)575号）労経速2113号3頁，労判1031号16頁 ········ *84*
大阪地判平23・9・5判時2132号57頁 ·· *229*
大阪地判平23・10・26（平21(行ウ)59号）判時2142号121頁，労判1043号67頁
 ·· *112, 114, 126, 132*
名古屋地判平23・12・9交民44巻6号1549頁 ·· *310*
東京地判平24・3・15労判1091号60頁 ·· *277*
静岡地判平24・3・23労判1052号42頁 ·· *221, 222*
鳥取地判平24・7・6（平20(行ウ)4号）労判1058号39頁 ·· *72*
東京地判平24・8・23労判1061号28頁 ·· *189*
盛岡地判平24・10・5（平21(ワ)833号）労判1066号72頁 ·· *186*
福岡地判平24・10・11労判1065号51頁 ·· *273*
東京地判平24・10・18判時2172号30頁 ·· *190*
東京地判平25・2・28労判1074号34頁 ·· *100, 102*
横浜地判平25・3・26交民46巻2号445頁 ··· *310*
東京地判平25・3・29労判1077号68頁 ·· *112, 114*
仙台地判平25・9・17判時2204号57頁 ·· *194*
東京地判平26・3・19（平24(行ウ)728号）判時2267号121頁，労経速2210号3頁，労判
 1107号86頁 ·· *54, 136, 137, 142*
福岡地判平26・10・1労判1107号5頁 ··· *53*
熊本地判平26・10・17労判1108号5頁 ·· *288*
東京地判平26・11・4労判1109号34頁 ·· *239*
静岡地判平26・12・25労判1109号15頁 ·· *222*
福岡地判平26・12・25労判1111号5頁 ·· *240*
仙台地判平27・1・13判時2265号69頁 ·· *194*
横浜地判平27・2・17（平25(ワ)4506号）LEX/DB25505856 ······································ *196*
東京地判平27・2・25（平25(行ウ)62号）労経速2244号7頁，労判1117号23頁 ········· *27*
名古屋地判平27・11・18労判1133号16頁 ··· *31*
東京地判平28・1・26労経速2279号3頁 ·· *204*
東京地判平28・3・16判時2314号129頁 ··· *235*
東京地判平28・4・18判タ1427号156頁 ··· *120*

■編集者紹介

太田　恒久（おおた　つねひさ）
石井　妙子（いしい　たえこ）

労災保険・民事損害賠償
判例ハンドブック

2017年7月25日　初版第1刷印刷
2017年8月9日　初版第1刷発行

　　　　　　　©編者　太　田　恒　久
　　　　　　　　　　　石　井　妙　子
　　　　　　　発行者　逸　見　慎　一

発行所　東京都文京区　株式　青林書院
　　　　本郷6丁目4の7　会社
振替口座　00110-9-16920／電話03(3815)5897～8／郵便番号113-0033
http://www.seirin.co.jp

印刷・星野精版印刷㈱／落丁・乱丁本はお取替え致します。
Printed in Japan　　ISBN978-4-417-01713-4

JCOPY　〈㈳出版者著作権管理機構　委託出版物〉
本書の無断複写は著作権法上での例外を除き禁じられています。複写される場合は，そのつど事前に，㈳出版者著作権管理機構（電話03-3513-6969，FAX 03-3513-6979，e-mail:info@jcopy.or.jp）の許諾を得てください。